Eugen E. Hüsler

Rund um den Comer See

Valchiavenna, Bergell und unterstes Veltlin

50 ausgewählte Wanderungen

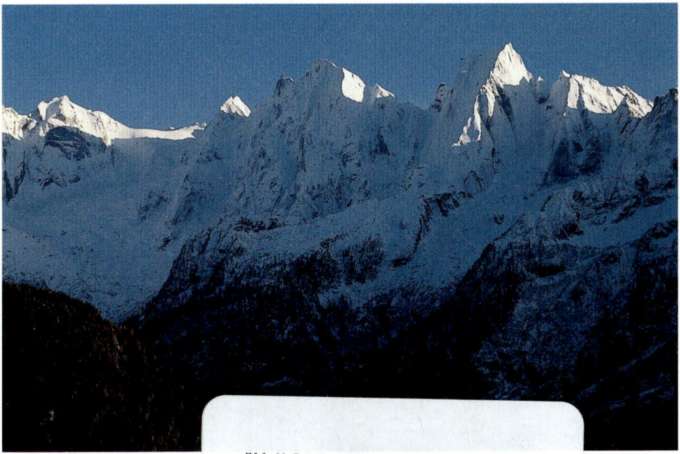

ROTHER BERGVERLAG

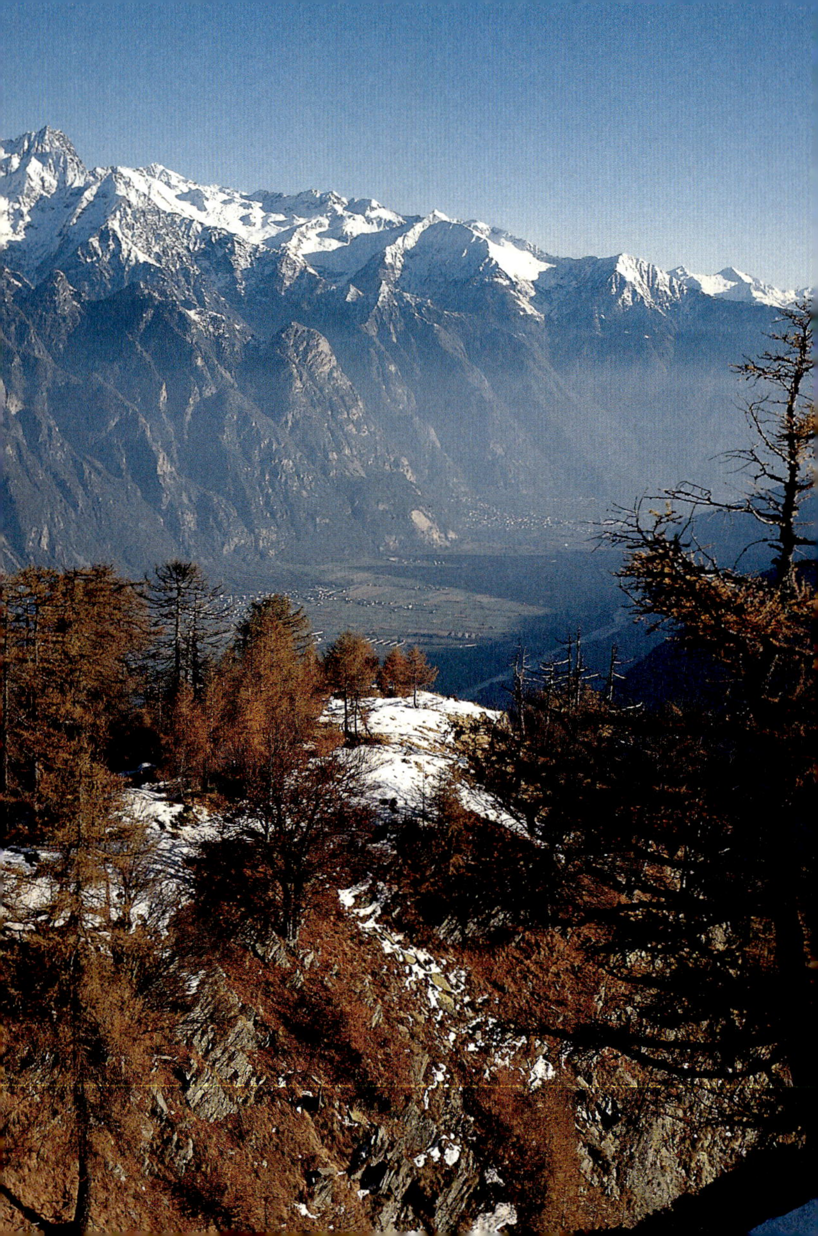

Vorwort

Ganz im Norden des Landes, am Südsaum der Alpen offenbaren die oberitalienischen Seen landschaftliche Kleinodien, wie sie kontrastreicher nicht sein könnten: näher als Mittelmeer und Adria, bereits mediterran, doch mit den Bergen im Rücken; Schnee und Magnolien, Balsam für die Seele. Diese Gegensätze sind es, die der tristen Rationalität des Alltags den Garaus machen, aus Landschaften Zauberwelten werden lassen. Und erleben, erspüren kann man das am besten zu Fuß, in dem natürlichen, langsamen Rhythmus, der den Sinnen auch Zeit lässt, Eindrücke aufzunehmen, zu verarbeiten. Man kann stehen bleiben, kurz innehalten, Gedanken schweifen lassen, sich erinnern.
Ist es da ein Zufall, dass manche der schönsten Wege oberhalb des Comer Sees von den »Alten« angelegt wurden: Stein um Stein gefügt, tausend Stufen zum Berg. Auf einmal wird Geschichte, Vergangenheit lebendig. Zweitausend Jahre ist es her, dass die Römer die Kastanie nach Oberitalien brachten, auch an den »Lacus Larius«, den Comer See oder Lario. Und aus einem armen Bergtal, dem Intelvi, zogen über Jahrhunderte Steinmetze, Baumeister, Maler und Stukkateure in alle Welt; in einem verlorenen Bergwinkel über der Brianza beteten und arbeiteten Benediktiner, während die Lombardei deutsch, spanisch und habsburgisch war; bei Tremezzo am Westufer des Sees endete Mussolinis Faschismus 1945 vor einem Hinrichtungskommando. So kann man ein Land auch erfahren, auf all den Wegen hinauf und zurück, zum Gipfel und in die Geschichte. Und in vielen Begegnungen mit Menschen, die am Lario leben, und solchen, die – wie wir – Gast sind an diesem herrlichen See.
Natürlich hat das glanzvolle Bild auch ein paar Flecken, unvermeidlich bei der Nähe großer Städte: Ausflüglermassen an den Wochenenden, Industriesmog über dem See. Doch der Zauber ist geblieben; er lässt sich erleben, auf den vielen Wegen rund um den See und in den Tälern seiner Zuflüsse, bis hinauf zum Splügenpass und ins Bergell.

Dietramszell, im Winter 2022/23 — Eugen E. Hüsler

Inhaltsverzeichnis

Symbole

🚌	mit Bahn/Bus erreichbar	†	Gipfel
🍴	Einkehrmöglichkeit	)(	Pass, Sattel
👨‍👧	für Kinder geeignet	)(	Brücke
P	eingerichteter Parkplatz	▲	Zelt-, Campingplatz
🚌	Bushaltestelle	✝	Kirche, Kapelle
	Ort mit Einkehrmöglichkeit	┐ ┌	Abzweigung links bzw. rechts
	Einkehrmöglichkeit	◉	Quelle
	Biwak, Selbstversorgerhütte	⚓	Schiffsanlegestelle

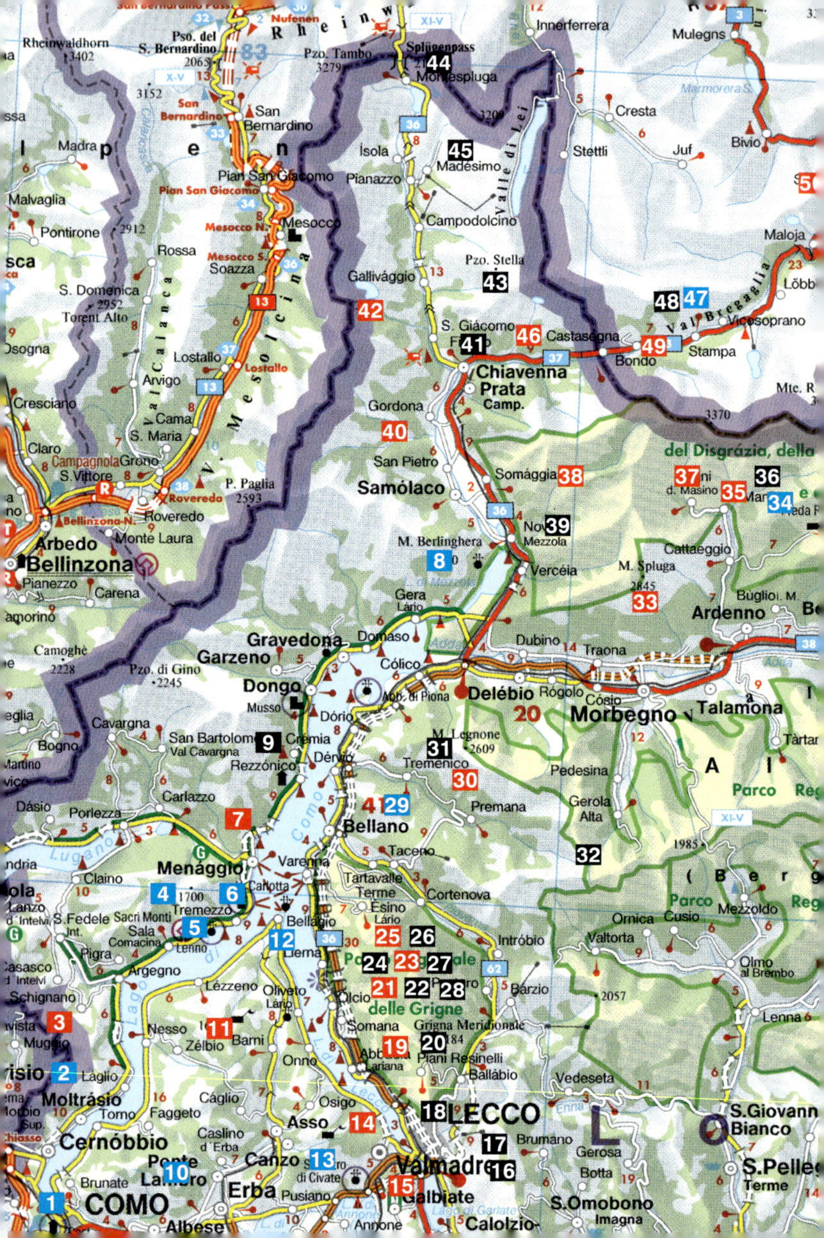

Splügenpass
Montespluga
Madesimo
Campodolcino
Chiavenna
Prata Camp.
Castasegna
Bondo
Stampa
Vicosoprano
Maloja
Val Bregaglia
Valle di Lei
Innerferrera
Mulegns
Cresta
Stettli
Juf
Bivio
San Bernardino
Pso. del S. Bernardino
Pian San Giacomo
Mesocco
Soazza
Lostallo
Roveredo
Grono
Arbedo
Bellinzona
Rheinwaldhorn
V. Calanca
V. Mesolcina
Gordona
San Pietro
Samólaco
Somággia
Novate Mezzola
M. Berlinghera
Verceia
Gera Lário
Gravedona
Domaso
Dongo
Garzeno
Cólico
Delébio
Rógolo
Cósio
Morbegno
Talamona
Traona
Dubino
Ardenno
M. Legnone
Tremenico
Dervio
Bellano
Premana
Pedesina
Gerola Alta
Cremia
Rezzónico
Porlezza
Menággio
Varenna
Tremezzo
Bellágio
Lierna
Esino Lário
Cortenova
Introbio
Valtorta
Ornica
Cusio
Mezzoldo
Olmo al Brembo
Lenna
Barzio
Grigna Meridionale
Piani Resinelli
Ballábio
Abbadia Lariana
Mandello
Nesso
Zélbio
Lézzeno
Oliveto Lário
Onno
Asso
Canzo
Erba
Cernóbbio
Moltrásio
Laglio
Como
Brunate
Ponte Lambro
Lecco
Valmadrera
Galbiate
Calolzio
Brumano
Gerosa
Vedeseta
S. Giovanni Bianco
S. Pellegrino Terme
S. Omobono Imagna
Lago di Como
Lago di Lugano
delle Grigne

Touristische Hinweise

Wandergebiet

Dieser Wanderführer stellt ein Tourengebiet vor, das vom Rand der oberitalienischen Tiefebene hinaufreicht bis zum Alpenhauptkamm. Es umfasst die Comer-See-Region, das unterste Veltlin (Valtellina), die Täler der Mera (Valchiavenna/Bergell) und des Liro (Valle Spluga).

Schwierigkeiten

Beinahe alles ist subjektiv, auch eine Anforderungsskala. Trotzdem soll die Dreiteilung – blau, rot, schwarz, entsprechende Farbe der Tourennummer – Anhaltspunkte über die zu erwartenden Schwierigkeiten liefern. Sie basiert auf persönlichen Eindrücken und ist deshalb nicht unbedingt auf jedermann/-frau übertragbar.

Leicht Diese Farbe steht für leichte Wanderungen auf überwiegend bequemen Wegen. Die Anzahl der Höhenmeter hält sich in Grenzen, ebenso die Tourenlänge, ausgesetzte Passagen gibt es nicht.

Mittel Hier wird in der Regel ein sicherer Tritt verlangt, die Wege – meist markiert – sind mitunter schmal, steil, die Höhenunterschiede größer. Man bewegt sich gelegentlich bereits in leichtem Felsgelände.

Schwierig Anspruchsvollere Touren, die eine gute Kondition, Bergerfahrung und natürlich Schwindelfreiheit voraussetzen. Gesicherte Abschnitte (leichte Klettersteige), weglose Passagen, Felsgelände bis maximal I oder II sind auf diesen Routen zu bewältigen.

Charakteristik: mediterran bis hochalpin

Am Comer See kann man sich fast das ganze Jahr über bestens erholen und jenes »dolce far niente« genießen, das bei allen Reisenden aus dem »grauen« Norden die gleichen angenehmen Vorstellungen weckt. Doch wer die Wanderschuhe mitnimmt, muss gewarnt werden: Das Hinterland des Sees ist alpin, südalpin; das heißt: bergauf, bergab. Nicht ganz grundlos wurde das Wandern am Lario auch schon als »Treppensteigen ohne Ende« bezeichnet. Seine Ufer sind fast überall steil, die Dörfer schmiegen sich in Talmündungen, liegen enggebaut zwischen See und Berg. Der Resegone etwa, so hoch wie der Schweizer Rigi, überragt den Abfluss der Adda aus dem See um gut anderthalb Kilometer!

Und noch ein paar Zahlen: 146 km^2 groß ist der See, die maximale Tiefe beträgt 410 m, seine Ufer sind über 150 km lang. Letzteres liegt an der ungewöhnlichen Form des Gewässers, die einem auf den Kopf gestellten Ypsilon gleicht. Fast drei Kilometer hoch ist die Comer-See-Landschaft also, vom Grund des Sees bis zum Gipfel des Monte Legnone, 2610 m. Und noch höher sind die Gipfel des Hinterlandes, dessen Bäche – Mera, Liro und Adda – im Lario zusammenlaufen: Piz Tambo, 3279 m, Pizzo Stella, 3163 m, und der berühmte Piz Badile, 3308 m.

Anreise

Wer zum Comer See will, muss als Nordländer zuerst einmal über den Alpenhauptkamm. Und das klassische »Tor in den Süden« ist der St. Gotthard, 2108 m, zentraler Pass der Schweizer Alpen und mittlerweile dreifach untertunnelt: Bahnlinie und Straße (Autobahn) führen durch, nicht mehr über den Berg. Staus und Verspätungen gibt es auf der stark frequentierten Straße immer mal wieder, wogegen die Schweizerischen Bundesbahnen (SBB) mit bereits legendärer Pünktlichkeit verkehren. An Ostern, Pfingsten und den sommerlichen Urlauber-Schichtwechseln sucht man mit Vorteil eine Ausweichroute, frei nach dem Motto: »langsamer ist schneller«. Da bietet sich etwa der Splügenpass, 2113 m (offen von Anfang Mai bis Ende Oktober), an; auch via

Dunst über dem See, Fernsicht von den Gipfeln: Der Herbst ist eine besonders schöne Wanderzeit, auch am Comer See.

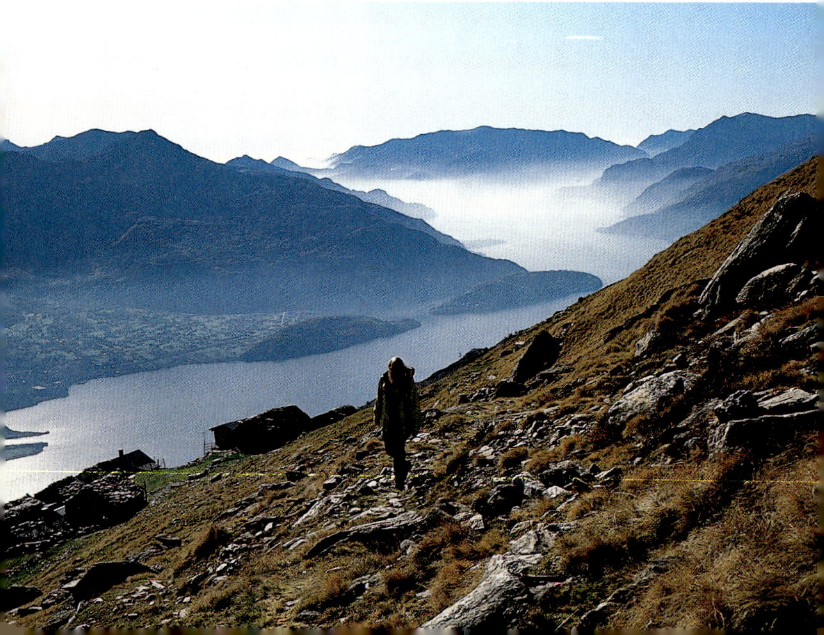

Engadin (z. B. über den landschaftlich sehr reizvollen Albulapass, 2312 m) kommt man im Sommer in der Regel recht nervenschonend zum Comer See, ins Bergell oder ins Veltlin. Die kürzeste Anreise aus dem Münchner Raum führt ebenfalls durch das Engadin.
Für Bahnreisende gestaltet sich die Anfahrt etwas umständlich; direkte Verbindungen aus dem Norden zum Comer See gibt es nicht. Also umsteigen, in Lugano oder Como, den Eurocity (Gotthardlinie) mit dem Regionalzug oder dem Bus vertauschen.

Reisezeit – Wanderzeit

Um es gleich vorwegzunehmen: Die Sommersaison ist nicht die schönste Wanderzeit am Comer See – zu warm, oft gewittrig und nicht selten auch verregnet. Da sind die Aussichten im Frühling und vor allem im Herbst weit besser, und das darf man durchaus wörtlich verstehen: Fernsicht, klare Luft, große Panoramen. Dazu kommt, dass es außerhalb der Hauptreisezeit viel ruhiger ist, am See, auf den Straßen und auch auf den Wegen. Was haben wir im November für herrliche Wandertage erlebt, unter einem makellos blauen Himmel, mit den frisch verschneiten Gipfeln als Farbkontrast, Kastanien aufgesammelt, in die Ferne geschaut und die Ruhe, Stille erlebt. Oder im März, der Schnee schmilzt, die Christrosen blühen, man riecht ihn, den Frühling. Stärker auf die wärmeren Jahreszeiten konzentriert bleibt die Wanderzeit auf den Bergen über dem Veltlin, der Valle Spluga und im Bergell. Doch tut man auch hier gut daran, die Hauptsaison zu meiden. Ab Mitte September wird es dann viel ruhiger, und wenn der erste Schnee nicht zu früh fällt und der Herbst sich nicht von der ungemütlichen Seite zeigt, kann man zwischen Legnone und Splügenpass bis in den November hinein wandern.

Schiff, Fähre, Bahn, Bus und Lift

Im Gegensatz zum öffentlichen Verkehrsnetz der benachbarten Schweiz, das als beispielhaft gilt, zeigen Bus- und Bahnlinien der Region Comer See manche Lücke, sind die Fahrpläne auch zu wenig auf den Touristen abgestimmt. Gut in die Wanderplanung einbeziehen lassen sich die Schiffe der »Navigazione del Lario«, und eine ganz besonders sinnvolle Einrichtung ist die »Ferry«, die Autofähre, die regelmäßig (alle 30 Min. bzw. jede Stunde) zwischen Menaggio, Cadenabbia, Bellagio und Varenna verkehrt und einem lange, ermüdende Fahrten auf den teilweise schmalen Uferstraßen erspart.
Seilbahnen und Lifte gibt es in der Region nur wenige; sie verkehren in der Regel während der Sommersaison, manche auch an Wochenenden vor und nach der Hauptreisezeit. Die wichtigsten Anlagen:

- Seilschwebebahn Lecco – Pizzo d'Erna, 1330 m
- Gondelbahn Barzio – Piani di Bobbio, 1662 m
- Gondelbahn Margno – Pian delle Betulle, 1484 m
- Seilschwebebahn Madésimo – Pizzo Groppera, 2948 m

Wandern am Comer See

Auf Schusters Rappen

Damit beim Wandern und Steigen oberhalb des Comer Sees und in den Tälern der Adda und der Mera der Spaß nicht zu kurz kommt, braucht es neben Wetterglück vor allem eines: ordentliche Schuhe, die nicht drücken, aber dennoch genügend Halt auf den oftmals steinigen, steilen Pfaden vermitteln (z. B. Trekkingschuhe). Und wenn es einmal regnet, ist man froh um eine wetterfeste Bekleidung. Kurze Hosen sind im Sommer sehr angenehm, doch muss man Kratzer und Mückenstiche in Kauf nehmen.
Auf vielen Wegen wird man sich unterwegs selbst verpflegen; da hat jeder sein eigenes Rezept. Wichtig ist auf jeden Fall eine große Trinkflasche. Wanderstöcke schonen die Gelenke, vor allem beim Bergabgehen; im Frühsommer sind sie auch auf Altschneefeldern sehr nützlich.

Wetter

Dass jenseits der Alpen, in »Bella Italia«, die Sonne fast immer scheint, gehört in die Kategorie schwer ausrottbarer Halbwahrheiten. Richtig ist, dass die Statistik durchwegs längere Sonnenscheindauer registriert, aber auch erheblich mehr Niederschläge. Lange Schlechtwetterperioden sind allerdings seltener als nördlich der Alpen, dafür hat sich der Bergwanderer mit einem anderen Phänomen herumzuschlagen: Dunst. Bei leichten Südwinden hängt er oft tagelang über dem See, kein Schlechtwetter, aber eben auch keine Fernsicht. Genau das Gegenteil bewirkt der Nordföhn, der vor allem im Winterhalbjahr recht häufig auftritt. Als kühler Fallwind bläst er den Smog aus den Alpentälern heraus und sorgt für glasklare Sicht. Auf der Alpennordseite herrscht dann in der Regel Schlechtwetter (Staulage). Über die Wetteraussichten informiert am

GPS-Tracks und Koordinaten der Ausgangspunkte

Zu diesem Wanderführer stehen auf www.rother.de GPS-Tracks und Koordinaten der Ausgangspunkte zum kostenlosen Download bereit.
8. Auflage, Passwort: **404008dtw**
Sämtliche GPS-Daten wurden vom Autor auf einer digitalen Karte erfasst. Verlag und Autor haben die Tracks und Wegpunkte nach bestem Wissen und Gewissen überprüft. Dennoch können wir Fehler oder Abweichungen nicht ausschließen, außerdem können sich die Gegebenheiten vor Ort zwischenzeitlich verändert haben. GPS-Daten sind zwar eine hervorragende Planungs- und Navigationshilfe, erfordern aber nach wie vor sorgfältige Vorbereitung, eigene Orientierungsfähigkeit sowie Sachverstand in der Beurteilung der jeweiligen (Gelände-)Situation. Man sollte sich für die Orientierung auch niemals ausschließlich auf GPS-Gerät und -Daten verlassen.

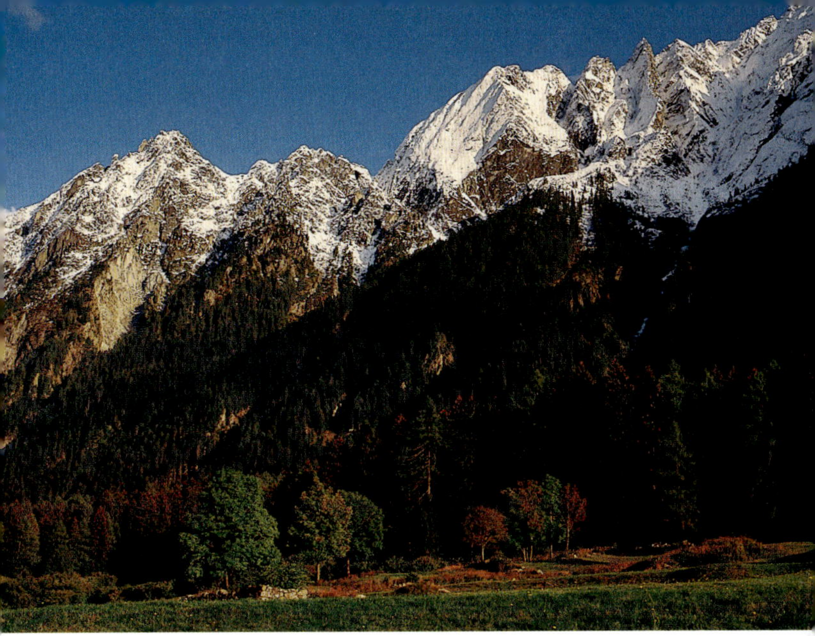

Das Bergell: Traumland für Wanderer und Bergsteiger.

besten die Meteo Schweiz in Zürich. Mehrere tägliche Bulletins mit einer Vorschau für die nächsten fünf Tage (www.meteoschweiz.admin.ch).

Gefahren

Bergwandern ist nicht ganz ungefährlich; die Unfallstatistiken belegen es. Gerade scheinbar harmlose Passagen erweisen sich oft als tückisch, weil sie unterschätzt werden oder Müdigkeit im Spiel ist. Vorsicht auf abschüssigen Schneefeldern, wie man sie im Frühling und Frühsommer auch über dem Comer See antrifft. Im Sommer ist vor allem auf Gewitter zu achten, wie überhaupt das Wetter im Gebirge eine vielfach sträflich unterschätzte Gefahrenquelle bildet. Ein Wettersturz vollzieht sich in alpinen Regionen oft innerhalb weniger Stunden; aus einer leichten Höhenwanderung kann dann sehr rasch ein riskantes Unterfangen werden. Stark überschätzt wird dagegen eine andere Gefahr: Schlangen. Da sind viele Vorurteile, Ängste im Spiel, die den Blick auf die Tatsache verstellen, dass der Mensch die Schlange als Gattung bedroht, nicht umgekehrt. Begegnungen verlaufen fast immer harmlos, die Schlange zieht sich rasch zurück, die giftige Aspisviper etwa flieht schon bei der ersten Annäherung.

Notruf

In Italien und in der Schweiz gilt die Europäische Notrufnummer 112, speziell für die Bergrettung wählt man die Nummern 118 (Italien) bzw. 144 (Schweiz). Angaben nach dem »5-W-Schema:« Wer meldet? Was geschah? Wo geschah es? Wie viele Verletzte? Welche Verletzungen?

Orientierung

Nicht ganz so komfortabel wie in manchen ostalpinen Gebieten ist es um die Wegmarkierungen bestellt. Da gibt es große Unterschiede. Im Bergell genießt man den üblichen Schweizer Standard, ähnlich gut beschildert sind auch die Wege in den Grigne und am Resegone. Im »Triangolo«, im Westen des Lario und auf den Höhen beiderseits des Veltlin wird man dagegen rasch zum »Pfadfinder«, sind Markierungen und Wegweiser oft sehr dünn gesät.

Kinder

Man sollte sie weder unter- noch überschätzen. Kinder sind in der Regel belastungsfähiger, als Eltern glauben; man muss sie aber auch begeistern können, ihre Fantasie anregen. Nur eines ist Gift für jede Familienwanderung: Langeweile. Kinder lieben das Abenteuer! Ich bin mit Kindern öfter auf Klettersteige gegangen, habe sie ins leichte Klettergelände mitgenommen, stets mit großem Erfolg. Und wenn am Wendepunkt der Tour noch eine bewirtschaftete Hütte steht – gelati per tutti! Doch Vorsicht: Wer vorangeht, trägt Verantwortung und muss über die entsprechende Erfahrung verfügen.

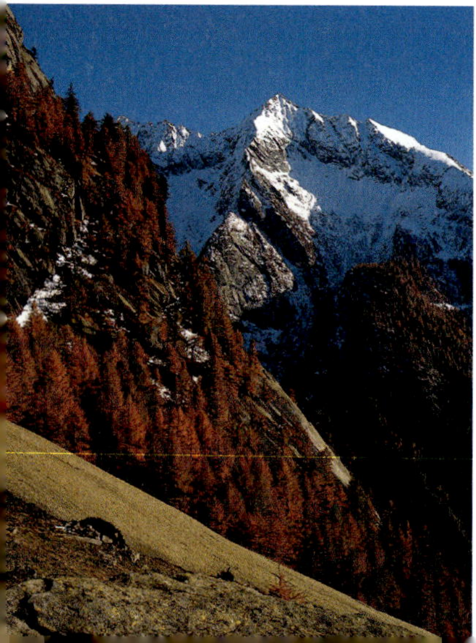

Übernachtungsmöglichkeiten

In der Region Comer See gibt es viele Berghütten. Ihre Bewirtschaftungszeiten variieren stark; manche Unterkünfte sind nur an Wochenenden geöffnet. Die Hütten in der Valle Spluga, in den Bergamasker Alpen und im Mellotal bleiben in der Regel während des Sommers durchgehend bewirtschaftet. Immer ratsam: eine telefonische Voranmeldung!

Klettersteige

Die Berge um den Comer See sind ein Dorado für »Ferrata-Freaks«. Über dreißig gesicherte Routen zählt

Kontrast zur Comer-See-Region: die Granitgipfel über dem Mellotal.

Top-Touren rund um den Comer See

Monte Grona

Der schönste Aussichtsbalkon im Winkel zwischen Comer und Luganer See mit einladender Hütte (Tour 7, 4.30 Std.).

Monte Moregallo

Für den teils steilen Anstieg werden die Gipfelstürmer mit fantastischer Aussicht belohnt, packende Tiefblicke auf den Comer See inklusive (Tour 14, 5 Std.).

Monte Resegone

Der »Hausberg« der Stahlstadt Lecco zeigt sich recht unnahbar. Kaum zu glauben, dass gleich mehrere Steige durch die mächtige Felsphalanx zum Gipfel führen (Tour 16 und 17, 8.30 Std. bzw. 6.30 Std.).

Grignetta

Beim Anstieg zum Südgipfel der Grigne könnte man sich fast wie in den Dolomiten fühlen, wenn da der große See nicht wäre. Eine Gipfeltour der Superlative (Tour 20, 5 Std.).

Zucco Pertuso – Rifugio Rosalba

Der Anstieg zum Zucco Pertuso ist lang, teilweise steil – und spannend. Genau das Richtige für alle, die gerne Herausforderungen abseits viel begangener Wanderwege suchen (Tour 22, 7.45 Std.).

Grignone

Wanderung, Klettersteig und Gipfeltour in einem bietet die Runde über den höchsten Berg der Grigne (Tour 27, 7 Std.).

Pizzo dei Tre Signori

Große Gipfeltour über dem untersten Veltlin mit einem grandiosen, fast grenzenlosen Panorama vom höchsten Punkt (Tour 32, 7.45 Std.).

Val di Mello

Die Granitwelt des Val di Mello kann man auf der Talwanderung zur Casera Pioda erleben, vielleicht noch mit einem Abstecher ins Valle del Ferro (Tour 34, 4.45 Std.; Valle del Ferro, Tour 35, 7 Std.).

Der »Tracciolino« im Val Codera

Ein Südalpental ohne Straße, ein kühn trassierter Wasserweg und uralte Weiler: genug für einen ausgefüllten Wandertag voller Überraschungen (Tour 39, 7.30 Std.).

La Panoramica

Der Höhenweg im mittleren Bergell verdient seinen Namen wirklich: große Ausblicke, vor allem auf die Granitgipfel im Süden, angeführt vom Piz Badile (Tour 47, 5 Std.).

man aktuell, die meisten in den Grigne und am Resegone; teils sehr anspruchsvolle Routen, die nur mit entsprechender Ausrüstung zu begehen sind: Steinschlaghelm, Sitzgurt, Klettersteig-Set, dazu evtl. Handschuhe. Leichtere gesicherte Steige gibt es u. a. am Monte Moregallo (Tour 14), an der Grignetta (Tour 20), in der Val Cassina (Tour 24), in der Valle di Era (Tour 25), am Zucco di Sileggio (Tour 26) und am Grignone (Tour 27).

Kulturtage

Regen, Sonnenbrand oder ein Muskelkater: drei Gründe, einmal Natur mit Kultur zu vertauschen, einen Stadtbummel zu unternehmen, ein Museum zu besuchen. Die alte Seidenstadt Como ist allemal einen Abstecher wert,

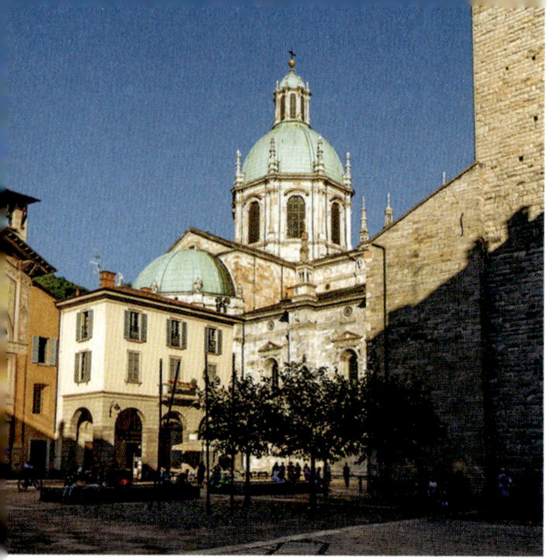

Wahrzeichen von Como: sein Dom.

in der autofreien Città lässt es sich fast so schön flanieren wie am Seeufer mit seiner Promenade. Ein ganz anderes Ambiente bietet Lecco, Stahlstadt und Heimat von Alessandro Manzoni (1785–1873). Sein Roman »Die Verlobten« gehört zu den großen Werken der italienischen Literatur. Historie und Landschaftsrahmen verdankt auch Bellagio seine unverwechselbare Atmosphäre.

Museen

- Abbadia Lario: Civico Museo Setifico Monti (Seidenraupenmuseum)
- Como: Tempio Voltiano, Museo della Seta (siehe Tour 1)
- Mandello del Lario: Museo Moto Guzzi (legendäre Motorradmarke)
- Lecco: Villa Manzoni und naturhistorisches Museum
- Esino: Museo della Grigna (naturkundliche Sammlung)
- Premana: Heimatmuseum
- Chiavenna: Museo della Valchiavenna
- Stampa: Bergeller Talmuseum

Informationen

Italienische Fremdenverkehrsämter (ENIT) gibt es in:

- D-60325 Frankfurt am Main, Schaumainkai 87; Tel. 0049/69/237434, frankfurt@enit.it, www.enit.de
- A-1060 Wien, Mariahilfer Straße 1b; Tel. 0043/1/5051639, vienna@enit.it, www.enit.at

Über die Seeregion erhält man Informationen bei:

- APT (Azienda Promozione Turistica) del Comasco, Piazza Cavour 16, I-22100 Como, Tel. 0039/031/269712, info@lakecomo.is, www.lakecomo.is
- APT (Azienda Promozione Turistica) del Lecchese, Via N. Sauro 6, I-23900 Lecco, Tel. 0039/0341/362360, www.eccolecco.it, info@eccolecco.it
- Consorzio turistico Valchiavenna, Piazza Caduti per la Libertà, I-23022 Chiavenna, Tel. 0039/0343/37485, consorzioturistico@valchiavenna.com, www.valchiavenna.com
- Bregaglia Engadin Turismo, Strada cantonale 140, CH-7605 Stampa, Tel. 0041/81/8221555, info@bregaglia.ch, www.bregaglia.ch

Tourengebiete

Comer See

Unter den drei großen oberitalienischen Seen ist der Lago di Como (oder Lario, nach dem alten römischen Namen) der kleinste, immerhin aber noch 146 km² groß und mit 410 m der tiefste Binnensee Europas. Als »Alpenfjord« hat man ihn bezeichnet, und der Vergleich liegt nahe: Seine lang gestreckten, schlanken Arme liegen zwischen steilen Ufern. Auf der Landkarte stellt sich der Comer See als ein kopfstehendes Ypsilon dar; er wirkt mediterran und trotzdem noch alpin.

Aus den Hochalpen, von den Gletscherbergen des Bergell, der Bernina und der Ortlergruppe kommen auch seine Zuflüsse, die Adda und die Mera. Im Gegensatz etwa zum Lago Maggiore greift er nicht hinaus in die Ebene: Berge links wie rechts bis nach Como. Und Lecco, das am Abfluss der Adda liegt, ist ohnehin eine Bergsteigerstadt, mit Mini-Dolomiten sozusagen vor der Haustüre: Resegone, 1875 m, und Grigne, 2409 m. Letztere beherrschen das Ostufer des Lario, schroffe Felsgrate aus hellem Kalk, bizarr verwittert. Aus kristallinen Gesteinen hingegen sind die Gebirgsketten längs des nördlichen Comer Sees aufgebaut (Monte Legnone, 2610 m); weit hinauf begrünt, zeigen sie nicht mehr so markante Gipfel.

Lädt zum Flanieren ein: die Seepromenade von Como.

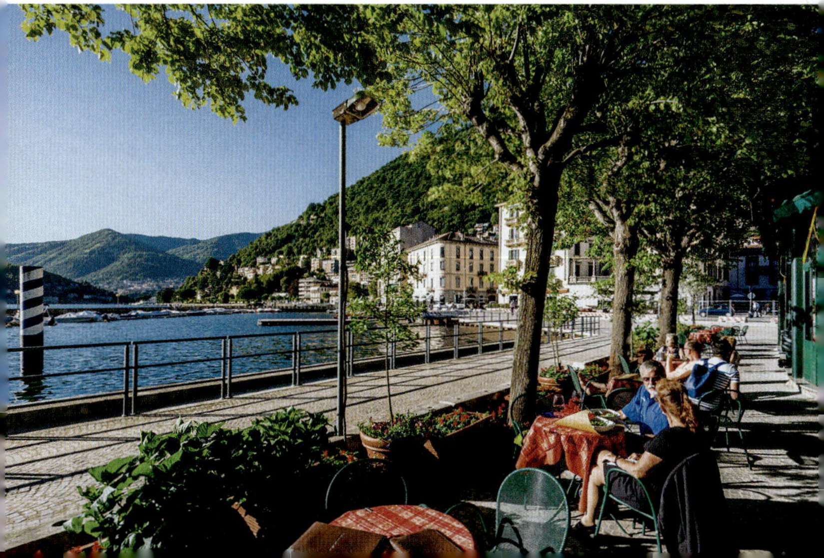

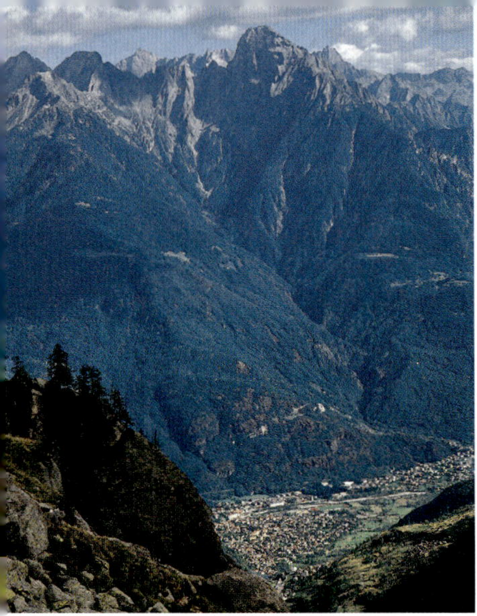

Tal und Gipfel: Chiavenna am Fuß des markanten Pizzo di Prata.

Sedimente dagegen bildeten die Berge im Dreieck Como–Bellagio–Lecco und die Höhenzüge über dem Südwestufer. Der Monte San Primo, 1682 m, gilt als schönste Aussichtswarte des »Triangolo«. Starke Kontraste prägen die Landschaft rund um den Lario, die gleichzeitig Hinterland der Po-Ebene und Randgebiet der Alpen ist. Meist liegt am Legnone noch Schnee, wenn an der Tremezzina bereits die Azaleen blühen.

Bergdörfer veröden, die Almen sind längst aufgegeben, doch an den Seeufern blüht das Geschäft mit dem Kapital Natur. Die Nähe der oberitalienischen Industriemetropole Mailand ist für Menschen und Landschaft Fluch und Segen zugleich: mehr Verkehr, mehr Umweltzerstörung, aber auch Arbeit und Geld. Die Nähe der großen Städte sorgt natürlich für eine gute touristische Infrastruktur: Hotels und Campingplätze rund um den See und natürlich Straßen. Nicht zu vergessen die »Navigazione del Lario«: Eine Schifffahrt, die ist schön – das gilt selbstverständlich auch für den Comer See. Und dass man einen Wandertag mit einer Fahrt über den See beginnt, ist hier nichts Außergewöhnliches: Zwischen Cadenabbia, Menaggio, Bellagio und Varenna verkehrt fahrplanmäßig die »Ferry«, eine Autofähre, die so manchen zeitraubenden Umweg auf den teilweise recht schmalen Uferstraßen erspart.

Das unterste Veltlin

Weit bekannter als die Wanderziele sind die Weine des Veltlin (Valtellina), rot und kräftig (nicht zu verwechseln mit dem österreichischen »Grünen Veltliner«), und essen – das sei hier verraten – kann man auch sehr gut. Typisch für die herzhaft-deftige Veltliner Küche sind etwa die Pizzoccheri, dicke Bandnudeln aus Buchweizenmehl, die zusammen mit Kartoffeln und Wirsing gekocht und mit zerlassener Butter, Knoblauch und geriebenem Käse serviert werden. Bekannt und dem Bündnerfleisch ähnlich ist Bresaola, gesalzenes und geräuchertes Rinderfilet, das man in dünne Scheiben schneidet. Ein Geheimtipp ist das Wanderziel Veltlin bis heute geblieben, was viel-

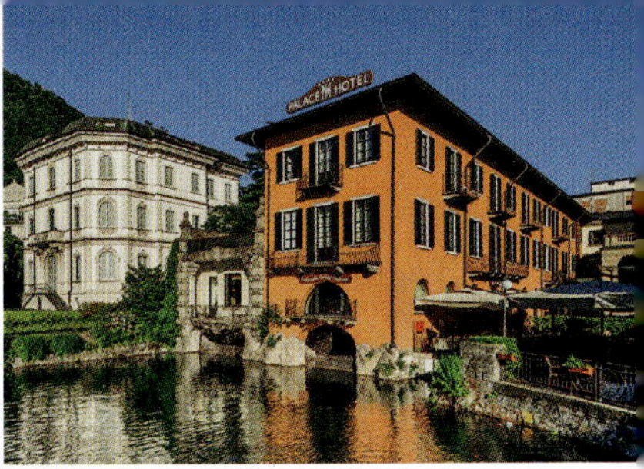

Lago e Palazzi: mediterranes Ambiente am See.

leicht mit der berühmten und teilweise auch überlaufenen Nachbarschaft zusammenhängt. Ins Engadin ist es nicht weit, über das Stilfser Joch kommt man nach Südtirol, und gleich um die Ecke liegt der Comer See. Doch das ändert nichts an den landschaftlichen Reizen dieses mächtigen Talgrabens, der in mehr als nur einer Hinsicht an das Schweizer Wallis erinnert: viel Sonne, Obst- und Weinanbau in den tiefen Lagen sowie rundum die höchsten Berge der Ostalpen (Bernina, 4049 m; Ortler, 3905 m). Wen wundert's, dass da Gipfel wie etwa der Legnone, 2610 m, oder der Pizzo dei Tre Signori, 2554 m, die beide den Bergamasker Alpen angehören, als Aussichtswarten ersten Ranges gerühmt werden? Viel Aussicht bieten auch die Sonnenterrassen rechts der Adda; das ganz große »Graniterlebnis« – nicht nur für Felsartisten – vermittelt die Val di Mello, ein Talast der Val Màsino. Auf den steilen Wegen in die Seitentäler unter dem Bergeller Hauptkamm kann man »Bergsteigen pur« erleben: aufwärts.

Der Comer See, das Kirchlein San Martino und der Monte Legnone.

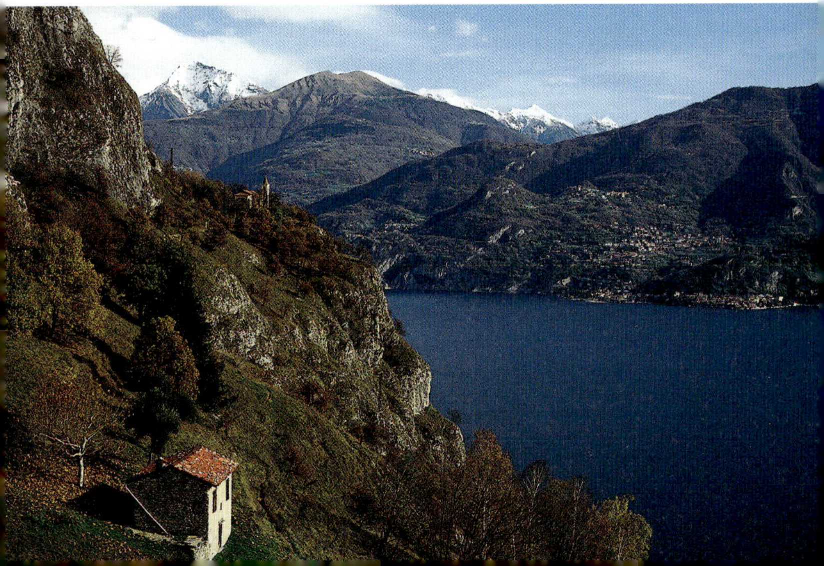

Der Umwelt zuliebe ...

Auch beim Wandern hinterlassen wir einen ökologischen Fußabdruck, aber im Einklang mit der Natur unterwegs zu sein, ist gar nicht so schwer!

VORBEREITUNG UND ANFAHRT

- Sich vorab informieren, worauf in Bezug auf Natur und Umwelt in der jeweiligen Wanderregion besonders zu achten ist.
- Soweit möglich mit Bahn und Bus anreisen, Wander- und Rufbusse nutzen.
- Ist eine Anfahrt mit dem Auto nötig, Fahrgemeinschaften bilden.
- Bei weiten Anfahrten Mehrtagestouren planen oder von einem Quartier vor Ort aus mehrere Touren absolvieren.
- Flugreisen möglichst reduzieren und durch Beiträge zu Klimaschutzprojekten kompensieren.

KLEIDUNG UND AUSRÜSTUNG

- Beim Kauf von Outdoor-Kleidung auf umweltfreundliche und faire Herstellung achten und Kleidungsstücke möglichst viele Jahre nutzen.
- Ausrüstung kann man eventuell auch gebraucht kaufen oder ausleihen.
- Reparieren statt neu kaufen.

VERPFLEGUNG

- Beim Einkauf Bio-Ware, regionale und saisonale Erzeugnisse bevorzugen.
- Hütten und Gasthäuser auswählen, die regionale Produkte verwenden.
- Auf Einwegflaschen und Plastikverpackungen verzichten, stattdessen wiederverwendbare Trinkflaschen und Brotzeitboxen benutzen.

ÜBERNACHTUNG

- Bei lokalen Anbietern buchen, damit Menschen vor Ort profitieren.
- Auf Hütten und in anderen Unterkünften Strom und Wasser sparen.

UNTERWEGS

- Wege benutzen und Abkürzer vermeiden.
- Sperrungen von Wegen und Schutzgebieten respektieren.
- Keine Blumen pflücken und keine Pflanzen entnehmen.
- Waldbrandgefahr beachten.
- Müll wieder mit nach Hause nehmen und dort entsorgen.
- Toilettengänge in freier Natur möglichst vermeiden.
- Lärm vermeiden.
- Hunde an die Leine nehmen.

ROTHER BERGVERLAG

Fast unerschöpflich sind die Tourenmöglichkeiten in dieser Bergregion zwischen dem Pizzo Badile und dem Passo di San Marco, die etwa 1000 Quadratmeter groß und 3000 m hoch ist. Dass Wegmarkierungen und Hüttendichte nicht überall nordalpinem Standard entsprechen, erweist sich kaum als Schönheitsfehler; es soll ja sogar Bergfreunde geben, die gerne ihre eigenen Wege gehen, einen einsamen Almweg dem überlaufenen Hüttenzustieg vorziehen und lieber allein auf einem namenlosen Gipfel sitzen.

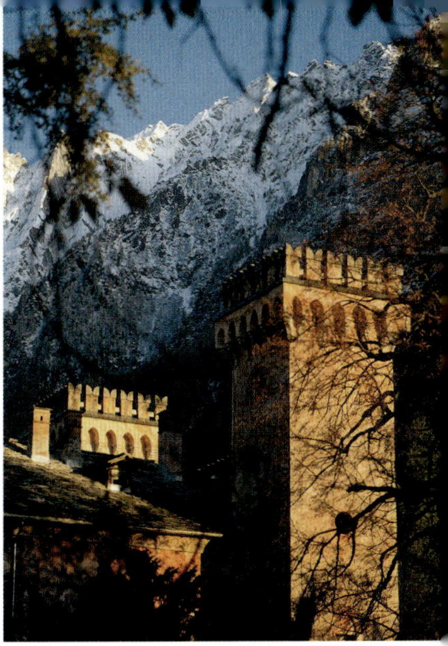

Schloss in den Bergen: Castelmur im Bergell.

Valchiavenna/Valle Spluga

Die mächtige Querfurche vom Comer See hinauf zum Splügenpass, 2113 m, über den nicht nur die Grenze zwischen Italien und der Schweiz, sondern auch die Wasserscheide zwischen Nord und Süd, Rhein und Po bzw. Nordsee und Mittelmeer verläuft, ist ein ebenso »vergessener« wie ungewöhnlicher Winkel der Alpen. Ungewöhnlich weniger durch die Tatsache, dass Liro und Mera hier die Grenze von den Ost- zu den Westalpen markieren, als durch eine kontrastreiche Landschaft, in tieferen Lagen schon mediterran geprägt, in der oberen Valle Spluga ganz zentralalpin. Besonders stark prallen diese Kontraste südlich von Chiavenna aufeinander, in den Tälern von Codera und Bodengo, beide mit ungangbaren Mündungsschluchten, beide von einem Kranz hoher Gipfel umrahmt – weiße Flecken in der alpinen Landkarte, zumindest für die von Norden Anreisenden. Das gilt weitgehend auch für die Valle Spluga mit ihren Almböden und den mächtigen Gipfeln: Piz Tambo, 3279 m, Pizzo di Emet, 3209 m, Pizzo Stella, 3163 m. Das Tourengebiet überrascht mit interessanten Zielen; das Wegenetz ist gut markiert, als Stützpunkte stehen mehrere Hütten und Biwakschachteln zur Verfügung. Auch südlich von Chiavenna sind die Wege ordentlich bezeichnet, ein Verdienst der rührigen »Comunità Montana della Valchiavenna«. Zwischen dem Splügenpass und dem Nordende des Comer Sees gibt es nur einen überregional bekannten, vor allem im Winter frequentierten Touristenort: Madèsimo, 1560 m, in einem Seitental des Valle Spluga gelegen, mit bestens erschlossenem Skigebiet an der Nordwestflanke des Pizzo Groppera, 2948 m: ein Konglomerat von Hotels, Geschäften, Appartementhäusern und Parkplätzen – nicht unbedingt ein Anziehungspunkt für den Naturfreund und Bergwanderer. Geografischer, kultureller und wirtschaftlicher Mittelpunkt der Region ist Chiavenna, 333 m, ein Kleinstädtchen am Zusammenfluss von Mera und Liro.

Bergell

Für den vom Engadin her Anreisenden ist das Bergell (Val Bregaglia) erst einmal eine »geografische« Überraschung: Ganz unvermittelt bricht die weit offene Seenplatte ab, gibt den Blick frei in einen tiefen Graben, steile Flanken links wie rechts, hohe Gipfel darüber. Ein Kontrast, wie man ihn sich größer kaum vorstellen kann. Aber nicht der einzige Unterschied zur Parade-Tourismusregion Graubündens. Im Bergell spricht man einen italienischen Dialekt, hier gibt es keine Ski-, nur Kletterberge und wenig Tourismus, dafür viel unverbrauchte Natur. So ist das Bergell heute ein echtes Wanderparadies. Der Verkehr war hier seit der Römerzeit ein wichtiger Wirtschaftsfaktor und brachte Verdienst in das arme Tal. Die von den Churer Bischöfen angelegte Straße vom Oberhalbstein ins Bergell (1387) galt damals als echte Pioniertat, und zu Beginn des 20. Jahrhunderts stand sogar eine Bahntrasse durch das Tal zur Diskussion. Gebaut wurde die Straße, doch zeigte man sich dem aufkommenden Autoverkehr gegenüber zunächst recht zurückhaltend. Noch heute ziert – ziemlich verblichen – die Mahnung »Schritt fahren!« eine Hausmauer am Eingang nach Casaccia.

Keine Verkehrsprobleme gibt es auf den Wegen über dem Tal, und gute Markierungen sorgen dafür, dass sich auf der »Panoramica« und auf all den andern Höhen-, Hütten- und Passwegen niemand verläuft. Seit dem verheerenden Bergsturz am Pizzo Cengalo (2017) ist der Weg durchs Bondascatal zur Sciorahütte gesperrt.

Hauptort des Bergell ist Vicosoprano, 1087 m, etwa auf halber Wegstrecke zwischen Chiavenna und

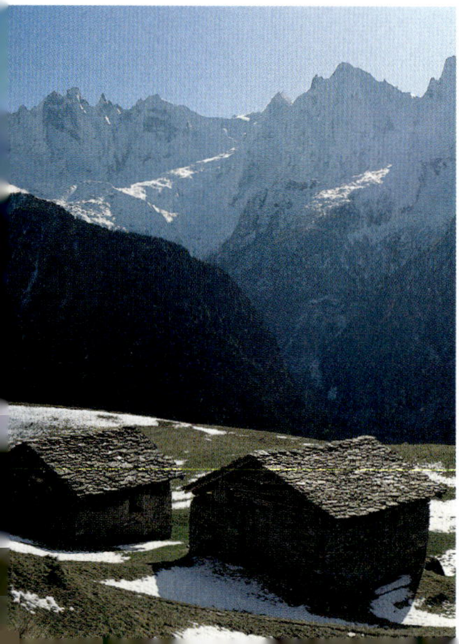

Herbst im Bergell – Wanderzeit. Auf den Dreitausendern um den Pizzo Cengalo liegt bereits der erste Schnee.

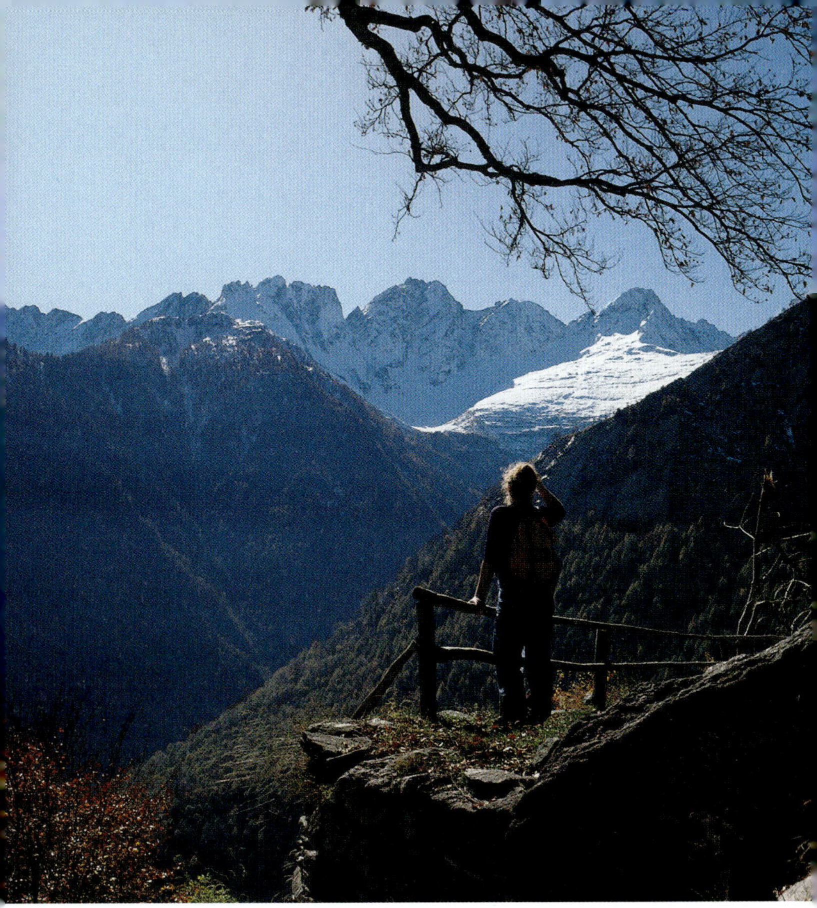

Am Weg zum Dosso Mottone, Blick auf die Bergeller Granitgipfel.

dem Malojapass mit sehenswertem Ortsbild. Ein berühmtes Alpensujet bietet das entsprechend rege besuchte Dörfchen Soglio, 1097 m. Ein wenig weiter talabwärts verläuft die Landesgrenze zwischen der Schweiz und Italien.

Nächste Doppelseite: Von den Sonnenterrassen über der gewaltigen Talfurche des untersten Veltlin genießt man freie Sicht auf die Gipfelketten der Bergamasker Alpen.

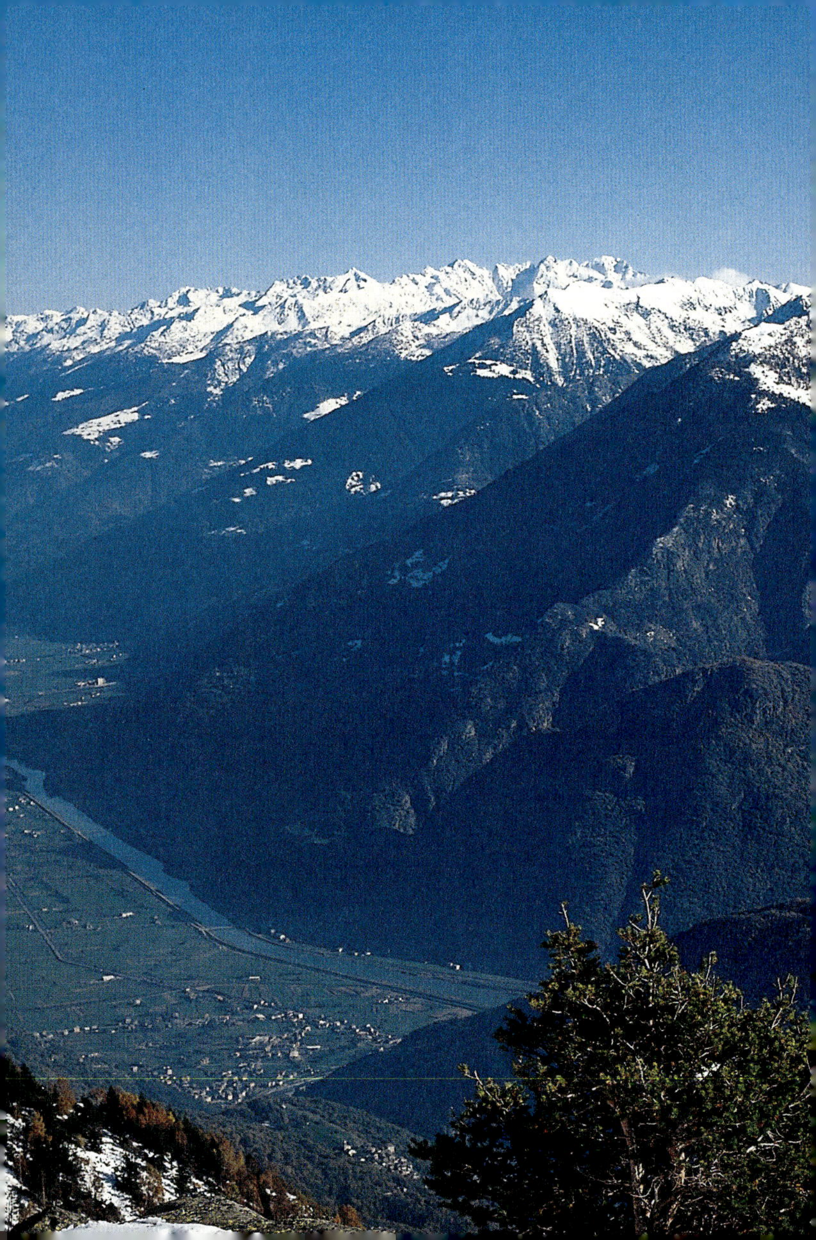

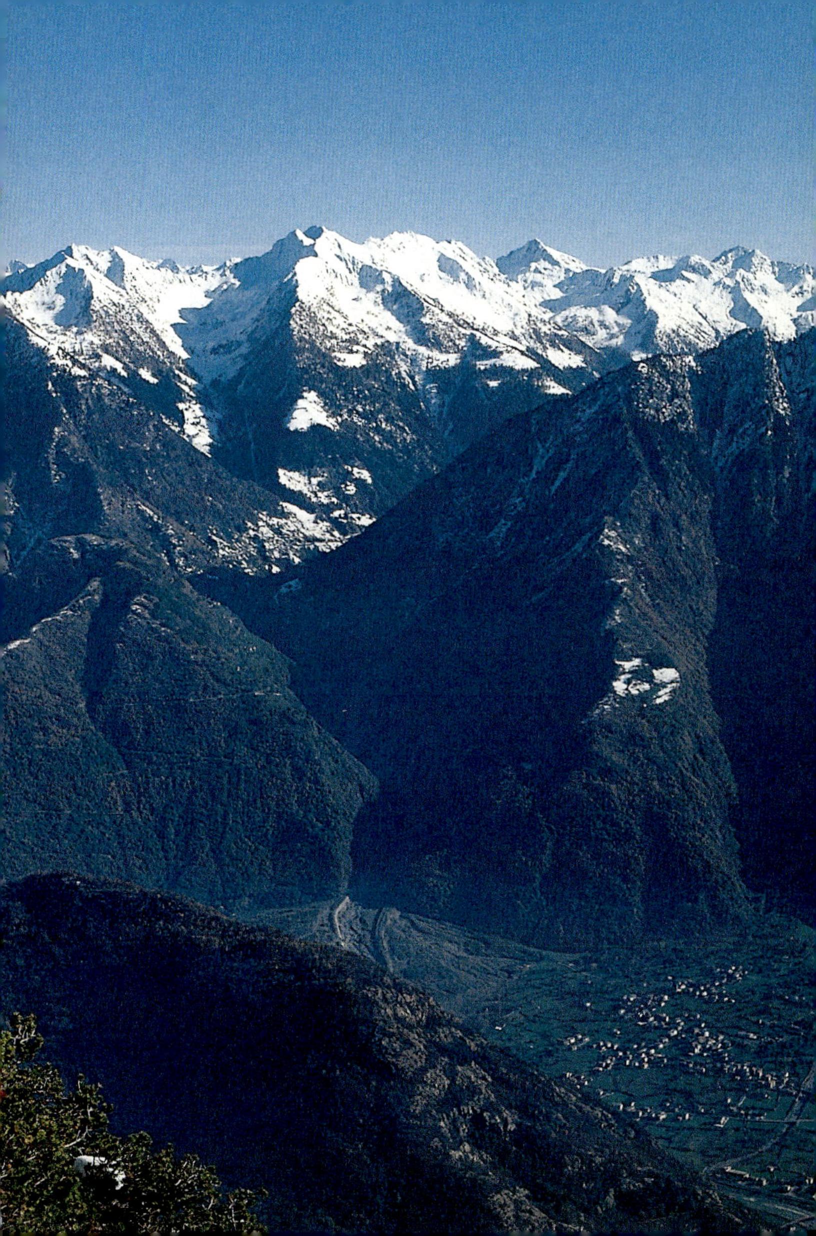

1 Como

1.30 Std.

Rundgang durch die Seidenstadt am See

Como, 201 m, keine Frage, muss man sich vom See her nähern. Da zeigt die »Città della Seta«, die Seidenstadt, ihr charmantes Antlitz: großzügige Uferanlagen, dahinter das römische Geviert der von der Barockkuppel des Doms überragten Altstadt, inzwischen autofrei, und deshalb für einen gemütlich-gefahrlosen Bummel bestens geeignet. Kulturgenuss, norditalienisches Ambiente, Shopping und ein gutes Essen ergeben zusammen einen garantiert ausgefüllten Tag – auch ohne Gipfelwanderung.

Die Geschichte Comos hat ihre Wurzeln in prähistorischer Zeit und war im Mittelalter von der Konkurrenz zum benachbarten Mailand geprägt. Bekannt machten den Namen der Stadt die »Maestri Comacini«: Baumeister, Maler und Steinmetze aus der Region, die durch halb Europa zogen. Später war es die Seide, die den wirtschaftlichen Pulsschlag bestimmte. Bereits zu Beginn des 16. Jahrhunderts gründete Pietro Boldoni die erste Seidenmanufaktur; heute wird in Como fast ein Viertel der Weltproduktion an Seide verarbeitet.

Blick über die Dächer von Como auf den Turm des Castello Baradello.

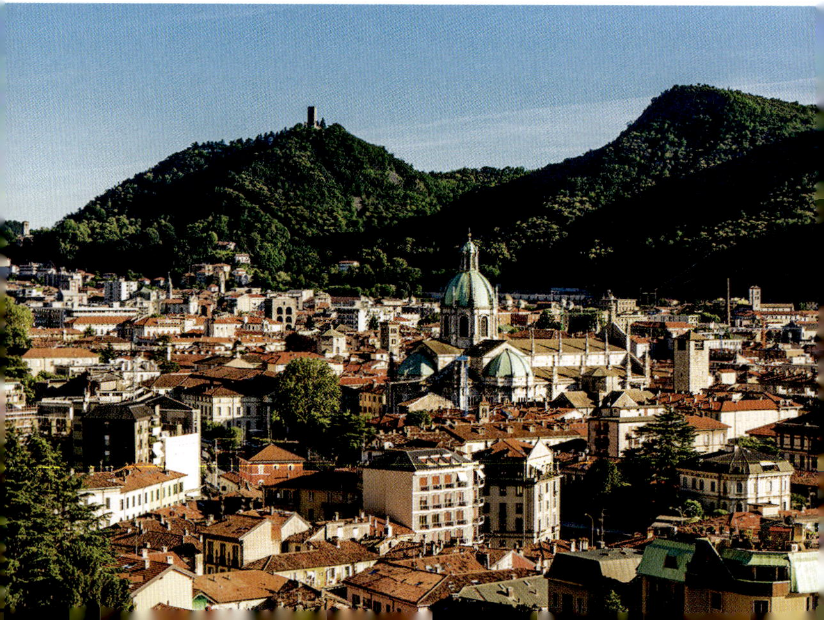

Ausgangspunkt: Gebührenpflichtiger Parkplatz beim Fußballstadion Sinigaglia, knapp 10 Min. vom Stadtzentrum entfernt.
Höhenunterschied: Unwesentlich.
Anforderungen: Spazierwege, Straßen.
Einkehr: In der Altstadt gibt es zahlreiche gute Ristoranti; für den kleinen Imbiss eignen sich die zum Teil recht pfiffig gestalteten Paninotheken.
Tipp: Nach dem Stadtrundgang empfiehlt sich ein Abstecher per Standseilbahn hinauf nach Brunate, 715 m, das einen stimmungsvollen Tiefblick auf die Stadt und ihre Seebucht bietet. Doch noch ein kleines »Bergerlebnis«.

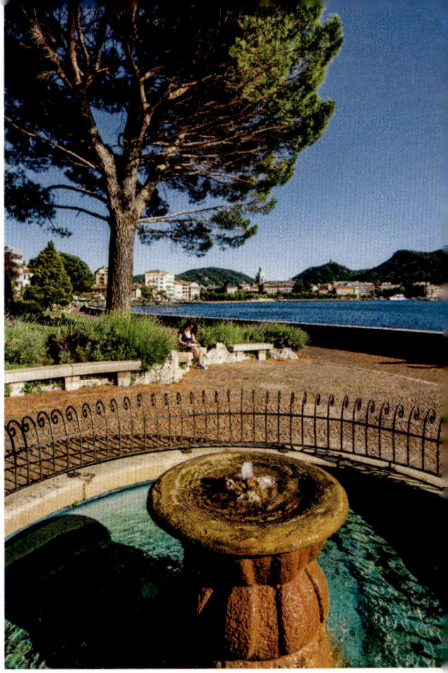

Südländisches Flair prägt die Seidenstadt, vor allem im Uferbereich des Comer Sees.

Vom Parkplatz am **Stadion (1)** spaziert man auf der Uferpromenade (Lungo Lario) zur Piazza Cavour. Durch die Via Caio Plinio Secondo gelangt man rasch zum **Domplatz (2)**, dem Mittelpunkt der Altstadt. Er wird dominiert von Dom, Broletto (altes Rathaus) und Torre del Comune als geschlossenem Bauensemble. Der Stadtturm und das Rathaus mit seinem offenen Erdgeschoss stammen im Kern aus spätromanischer Zeit, der Bau des Doms zog sich über mehrere Jahrhunderte hinweg. Als ein Meisterwerk der Frührenaissance gilt die Fassade aus dem 15. Jahrhundert mit reichem plastischen Schmuck und großem Radfenster. Besonderes Augenmerk verdienen dabei die beiden sitzenden Gestalten links und rechts des Hauptportals: Plinius der Ältere (23–79 n. Chr.) und sein Neffe Plinius der Jüngere, aus Como stammende Literaten und Naturkundler.
Vom Domplatz ist es nicht weit zur **Kirche San Fedele (3)**, einem romanischen Bau (12. Jh.) mit originell gestalteter Apsis. In der Verlängerung der Via Vittorio Emmanuele stößt man auf zwei Museen, das Museo Archeologico mit Funden aus der Frühgeschichte der Region und das Museo storico »Garibaldi« (beide bis auf Weiteres geschlossen; Stand 2022). Den Südrand der Altstadt markiert die **Torre di Porta Vittoria (4)**, in deren Nähe ein Rest des römischen

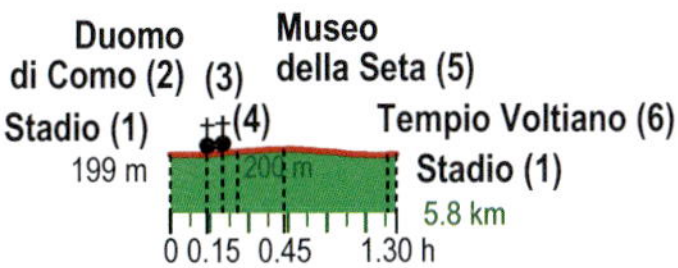

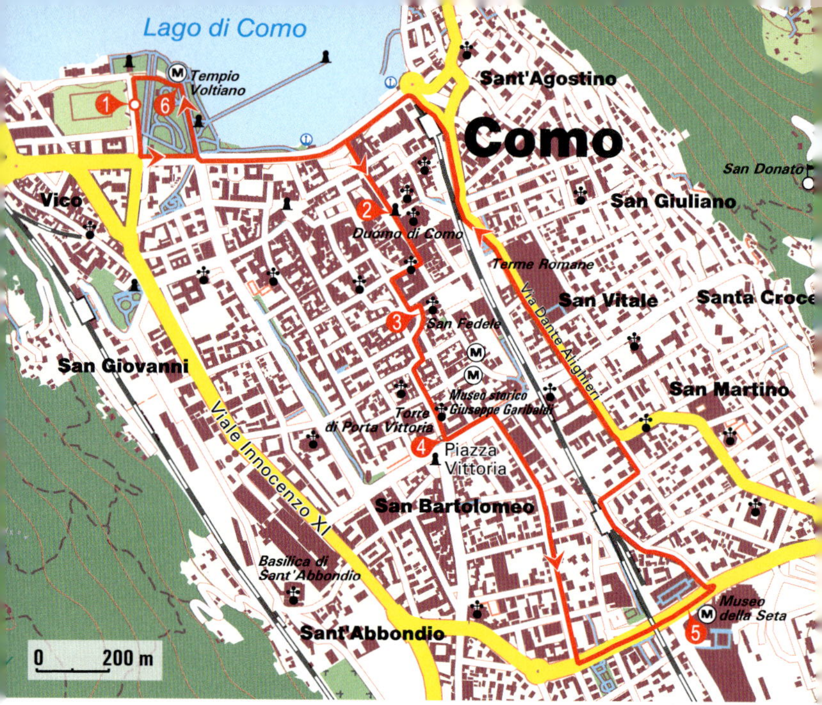

Stadttores freigelegt wurde. Liebhaber alter historischer Gotteshäuser sollten den Abstecher nach rechts in den viel befahrenen Viale Cattaneo zur Kirche Sant'Abbondio nicht versäumen. Schade nur, dass die schönste romanische Kirche Comos, eine fünfschiffige Basilika mit Zwillingstürmen und bedeutendem plastischem Schmuck (1095 geweiht), mitten in einem wenig ansprechenden Industrierevier steht. Wer sich für den Stoff interessiert, der Como berühmt gemacht hat, wird das moderne **Museo della Seta (5)** an der Via Castelnuovo 9 aufsuchen (geöffnet Di–So 10–18 Uhr).
Durch die Via Dante Alighieri wandert man zum Seeufer; die Città Vecchia bleibt dabei links. Entlang der Uferpromenade geht es zurück zum nahen Parkplatz am **Stadion (1)** – zuvor empfiehlt sich ein kleiner Schlenker zum nahen **Tempio Voltiano (6)**. Das neoklassizistische Bauwerk erinnert an den berühmten Sohn der Stadt, den Physiker Allessandro Volta (1745–1827, Museum).

Bringt einen zum Staunen: die Fassade des Doms mit seinem plastischen Schmuck. Ein absolutes Meisterwerk der frühen Renaissance.

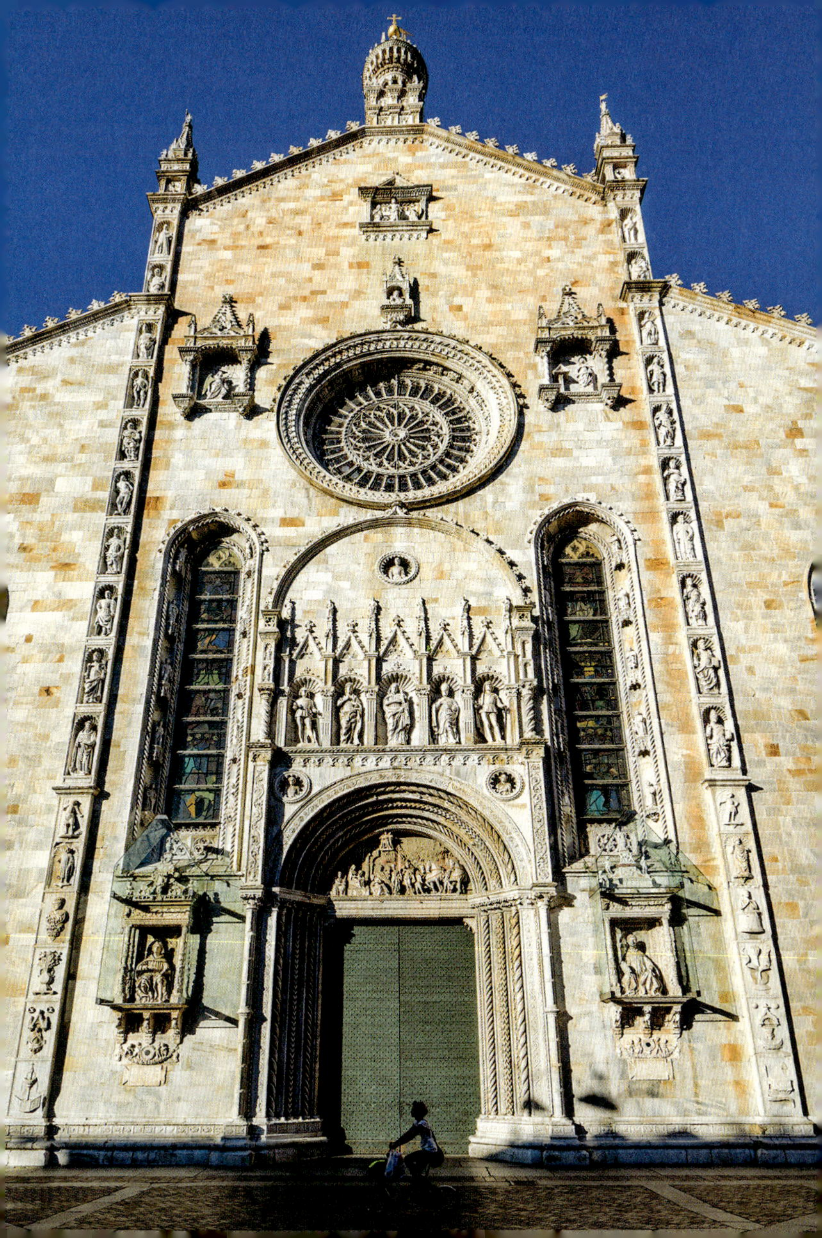

2 Colmegnone, 1383 m

4.15 Std.

Ein Höhenspaziergang zur Einstimmung

Natürlich kann man die Höhen über Cernobbio, Moltrasio und Carate direkt vom Seeufer aus erwandern, doch ein Anstieg von mindestens 1000 Höhenmetern ist nicht jedermanns Sache, vor allem nicht im Sommer. Da wird das dreistündige Bergauf trotz schattiger Kastanienwäldern zu einer sehr schweißtreibenden Angelegenheit. Also: einmal oben »einsteigen«, am Monte Bisbino, diesem Aussichts- und Grenzberg, und die Seen- und Berglandschaft auf einer wenig beschwerlichen Höhenwanderung genießen.

Talort: Cernobbio, 201 m, Nachbargemeinde von Como, 5 km.
Ausgangspunkt: Monte Bisbino, 1325 m, erreichbar auf kurvenreicher Serpentinenstraße über Rovenna, 442 m, 17 km von Cernobbio. Kleiner Parkplatz am Straßenende, ca. 1305 m, knapp unter dem Gipfel.
Höhenunterschied: Knapp 600 m.
Anforderungen: Höhenwanderung auf überwiegend bequemen Wegen.
Einkehr: Rifugio Bugone, 1119 m, Anfang Juli bis Mitte September durchgehend, die übrige Zeit nur an den Wochenenden bewirtschaftet; Tel. 0039/031/0350027. Rifugio Murelli, 1200 m, im Sommer durchgehend bewirtschaftet; sonst an den Wochenenden, Tel. 0039/335/8434493. Agriturismo Roccolo San Bernardo, 1289 m, Restaurant und Übernachtungsmöglichkeit, Öffnungszeiten auf Anfrage, Tel. 0039/339/3150561, www.roccolosanbernardo.it. Einkehrmöglichkeit am Monte Bisbino.

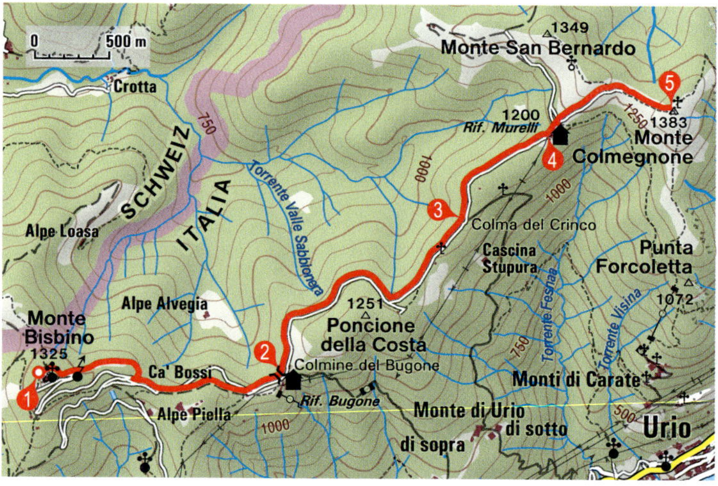

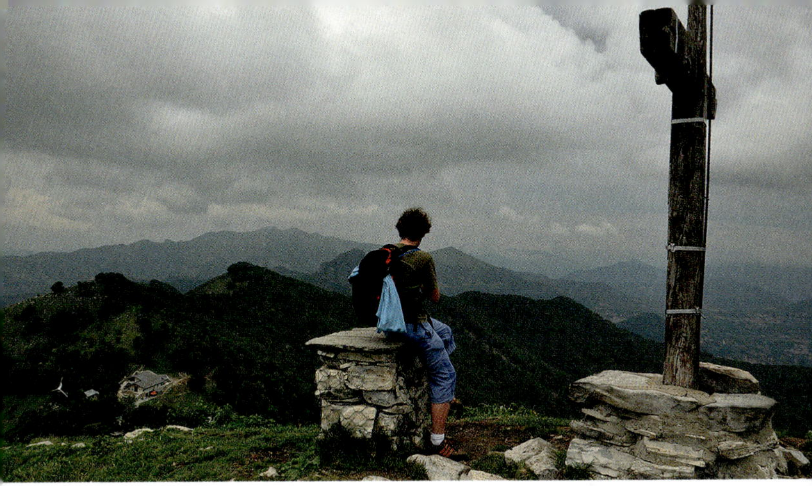

Am Gipfel des Colmegnone.

Vom Parkplatz auf dem **Monte Bisbino (1)** kurz aufwärts zum (verbauten) Gipfel, 1325 m, dann, einem rot-weiß markierten Weglein folgend, über den Ostgrat hinab zur Senke von Cà Bossi, 1188 m (Instituto dei Padri Somaschi). Hier stößt man auf die rot-weiß-rote Bezeichnung der »Via dei Monti Lariani« (Nr. 1). Sie umgeht eine erste Graterhebung nordseitig und führt weiter abwärts in den **Colmine del Bugone (2)**, 1119 m, mit der gleichnamigen Hütte. Weiter auf breitem Güterweg durch prächtigen Buchenwald um den Poncione della Costa, 1251 m, herum, dann am Kamm entlang über die **Colma del Crinco (3)**, 1204 m, zum wieder aufgebauten **Rifugio Murelli (4)**, 1200 m. Auf breitem Schotterweg schräg aufwärts zum Agriturismo Roccolo, 1289 m. Zum Gipfel des **Colmegnone** (**5**, auch Poncione di Laglio), 1383 m, hat man dann gerade noch einen viertelstündigen, recht steilen Anstieg (Steinmännchen). Von der Kuppe bieten sich packende Tiefblicke auf den Südwestarm des Comer Sees; an (seltenen!) ganz klaren Tagen ist das Panorama über 200 Kilometer weit und reicht bis zum Monviso in den Cottischen Alpen und zum Monte Cimone im Apennin. Beim Rückweg kann man – nach der Einkehr im Agriturismo – noch einen Abstecher zur Kapelle San Bernardo, 1348 m, unternehmen, gut eine Viertelstunde hin und zurück. Auf demselben Weg wie beim Hinweg zurück zum Parkplatz am **Monte Bisbino (1)**.

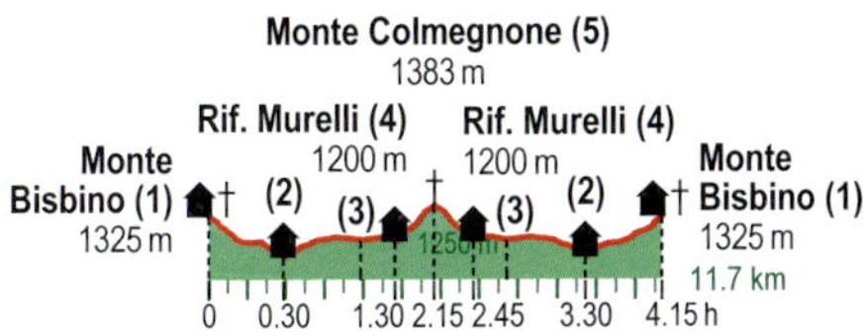

3 Sasso Gordona, 1410 m

4.00 Std.

Der »Kulturgipfel«

Beim ersten Augenschein fällt nichts Ungewöhnliches auf: ein schmuckes Tal, zum See hin eng, fast schluchtartig eingeschnitten, in höheren Lagen sich weit öffnend; ins Grün getupfte Haufendörfer, darüber ein paar Gipfel. Erst der Blick zurück, in die Geschichte, verrät es: Das Valle d'Intelvi ist ein Tal der Kunst; von hier aus zogen über Jahrhunderte hinweg die »maestri antelami« (nach dem alten Talnamen) in die Welt, als Architekten, Steinmetze, Maler und Bauleute. Welche Fülle von Talenten diese arme Bergregion hervorgebracht hat! Darunter sind so berühmte Namen und große Künstler wie etwa Lorenzo de Spiazzi, der im 13. Jahrhundert Baumeister an den Domen von Mailand und Como war, oder Carlo Carlone, der in Einsiedeln und Wien grandiose Barockfresken schuf. Viele Talbewohner finden auch heute noch ihre Arbeit auswärts, in Como oder in der benachbarten Schweiz; im Gegensatz zu früheren Zeiten kommen aber auch zunehmend Fremde ins Valle d'Intelvi. Es locken die Gipfel, durchwegs herrliche Aussichtswarten mit See- und Alpenblick. Wie der Sasso Gordona, der das Tal der Künstler markant gegen Süden abschließt – ein »Kulturgipfel«.

Talort: Argegno, 210 m, am Südwestarm des Comer Sees, 20 km nördlich von Como, 15 km ab Menaggio.
Ausgangspunkt: Ortsteil Occagno, 600 m, der Gemeinde Schignano, 6 km von Argegno (Busverbindung). Parkmöglichkeit am Ortseingang.
Höhenunterschied: 810 m.
Anforderungen: Am Gipfel des Sasso Gordona Schrofen und leichte Felsen (Kettensicherungen); Trittsicherheit unerlässlich! Bei Nässe im Gipfelbereich gefährlich rutschige Wege.
Einkehr: Rifugio Prabello, 1201 m, Mitte Juni bis Mitte Sept. durchgehend, die übrige Zeit an den Wochenenden bewirtschaftet, Tel. 0039/031/5476862, www.prabello.it.

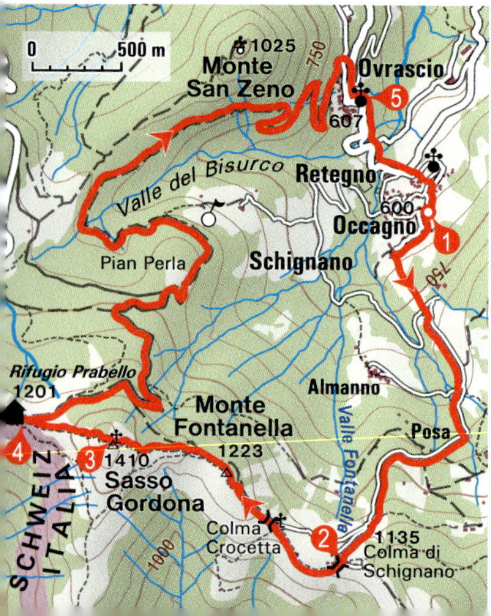

Von **Occagno (1)** folgt man zunächst der Straße, die südwärts nach Posa, 840 m, ansteigt. Sie wird oberhalb der Häusergruppe zur bequemen Mulattiera (Saumpfad), schneidet, teilweise gepflastert, die Hänge im Talschluss. Man passiert die Monti di Treviglio, 1075 m, und

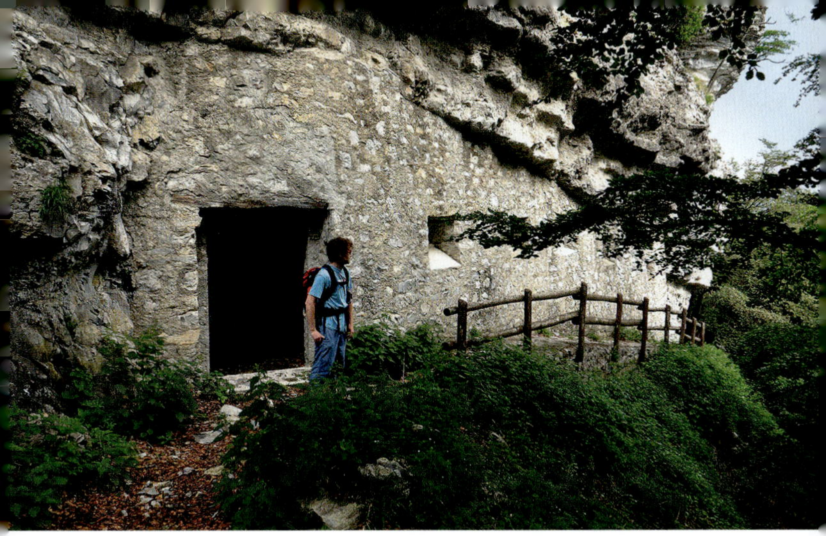

Alte Festungsanlagen der Linea Cadorna am Sasso Gordona.

erreicht dann die flache Senke der **Colma di Schignano** (**2**, 1135 m, großes Kreuz). Etwa 15 Minuten lang folgt man der alten Militärstraße, die den Bergstock des Sasso Gordona nordseitig quert. Bei den restaurierten Anlagen der »Linea Cadorna« (große Infotafel) beginnt der eigentliche Gipfelaufstieg: erst mit den Stellungen aus dem ersten Weltkrieg bergan, dann auf einem steilen Pfad am felsigen Grat (Kettensicherungen) zum großen Kreuz und kurz weiter zum höchsten Punkt des **Sasso Gordona (3)**.
Der Abstieg folgt dem Westgrat, er ist ebenfalls mit Kettensicherungen versehen und läuft direkt am **Rifugio Prabello (4)**, 1201 m, aus (Infotafel). Bei der ehemaligen Grenzerkaserne stößt man auf die alte Militärstraße; sie führt in bequemen Serpentinen im Wald bergab, biegt dann in das Valle del Bisurco ein und läuft schließlich in **Ovrascio (5)**, 607 m, aus. Auf der Straße zurück nach **Occagno (1)**.

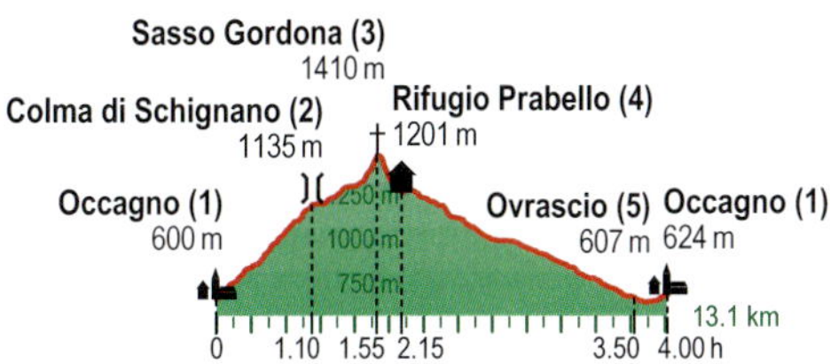

4

San Benedetto, 810 m

3.30 Std.

Klöster und Kastanien an der Tremezzina

Kunst und Kultur, Geschichte und Geschichten: Von all dem gibt es rund um Ossuccio reichlich: Kirchen und Klöster, verwunschene Plätze, Legenden. Da sind die Kirchen San Giacomo und Santa Maria Maddalena, beide direkt an der vielbefahrenen Uferstraße, beide aus romanischer Zeit (12. Jh.), archaisch wirkende Saalbauten, San Giacomo mit hübscher Glockenwand, Santa Maria Maddalena mit einem Campanile, dem in gotischer Zeit eine »Haube« aufgesetzt wurde – ohne Gegenstück in der Lombardei. Und dann die Isola Comacina, die einzige Insel des Lario, einst sagenhaft reich und deshalb Crisopoli genannt – goldene Stadt. Das schreckliche Ende kam nach dem Krieg zwischen Como und Mailand (1118–1127); die Comasken brandschatzten und plünderten das Eiland, das sich mit Mailand verbündet hatte. Einen prächtigen Blick auf den bewaldeten Rücken und die Isola Comacini genießt man von der Wallfahrtskirche Madonna del Soccorso, die sich auf einer felsigen Anhöhe unmittelbar über dem Eingang zur Valle Perlana erhebt. Man erreicht sie zu Fuß über eine Via crucis, einen Kapellenweg, ähnlich, wenn auch nicht so aufwendig gestaltet wie jene in Varese und Orta San Giulio. Und ganz hinten im Tal, dem belebten, sonnigen Uferstreifen der Tremezzina weit entrückt, liegt San Benedetto, eine Gründung der Cluniazenser.

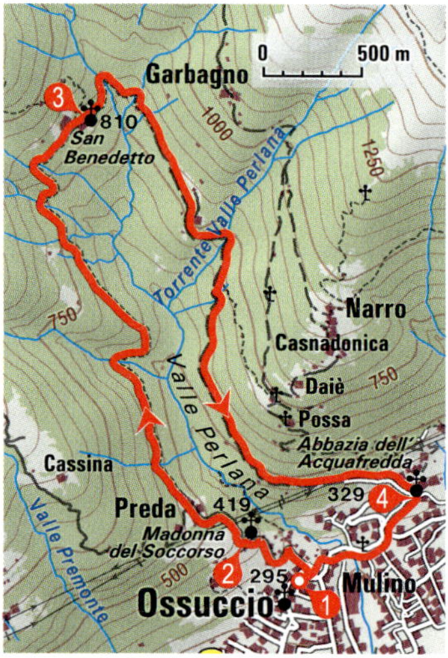

Ausgangspunkt: Ossuccio, aus mehreren Teilen bestehender Ort der Tremezzina, 24 km von Como, 9 km von Menaggio. Bei der Kirche Santa Maria Maddalena beschilderte Abzweigung (»Ossuccio, Madonna del Soccorso«) hinauf zum alten Siedlungskern der Gemeinde, 1 km. Gute Busverbindungen; Schiffsanlegestelle. Kleiner Parkplatz bei der (geschlossenen) Bar Riposo, ca. 295 m; alternativ Parkmöglichkeiten im Bereich der Uferstraße.

Höhenunterschied: Knapp 600 m.

Anforderungen: Halbtageswanderung für Kunstliebhaber. Spärlich markiert, gute Wege.

Einkehr: Trattoria del Santuario (Madonna del Soccorso).

Vom Parkplatz bei der Bar Riposo in **Ossuccio (1)** spaziert man auf dem gepflasterten Kapellenweg hinauf zur Wallfahrtskirche **Madonna del Soccorso (2)**, 419 m, mit Osteria und hübschem Blick auf den See, seine einzige Insel und den bewaldeten Rücken des Dosso di Lavedo. Kapellenweg und Kirche gehören als Sacro Monte bereits seit 2003 zum UNESCO-Weltkulturerbe.

Hinter dem Baukomplex auf breitem Weg, der zunächst steil ansteigt, in die Valle Perlana. Man passiert die Häuser von Preda, 520 m, und wandert dann durch prächtige Kastanienhaine talein (mehrere Quellen).

Der zuletzt wieder stärker ansteigende Pfad führt direkt nach **San Benedetto (3)**, 810 m. Hinter der Kirche vorbei und kurz hinab zum Talbach, den man auf solider Brücke überquert. An der gegenüberliegenden, östlichen Talflanke abwärts und hinaus zur Tremezzina. Aus dem Wanderweg wird bald ein schmales Sträßchen, das sich zuletzt etwas stärker zur **Abbazia dell'Acquafredda (4)**, 329 m, hinabsenkt. Hier kann man zwar nicht einkehren, aber zumindest seinen Durst stillen; das kalte Wasser der Quelle (acqua fredda) schmeckt und gilt bei den Einheimischen als heilkräftig. Über eine Straßenschleife abwärts (keine Markierungen), dann rechts in einen kleinen Weg einbiegen. Oberhalb eines Wasserfalls auf einer Brücke über den Bach und hinein nach **Ossuccio (1)** und zurück zum Parkplatz.

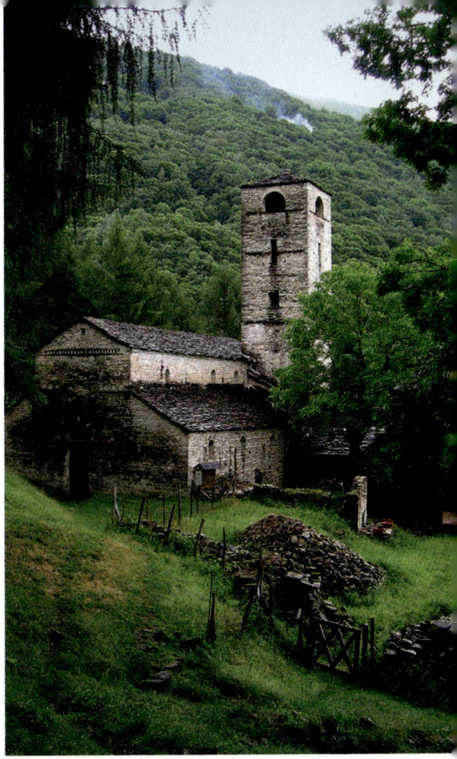

Ein Weg zurück ins Mittelalter: Die Wanderung zum ehemaligen Cluniazenserkloster San Benedetto.

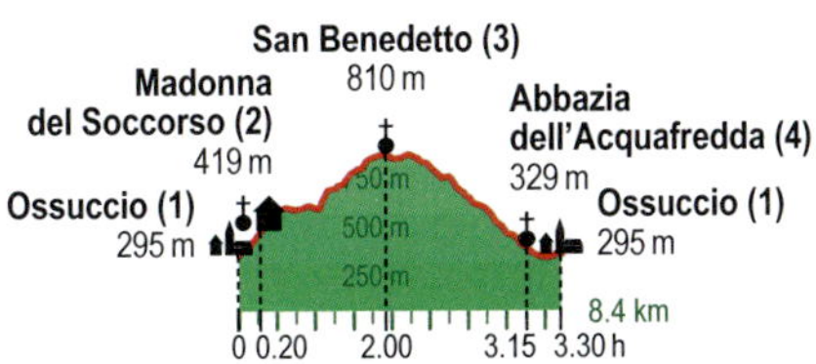

5 Villa Carlotta

2.15 Std.

Kulturspaziergang an der Tremezzina

Azaleen-Riviera: Das klingt etwas hochtrabend, hat aber schon seine Berechtigung, denn im Frühling ist sie buchstäblich zu riechen, die Azaleen- und Rhododendrenblüte an der Tremezzina. Im Sommer, zur Hauptreisezeit, duftet es oft weniger vornehm zwischen Sala Comacina und Cadenabbia, dann ist die schmale Strada Statale No. 340, die sich durch die Dörfer zwängt, ein veritables Nadelöhr, hoffnungslos überlastet. Doch von der Straße aus kann man die Tremezzina ohnehin nicht kennenlernen: das unvergleichliche Ambiente, durch die Herrschaftsarchitektur des letzten Jahrhunderts geprägt, die mediterran-üppige Parkflora, den stimmungsvollen Landschaftsrahmen. Berühmtestes Anwesen am See ist die Villa Carlotta, Pflichtziel für jeden kulturell Interessierten, ein im Kern barocker Bau, der nach 1801 klassizistisch umgebaut wurde und damals auch sein kostbares Interieur erhielt. Schönster Schmuck ist allerdings der großzügig angelegte Park. Der Weg von Lenno über die Dörfer nach Cadenabbia ist Landschaftserlebnis und Kulturgenuss in einem; der Blick geht über den See zur Landzunge von Bellagio und zu den Grigne. Bei der Rückfahrt hat man die Azaleen-Riviera vor sich, überragt von dem massig-breiten Bergstock des Monte di Tremezzo, 1700 m.

Ausgangspunkt: Lenno, 209 m, malerisches Dorf an der kleinen Bucht nördlich des Dosso di Lavedo, 332 m, 27 km von Como, 8 km von Menaggio, Parkplatz unterhalb der Hauptstraße. Schiffsanlegestelle, Busverbindung mit Argegno–Como und Menaggio.
Endpunkt: Cadenabbia, 210 m. Bushalt »Villa Carlotta« (Rückfahrt nach Lenno).
Höhenunterschied: Etwa 120 m.
Anforderungen: Spaziergang.
Einkehr: An der Uferstraße Bars und Restaurants.
Hinweis: Die Villa Carlotta ist von März bis September täglich 9–19.30 Uhr geöffnet.

In **Lenno (1)** bei der Busstation entdeckt man an der Hauptstraße ein Hinweisschild: »Antica via del Soccorso«. Man folgt dem Sträßchen kurz aufwärts, biegt dann rechts in die Via Pola ein. Sie leitet zwischen Mauern zum Siedlungsrand, dann hinab zur Pola und über den Bach. Auf gepflastertem Weg bergan zu den Häusern von Pola, dann der Straße entlang bis zur Abzweigung der »Via Pola vecchia«. Sie führt ansteigend nach **Mezzegra (2)**, 268 m. Nun hinüber zu der großen, weithin sichtbaren Pfarrkirche, von deren Terrasse man freie Sicht auf die gesamte Tremezzina hat. Kurz abwärts nach **Bonzani-**

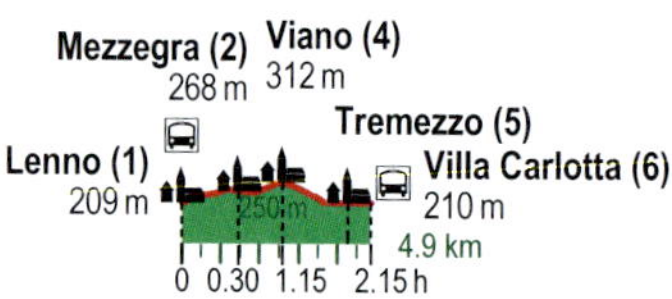

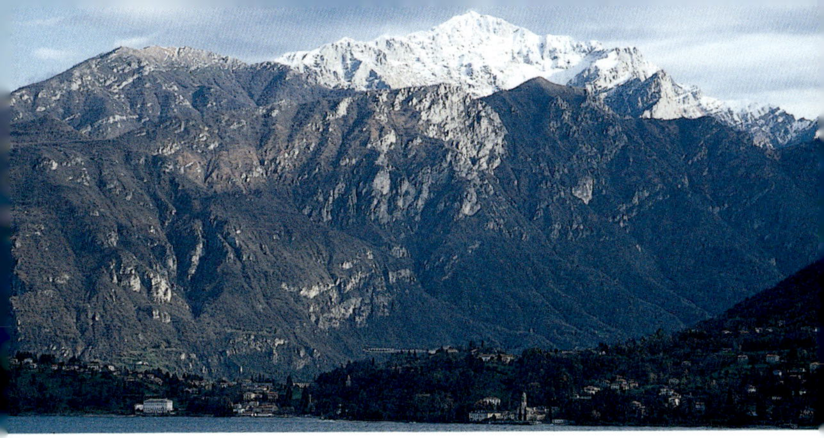

Mediterran geprägt, aber mit einer alpinen Kulisse: die Tremezzina, der klimatisch besonders begünstigte Uferstreifen zwischen Ossuccio und Griante.

go (3), 262 m, das durch sein malerisch-verwinkeltes Ortsbild beeindruckt. Der Palazzo Brentano, heute Rathaus, bewahrt sehenswerte Renaissancefresken von Fiamminghino. Beim kleinen Parkplatz hinter dem Ort links aufwärts und auf dem alten Weg leicht bergan zum Graben des Belvedro-Bachs. Man quert ihn auf einer steinernen Bogenbrücke und kommt dann rasch nach **Viano (4)**, 312 m. Durch den Ort, dann mit hübscher Aussicht auf der Straße hinab zum Ufer (hier rechts Parco Publico mit schönem Baumbestand). Nun am See entlang, durch das Straßendorf **Tremezzo (5)** zur **Villa Carlotta (6)** in Cadenabbia.
Mit dem Bus zurück nach **Lenno (1)**.

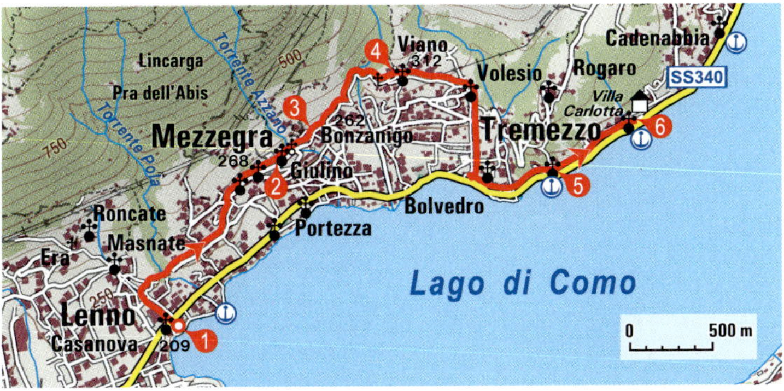

6 Il Dossone, 885 m

3.30 Std.

Kleiner Berg – große Bilder

Eigentlich – so lässt ein Blick auf die Landkarte vermuten – ist der Dossone bloß Vorbau oder Sockelfels des Crocione, 1641 m, der, dem Namen alle Ehre machend, sein riesiges Kreuz eineinhalb Kilometer über dem See in den Himmel streckt. Doch wer den Weg von Griante zum Wallfahrtskirchlein San Martino und weiter hinauf zu dem abgeflachten Hügel (Dossone) geht, wird eines Besseren belehrt: Einen schöneren Weg gibt es an der Tremezzina kaum. See und Bergkulisse verbinden sich zu richtigen Bilderbuchsujets, das weiße Kirchlein unter mächtigen Felswänden liefert den pittoresken Vordergrund. Faszinierend auch der Blick auf die lang gestreckte Landzunge von Bellagio. Und jenseits des Sees stehen die Kalkmauern der Grigne, links dahinter dann die aus dunklerem Eruptivgestein bestehenden Berge der Valle Varrone, im Spätherbst bereits fotogen überzuckert.

Ausgangspunkt: Parkplatz bei der Kirche San Rocco in Griante, 244 m, 3 km südlich von Menaggio. Zufahrt von der Uferstraße (Abzweigung beim nördlichen Ortsschild von Griante, Bushalt) über die Via Indipendenza und die Via A. Diaz. Busverbindungen mit den Westuferorten; Haltestellen in Cadenabbia und bei der Villa Roncoroni. Schiffsanlegestellen in Maiolica und Cadenabbia für Autofähren.
Höhenunterschied: 730 m.
Anforderungen: Leichte Halbtageswanderung, gute Wege; Orientierung trotz spärlicher Markierungen leicht.

Vom Parkplatz bei der Kirche San Rocco in **Griante (1)** spaziert man, den Hinweisen »San Martino« folgend, durch die Via San Martino zum Ronconi-Bach. Übers Wasser und auf dem gepflasterten Stationenweg bergan. An der Verzweigung (Tafel) hält man sich rechts und wandert hinüber zum Kirchlein **San Martino (2)**, 475 m. Hier bietet sich ein packender Tiefblick auf Griante und den See; jenseits des Lago di Como bauen sich die Kalkmauern der Grigne auf, links flankiert vom Monte Legnone.
Zurück zum Serpentinenweg und im Zickzack weiter bergan. Im Rücken des Sasso San Martino, 862 m (kleiner Abstecher), stößt man auf die Häusergruppe **Pilone (3)**, 793 m. Hier knickt der alte Militärweg nach Süden ab und gewinnt, einen steilen Hang traversierend, die Höhe des Dossone. Ehe man hinüberspaziert zur nahen Bocchetta di Nava, 848 m, empfiehlt sich ein kleiner »Seitensprung« zur Südkuppe des **Dossone (4)**, 885 m.

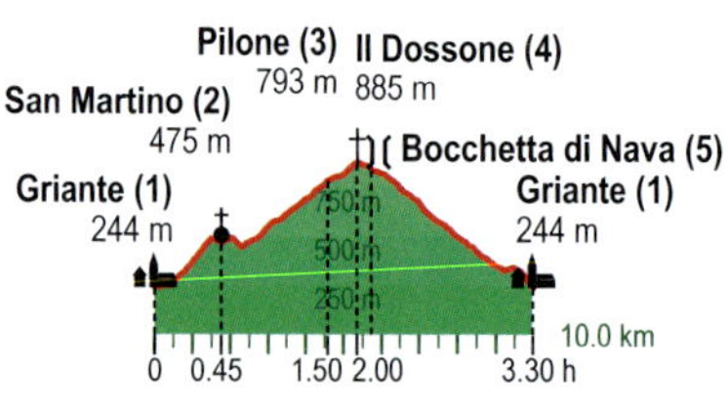

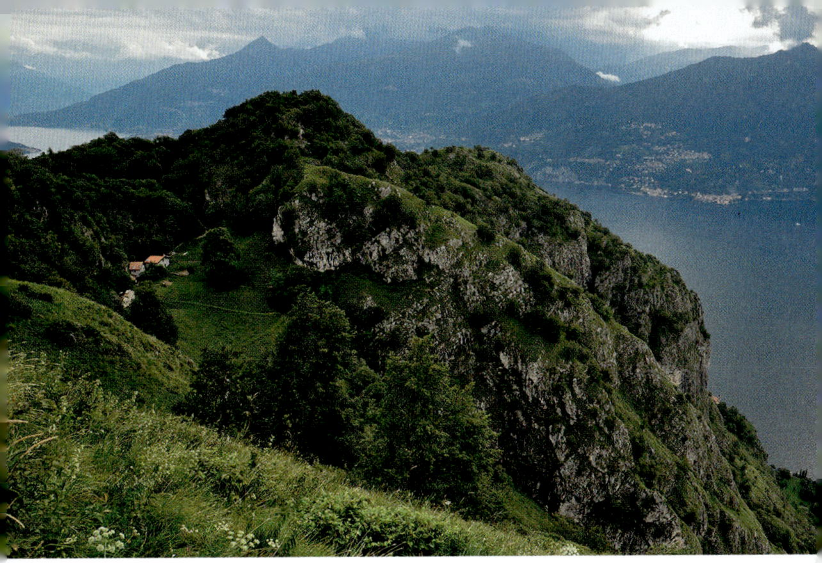

Schroffe Felsen über dem Comer See. Blick vom Dossone auf den Alpenfjord.

Hier gibt es nicht nur hübsche Rastplätze; man genießt außerdem auch freie Sicht nach Süden, auf die Ortschaften der Tremezzina, die bewaldete Halbinsel des Dosso di Lavedo, 332 m, und die Isola Comacini. Zurück zum Anstiegsweg und links zur nahen **Bocchetta di Nava (5)**, 848 m, wo man auf einen alten Fahrweg stößt. Hier links (Hinweis »Griante«, Nr. 2) zu den Hütten von Nava und über den Rücken der Sassi di Nava in Schleifen bergab, mit freier Sicht über den See. Bei zwei unmarkierten Verzweigungen hält man sich jeweils links.

Auf der Wiesenterrasse von Vignone mündet die Mulattiera bei einem Picknickplatz in eine Asphaltstraße. Man folgt ihr links über das kleine Plateau, erst leicht steigend, dann flach. Bei einem Warnschild (Gefälle 15 %) rechts und durch einen gepflasterten Hohlweg (bei Nässe rutschig) steil hinunter und zurück zum Parkplatz bei der Kirche San Rocco in **Griante (1)**.

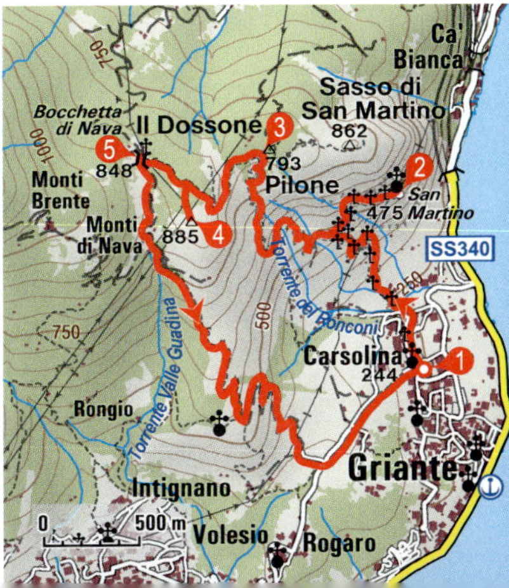

TOP **7**

Monte Grona, 1736 m

4.30 Std.

Aussichtskanzel zwischen Comer und Luganer See

Den Monte Grona zwischen Comer und Luganer See muss man einfach besteigen – wegen der Aussicht. Aber nur bei klarem Wetter; denn im Hochsommer verschwinden die Seen bald einmal unter einer Dunstglocke und oft ist auch die Sicht auf ferne Gipfel getrübt, nicht selten durch mächtige Wolkentürme, die für den Nachmittag Gewitter ankündigen. Da hat man es im Herbst besser: blau der Himmel, weit der Horizont, tausend Gipfel im Innenbogen der Alpen umfassend, in der Tiefe die Insubrischen Seen (Lago Maggiore, Luganer und Comer See). Was für eine Schau! Besondere Schwierigkeiten bietet die Gipfeltour nicht, markierte Wege führen bis hinauf zum großen Kreuz: ein Normalweg, dazu ein sehr steiler (»Direttissima«) und ein besonders aussichtsreicher (»Panoramico«). Die vierte Route eignet sich keinesfalls für Wanderer; ein über senkrechte Felsen laufendes Drahtseil, wenn auch straff gespannt und solide verankert wie an der »Ferrata del Centenario CAO«, ist noch lange kein »Weg«.

Ausgangspunkt: Wanderparkplatz, ca. 1080 m, oberhalb der Monti di Breglia, 996 m, an Wochenenden oft restlos belegt. Nächster Ort: Breglia, 749 m, Bus von Menaggio.
Höhenunterschied: 700 m.
Anforderungen: Gut markierte Wege, »Panoramico« nach oben hin felsig mit ausgesetzten Passagen. Leichtere Alternative: die »Direttissima«. Drahtseil am Gipfelfelsen.
Einkehr: Rifugio Menaggio, 1383 m, Ende Mai bis Ende September durchgehend, sonst an den Wochenenden bewirtschaftet; Tel. 0039/0344/1939917, www.rifugiomenaggio.eu.
Hinweis: »Sentiero alto« nach Murenabgang aktuell gesperrt (Stand Anfang 2023).

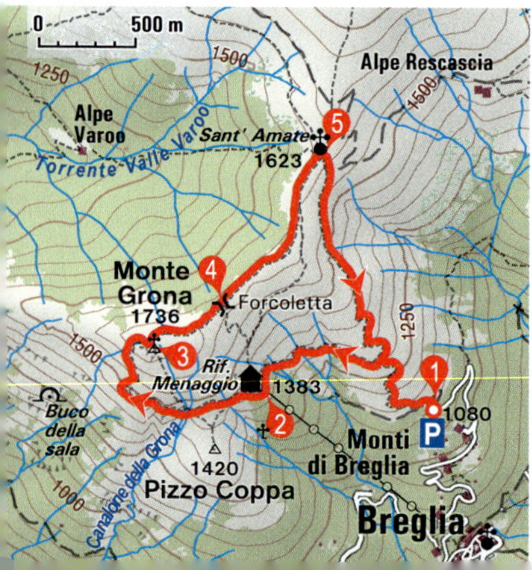

Vom **Parkplatz (1)**, 1080 m, oberhalb der Monti di Breglia, 996 m, auf dem gelb-rot markierten Weg kurz aufwärts zu einer Verzweigung. Hier nimmt man den rechten Weg, den »Sentiero alto«, der im Gegensatz zum links abgehenden »Sentiero basso« viel Aussicht bietet. In etwa einer Stunde ist das **Rifugio Menaggio (2)**, 1383 m, erreicht; die freundlich bewirtschaftete Hütte liegt auf einer Anhöhe unter den Felsen des Monte Grona. Hinweisschilder informieren über den Weiterweg. Von der Hütte, den Hinweisen »Ferrata« folgend, zum Einstieg des Klettersteigs, dann – bestens markiert – geradeaus weiter. Der Weg führt in einem weiten Rechtsbogen, allmählich an Höhe gewinnend, links um den Bergstock herum und hält durchaus, was sein Name verspricht: viel Aussicht, zunächst vor allem zum Comer See, dann auch westlich auf den Luganer See und seine Bergkulisse. Im Rücken des Gipfels, an einer kleinen Gratsenke, treffen die Anstiegswege zusammen; ein solides Drahtseil hilft über die letzten felsigen Meter hinauf zum großen Kreuz am **Monte Grona (3)**. Vom Gipfel kurz über die kleine Felsstufe hinab, dann am Kamm entlang zur **Forcoletta (4)** und geradeaus weiter in die kleine Senke mit der **Kapelle San Amate (5)**, 1623 m. Hier spitzwinklig nach rechts und mit schöner Aussicht hinunter zum Hüttenweg. Auf ihm zurück zum **Parkplatz (1)**.

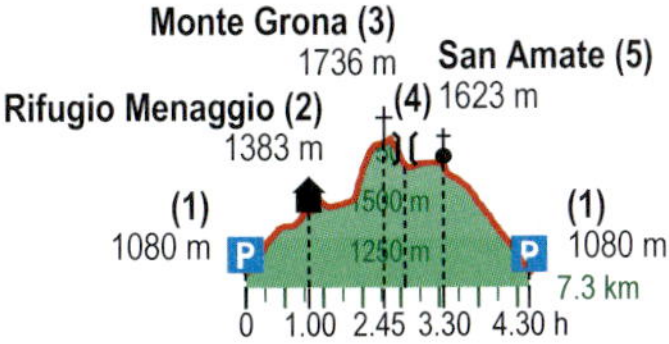

Gut markiert: die Wege am Monte Grona.

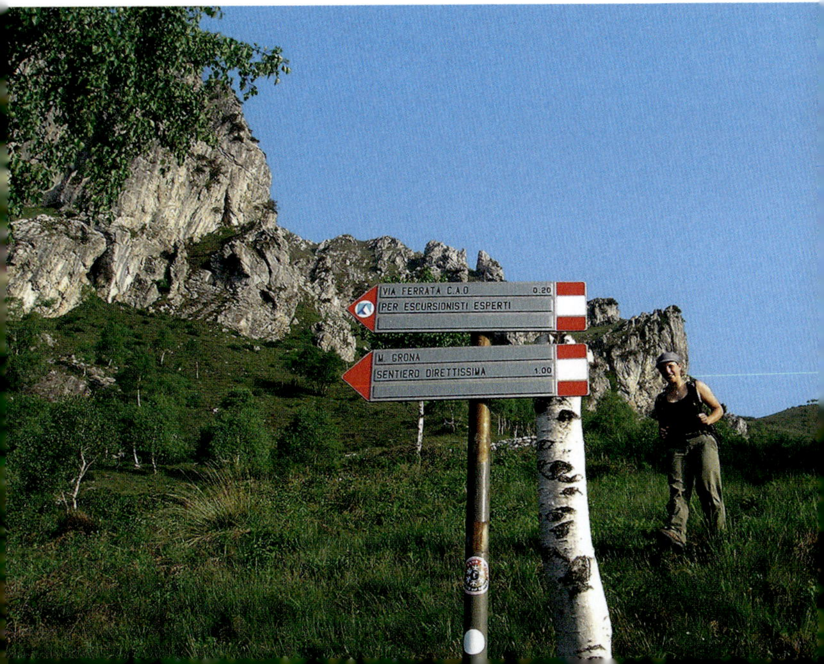

8 Monte Berlinghera, 1930 m

3.30 Std.

Aussichtswarte über dem nördlichen Ende des Sees

Obwohl nicht einmal ein Zweitausender, braucht sich der Monte Berlinghera keineswegs zu verstecken. Als Aussichtswarte stellt er so manchen höheren Gipfel klar in den Schatten; der Blick geht dabei weniger in die Ferne, umfasst aber einen großen Teil der Bergketten zwischen dem Splügenpass und den Alpenrandhöhen um Como und Lecco. Geradezu bilderbuchartig liegt die Valle Spluga vor einem, von Chiavenna bis hinauf zum Grenzpass, mit dem Pizzo Stella, 3163 m, als auffallendster Berggestalt. Noch eindrucksvoller zeigen sich die südwestlichen Bergeller Alpen mit ihren felsigen Steilflanken und den tief eingeschnittenen Tälern von Codera und Ratti.

Und dann der See: Bis hinunter zur Tremezzina überschaut man den Alpenfjord, die ihn umgebenden steilen Flanken und die Kette der Dörfer. Genau im Süden, über der Addamündung, steht der dunkle Klotz des Legnone, 2610 m, rechts dahinter lugt der Grignone, 2409 m, hervor.

Talort: Gera Lario, 201 m, am Comer See.
Ausgangspunkt: San Bartolomeo, 1204 m, von Gera über Bugiallo, 640 m, auf ordentlicher Asphaltstraße erreichbar, 11,5 km.
Höhenunterschied: 730 m.

Anforderungen: Leichte Gipfelwanderung.
Einkehr: Keine.
Hinweis: Etwas anspruchsvoller und länger ist die Besteigung des Sasso Canale, 2411 m; 3.30 bis 4 Std. ab San Bartolomeo.

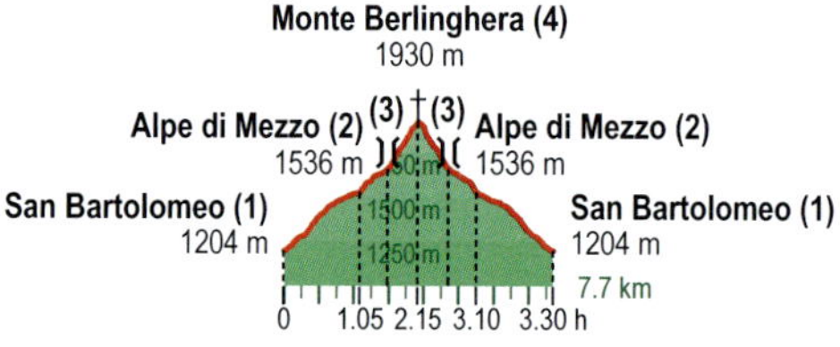

Ein Wegweiser am Ende der Asphaltstraße gibt die Richtung, wenn auch nicht das Ziel an: »Sasso Canale«. Im Wald aufsteigend, lässt man die Ferienhäuser und umgebauten Monti (Maiensäße) von **San Bartolomeo (1)** hinter sich. Nach einer Viertelstunde mündet das Weglein in eine Schotterpiste. Sie führt in angenehmer Steigung zur **Alpe di Mezzo (2)**, 1536 m. Bei den Steinhütten nicht links (Alta via del Lario), sondern auf einem alten, stellenweise abgerutschten Weg steiler in die markante Senke der **Bocchetta Chiaro (3)**, 1666 m, über die früher das Vieh von Samolaco auf die Sommer-

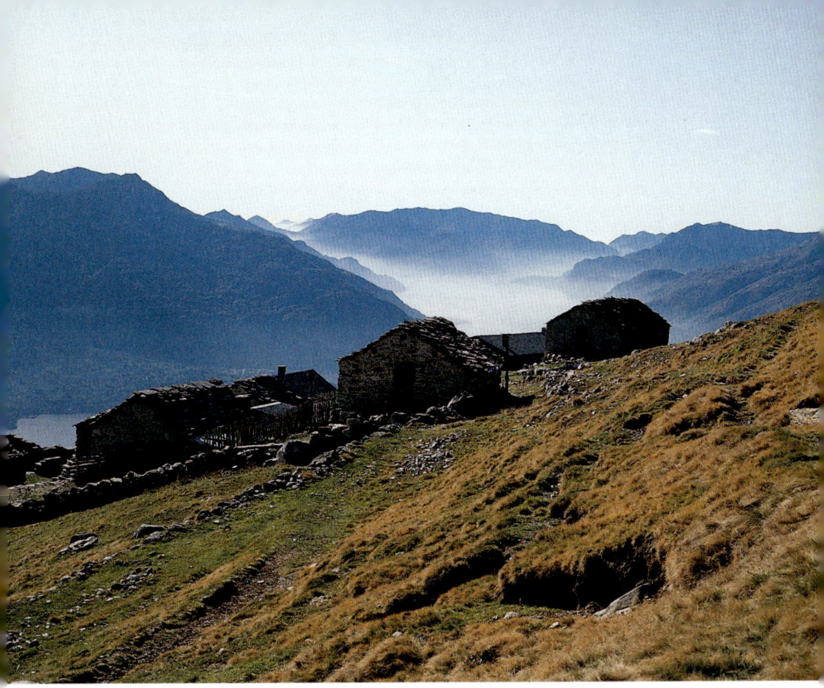

Von der Alpe di Mezzo überblickt man den oberen Teil des Comer Sees. In der Bildmitte der breite Rücken des Monte San Primo, 1682 m.

weiden der Alpe di Mezzo getrieben wurde. Heute stelzt eine Hochspannungsleitung auf riesigen Masten über den Pass.

An der Wasserscheide rechts, einer ausgetretenen Spur folgend, über den breiten, bewaldeten Rücken aufwärts, vorbei an einem alten Eisenkreuz (Crocetta, 1760 m) zum **Monte Berlinghera (4)**. Knapp unterhalb des höchsten Punktes steht die Ruine der 1968 von den Alpini errichtete Gedenkkapelle; sie wurde durch Blitzschlag weitgehend zerstört. – Abstieg auf demselben Weg.

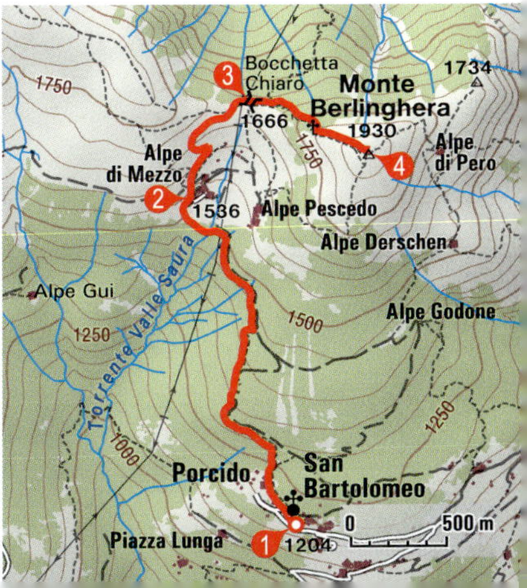

9 Via dei Monti Lariani

5 –7 Tage

Weitwandern über dem Lario

Bei den »Monti Lariani« handelt es sich nicht um Gipfel am Comer See, sondern um jene Maiensäße, die im Nomadenleben der Bauern einst eine große Rolle spielten, lange bevor erholungsbedürftige Milanesi sie zu Wochenendhäuschen umfunktionierten.

Früher, da bewegte sich das bäuerliche Leben übers Jahr zwischen dem Tal (paese), den Maiensäßen (monti) und den hoch gelegenen Almen, ein beschwerliches Nomadendasein innerhalb eines Bewirtschaftungsraumes, der vom Seeufer bis über die Waldgrenze hinauf reichte. Straßen gab es damals noch keine, aber Wege, dem steilen Gelände abgerungen, kunstvoll angelegt und vielfach verzweigt. Ihnen folgt die »Via dei Monti Lariani« über etwa 120 km, von Cernobbio am Südwestende des Sees bis hinauf nach Sorico, durchgehend (aber nicht immer verlässlich!) rot-weiß-rot markiert: fünf bis sieben Tagesetappen, 4.15 bis maximal 8.30 Stunden lang. Da kann man ganz schön ins Schwitzen geraten, über dem Westufer des Lario geht es ständig auf und ab, auch wenn die »Via« keine Gipfel berührt.

Insgesamt werden dabei etwa 5000 Höhenmeter im Auf- und Abstieg bewältigt. Versüßt wird die Anstrengung durch faszinierende Ausblicke, Einsichten in das Leben der Alten, die unvergleichliche Architektur der Monti, und viel (Blumen-)Buntes links und rechts vom Weg. Natürlich kann man die Tour auch in umgekehrter Richtung, von Nord nach Süd, unternehmen. Teilbegehungen sind ebenfalls möglich, führen doch viele Wege hinab zum Seeufer. Übernachtet wird in Berghütten und kleinen Hotels. Für den Anstieg zum Monte Bisbino nimmt man am besten ein Taxi. Dadurch verkürzt sich die erste Tagesetappe erheblich, was auch mit Blick auf die Anreise zum Comer See vorteilhaft ist. Ab Cernobbio ergibt sich eine Gehzeit von 7 Std.

Unser Vorschlag:

1. Etappe: Monte Bisbino, 1325 m – Rif. Murelli, 1200 m – Rif. Giuseppe e Bruno, 1179 m; 4.15 Std., ab Cernobbio 7 Std. Übernachtung Tel. 0039/031/830 235

2. Etappe: Rifugio Giuseppe e Bruno – Bocca d'Orimento, 1275 m – San Fedele d'Intelvi, 779 m – Rif. Boffalora, 1232 m; 5 Std. Übernachtung Tel. 0039/0344/56 486

3. Etappe: Rif. Boffalora – Bocchetta di Nava, 848 m – Cardano, 396 m – Breglia, 749 m; 8.30 Std. Übernachtung Albergo Breglia, Tel. 0039/0344/37 368, www.breglia.it

4. Etappe: Breglia – Monti di Treccione, 938 m – San Domenico, 1115 m – San Bernardo, 1105 m – Garzeno, 662 m; 7.30 Std. Übernachtung Albergo

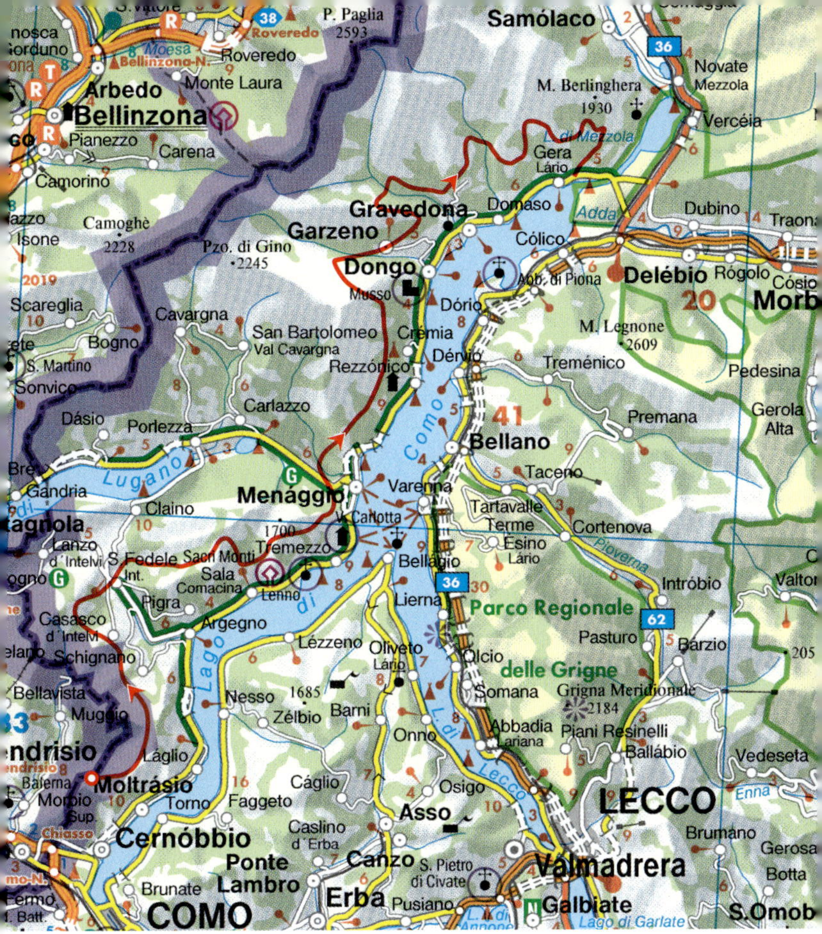

de Jean, Garzeno, Tel. 0039/0344/880 22

5. Etappe: Garzeno – Valle del San Jorio – Dosso del Liro, 625 m; 6 Std. Mehrere Unterkünfte im Ort, Infos www.gravedona.it

6. Etappe: Dosso del Liro – Peglio, 650 m – Livo, 675 m – Valle del Livo – Montalto, 990 m – Fordeccia, 1094 m – Sorico, 213 m; 8.30 Std. Das Pensum lässt gut sich auf zwei Tage verteilen, Übernachtung im Rif. Alpino Dalco in Montalto (www.rifugiodalco.it) oder im Agriturismo Giacomino bei Fordeccia (www.agriturismogiacomino.it).

10 Monte Bolettone, 1317 m

2.30 Std.

Am Saum der Alpen

Weit zurück in die Vergangenheit, aber auch weit hinaus ins Land reichen die Perspektiven einer Wanderung auf den Monte Bolettone: Nach Süden sind ganz klar die vom eiszeitlichen Addagletscher zurückgelassenen Endmoränen im Relief der Brianza auszumachen, kaum weniger deutlich aber auch die Zersiedelung (und Zerstörung) dieser einst ganz ländlichen Region vor den Toren Mailands. Aus Mailand kommen auch die vielen Autos, die am Wochenende für ein ordentliches Gewusel rund um die Alpe del Vicerè sorgen. Dann geht es oft in Kolonnen Richtung Monte Bolettone, der ein herrliches, überraschend weites und an Kontrasten reiches Panorama anzubieten hat. Die Aussicht ist mindestens zwei Sternchen wert: Vom Apennin bis zu den Walliser und Berner Alpen reicht die immense Schau; in der näheren Umgebung fallen vor allem die Kalkzacken jenseits des Lago di Lecco (Grigne, Resegone) auf, dann die baumlosen Grasgipfel im »Triangolo« des Comer Sees, zwischen Como, Lecco und Bellagio. Und am Fuß der Berge reihen sich kleinere Seen aneinander, allesamt eine Hinterlassenschaft der Eiszeit: Annone, Pusiano, Alserio, Montorfano und Varese.

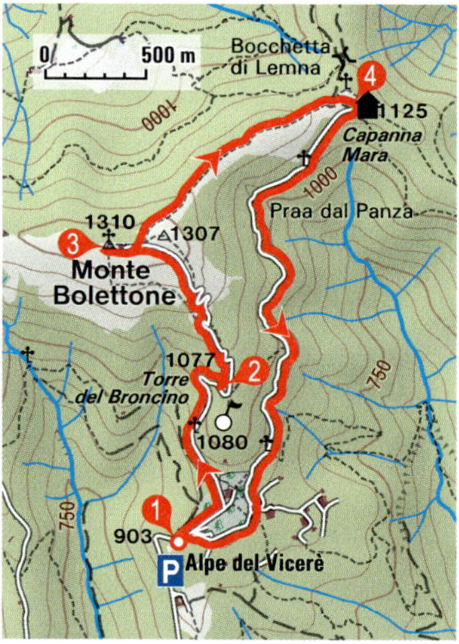

Talort: Albavilla, 429 m, abseits der Strecke Como–Lecco gelegen, 5 km westlich von Erba.
Ausgangspunkt: Alpe del Vicerè, 903 m, 6 km von Albavilla, 429 m, großer, gebührenpflichtiger Parkplatz am Straßenendpunkt, an Wochenenden oft ziemliches Gedränge.
Höhenunterschied: 410 m.
Anforderungen: Leichte Halbtageswanderung, auch mit Kindern möglich.
Einkehr: Rifugio Bolettone, 1310 m, knapp unterhalb des Gipfels, (z. Zt. geschlossen); Capanna Mara, 1125 m, an den Wochenenden bewirtschaftet; Tel. 0039/392/8926865.
Hinweis: Eine lohnende Höhenwanderung zum Monte Bolettone hat ihren Ausgangspunkt in Brunate, 715 m (Standseilbahn) oberhalb von Como: Faro di Voltiano, 906 m – Baita Bondella, 1075 m – Bocchetta di Molina, 1116 m – Monte Bolettone; gut 3 Std. In Brunate Parkprobleme, weshalb man besser mit der Bahn fährt. Die Talstation befindet sich in Como an der Straße Richtung Bellagio.

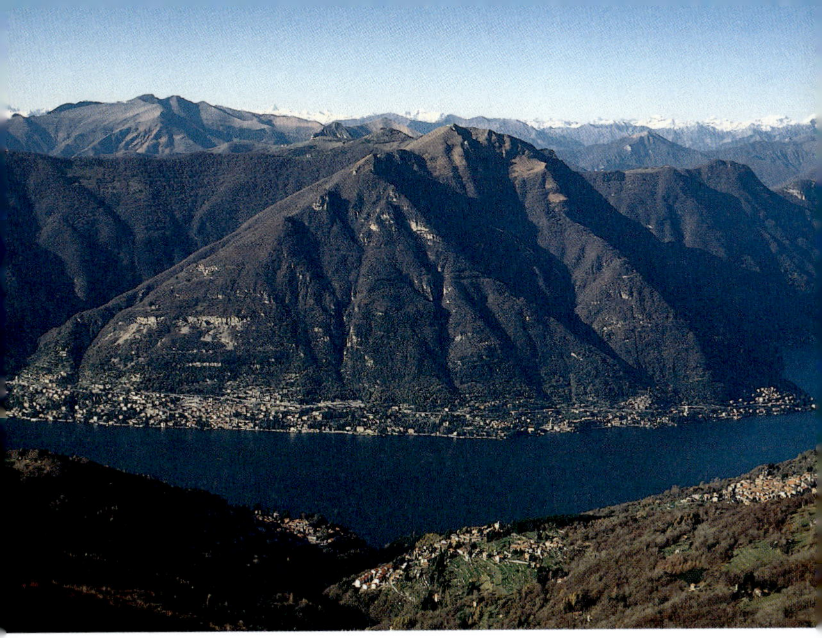

Bis zu den vergletscherten Gipfeln des Alpenhauptkammes reicht die Aussicht vom »kleinen« Monte Bolettone; über dem See der Colmegnone, 1383 m.

Auf der **Alpe del Vicerè (1)** weist ein Schild zum Rifugio Bolettone; Hütte und Gipfel samt großem Kreuz kommen auch bald einmal ins Blickfeld. Der in Steilstücken und Kehren grob gepflasterte breite Weg windet sich hinauf zum **Torre del Broncino (2)**, 1077 m, und peilt dann in einer langen Schräge den Gipfelgrat an. Knapp unter dem **Monte Bolettone (3)**, 1310 m, den ein großes Kreuz ziert, steht das Rifugio Bolettone, 1307 m; direkt am Kamm zweigt rechts der Abstiegsweg ab. Er umgeht den Ostgipfel nördlich und läuft gegen die Bocchetta di Lemna, 1167 m.
Von der **Capanna Mara (4)**, 1125 m, wandert man auf einem Wirtschaftsweg zurück zur **Alpe del Vicerè (1)**.

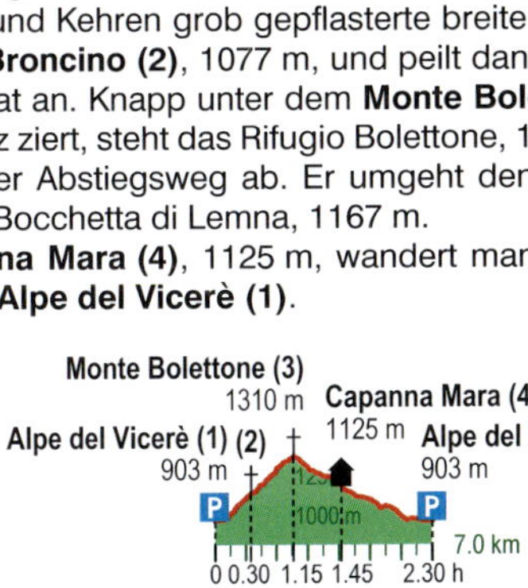

11 Monte San Primo, 1682 m

5.30 Std.

Vom See »umarmt«: der höchste Gipfel im »Triangolo«

Berühmt geworden ist der kleine Passübergang – wen wundert's im radsportverrückten Italien? – durch die alljährlich im Herbst stattfindende Lombardei-Rundfahrt. Sie führte früher oft über die Colma del Piano, auf der alten Strecke wohlgemerkt mit ihren 25 % Steigung. »Mauer von Sormano« hieß die gefürchtete Rampe, und so mancher Radprofi stieg hier vom Rad – zum Schieben. Mountainbiker, die sich im kleinsten Gang hinaufschinden, wissen die Leistung der Coppi, Bobet, Bahamontes, Kübler und all der namenlosen Girini erst richtig zu würdigen. Weit weniger anstrengend ist der Weg zum Monte San Primo, für Biker wie Wanderer, auf einer ehemaligen Militärstraße, die, sanft ansteigend, dem lang gestreckten Kammrücken folgt, mal links, dann wieder rechts des Grates verlaufend. So genießt man wechselnde Ausblicke auf die kahlen Höhen im Dreieck Como–Bellagio–Lecco (»Triangolo«), zum See und auf die Berge »in der zweiten Reihe«: Resegone, Grigne, Generoso. Die Aussicht vor allem ist es, die den Reiz dieser Gipfelwanderung ausmacht, und deshalb wird man sie nur bei klarer Sicht unternehmen.

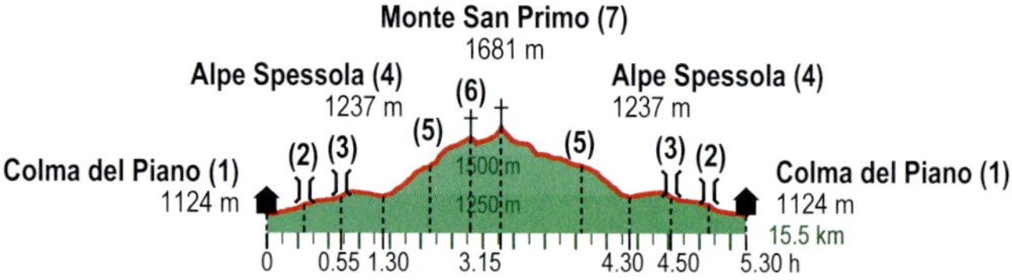

Talorte: Nesso, 275 m, Uferort am Südwestarm des Comer Sees. Asso, 433 m, stattlicher Flecken in der Valassina.
Ausgangspunkt: Colma del Piano, 1124 m, Scheitelpunkt der Passstraße, die Nesso mit der Valassina verbindet, 13 km von Nesso, 12 km von Asso. Parkmöglichkeit auf der Passhöhe.
Höhenunterschied: 560 m.
Anforderungen: Gemütliche Höhenwanderung; Alp- und ehemalige Militärstraßen mit angenehmen Steigungen. Gut markiert, Orientierung bei guter Sicht problemlos.
Einkehr: Ristorante La Colma (ganzjährig, Dienstag Ruhetag).
Hinweis: Auf der Scheitelhöhe Colma del Piano steht ein privat betriebenes Observatorium. Hier kann man unter kundiger Anleitung den ganz weiten Fernblick genießen (www.osservatoriosormano.it).

Das Hinweisschild beim Ristorante La Colma, 1124 m, an der **Colma del Piano (1)** gibt erst einmal die Richtung (nicht das Wanderziel) an: nordwärts, auf einem Sträßchen fast eben in die **Colma dei Cippei (2)**, 1185 m, und weiter zur **Colma del Bosco (3)**, 1235 m. Wald steht auf dem Kammrücken allerdings längst keiner mehr, und so genießt man freie Sicht auf die Höhen

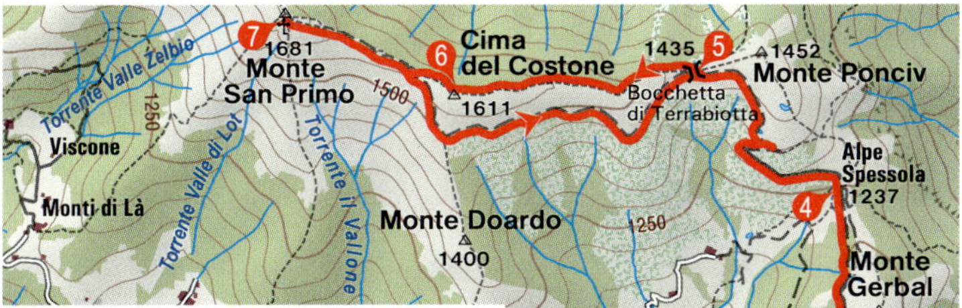
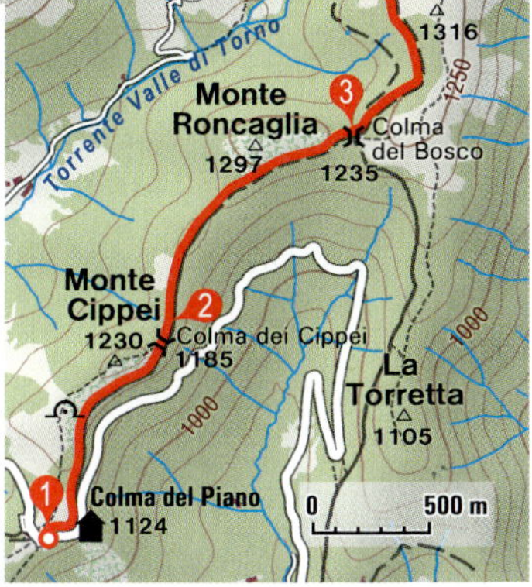

rundum, hinab in den Piano del Tivano und zum Südwestarm des Comer Sees. Der Monte Gerbal, 1316 m, wird westlich umgangen; hinter der **Alpe Spessola** (**4**, 1237 m, Wegweiser) folgt ein stärkerer Anstieg, der über zwei Kehren in die flache Senke der **Bocchetta di Terrabiotta (5)**, 1435 m, leitet. Hier öffnet sich ein erster Blick nach Norden auf die Halbinsel von Bellagio und das Nordbecken des Comer Sees. Die alte Kriegsstraße bleibt auf der Südseite, schneidet die baumlosen (im Frühsommer mit Maiglöckchen übersäten) Hänge. Sicht nach beiden Seiten bietet die Pfadspur, die direkt über den Kamm verläuft: zunächst steil hinauf zu einer ersten namenlosen Kuppe, 1536 m, dann weiter zur **Cima del Costone (6)**, 1611 m, und mit einem letzten kurzen Anstieg zum Gipfel des **Monte San Primo (7)** mit Sendemast, Kreuz und großem Panorama. – Rückkehr zwischen der Cima del Costone und der Bocchetta di Terrabiotta über die unterhalb des Kamms verlaufende Mulattiera, dann auf dem Anstiegsweg (alternativ ganz auf dem Anstiegsweg).

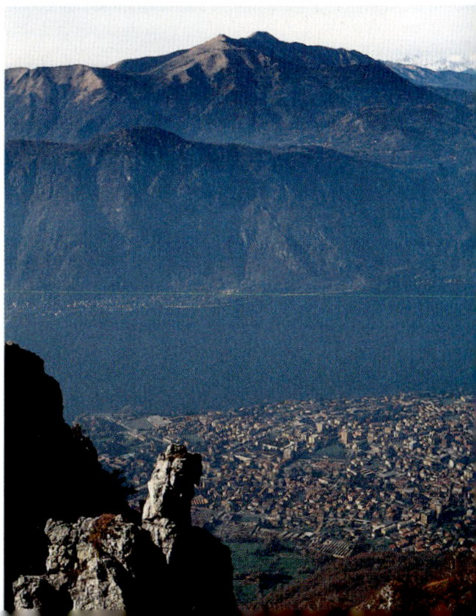

Blick von Osten auf den Monte San Primo.

12 Bellagio

2.00 Std.

Die »Perle des Lario«

Bellagio ist schon so ausgiebig mit den schönsten Komplimenten überhäuft worden, dass es müßig wäre, noch ein weiteres anzufügen. Flaubert wollte in romantischem Überschwang sterben, nachdem er dieses »vom Himmel geweihte Stückchen Erde« (Liszt) gesehen hatte: »On voudrait vivre ici et y mourir ...«. So pathetisch werden heute nur noch selten Bellagio-Besucher reagieren, doch auch im frühen 21. Jahrhundert ist der Zauber dieses Fleckens trotz Massentourismus noch nicht verflogen. Seine einmalige Lage auf der schmalen Landzunge, welche die beiden Südarme des Sees trennt, erschließt sich am besten vom Schiff aus: der bewaldete Höhenrücken mit dem historischen Borgo, die Seepromenade, dahinter die großen, gediegen-antiquiert wirkenden Hotels. Und dann die Parks, die zu Bellagio gehören wie sein »bel lago« – vor allem im Frühling duftende Blütenwunder.

Ausgangspunkt: Bellagio, 207 m, Parkmöglichkeiten an der Anlegestelle der Autofähre (Ferry) und den Zufahrtsstraßen. Busverbindungen mit Como und Lecco.
Höhenunterschied: 160 m.

Anforderungen: Spaziergang.
Einkehr: Zahlreiche Cafés und Restaurants. Am schönsten ist es, unter den Arkaden am See einzukehren – da gibt es immer viel zu sehen.

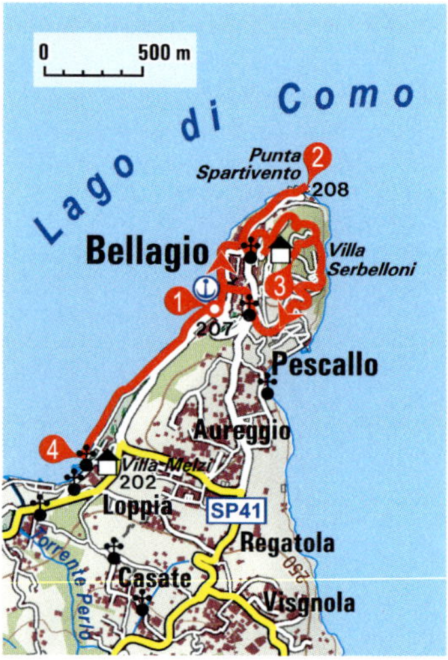

Von der **Schiffsanlegestelle (1)** führen enge, steile Treppengässchen hinauf zur Via Garibaldi, an der sich die romanische Pfarrkiche San Giacomo (12. Jh.) erhebt. Ihr Campanile wurde in der Barockzeit erhöht; sie bewahrt eine Grablegung, die Perugino zugeschrieben wird (um 1500). Nördlich führt die Via Vitali zur **Punta Spartivento (2)**, der Nordspitze der Halbinsel; an dem Hügel über dem Ort liegt die **Villa Serbelloni (3)**. Im Kern ein Renaissancebau, wurde sie im 18. Jahrhundert umgestaltet und ist heute eine Luxusherberge. Beim Spaziergang durch den herrlichen Park genießt man immer wieder bezaubernde Ausblicke auf die Seearme und den Gebirgsrahmen des Lario. Die

Mauerreste am höchsten Punkt des Hügels stammen möglicherweise von einer Langobardenfeste. Die Geschichte des Platzes reicht aber noch weiter zurück: Plinius der Jüngere ließ hier vor zwei Jahrtausenden seine Villa »Tragoedia« erbauen. (Besichtigung des Gartens im Rahmen einer Führung von Mitte März bis 1. November täglich außer montags um 11 und 15.30 Uhr; Anmeldung im Büro von PromoBellagio an der Piazza della Chiesa; Tel. 0039/031/951555). Der zweite große und öffentlich zugängliche Park, jener der **Villa Melzi (4)**, liegt im Ortsteil Loppia, an der Straße nach Como, zu Fuß ca. 20 Min. von der Schiffsanlegestelle. Von der prächtigen Platanenallee am Seeufer genießt man die Aussicht zur Tremezzina; romantische Gemüter delektieren sich an den vielen Statuen und Skulpturen, dem »Nymphensee«, einer kleinen Grotte und einem maurischen Tempel. Der Park ist von März bis Oktober täglich von 9.30 bis 18.30 Uhr geöffnet. Auf dem Hinweg zurück zur **Schiffsanlegestelle (1)**.

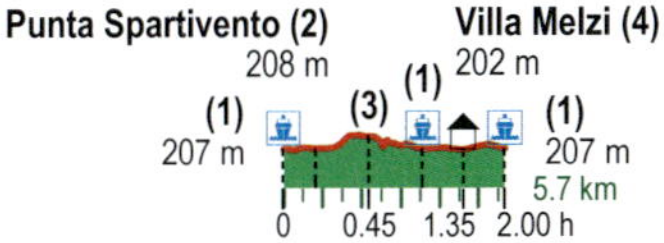

Der schönste Platz am Lario: Bellagio, auf einer schmalen Landzunge gelegen. Über dem See das Kalkmassiv der Grigne.

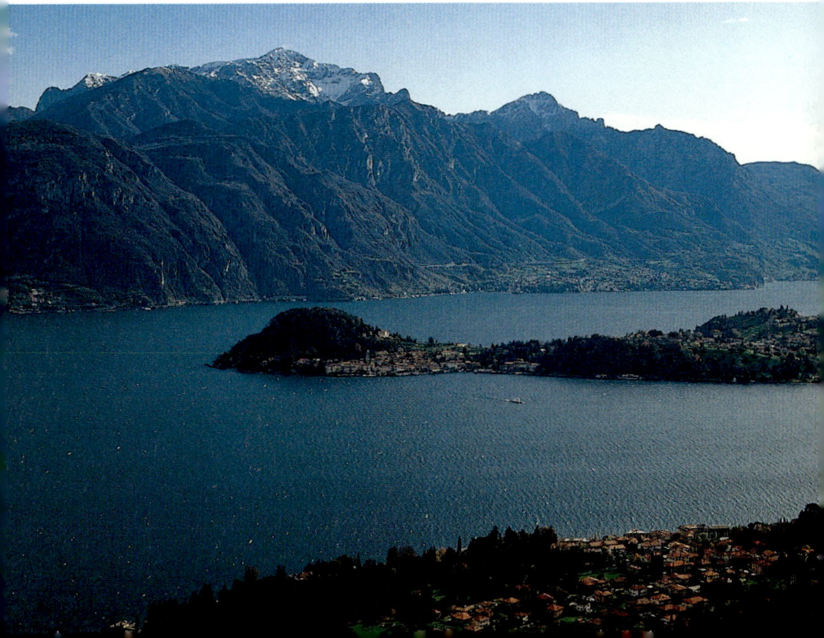

13 San Pietro al Monte, 662 m

2.00 Std.

Kontraste am Rand der Brianza

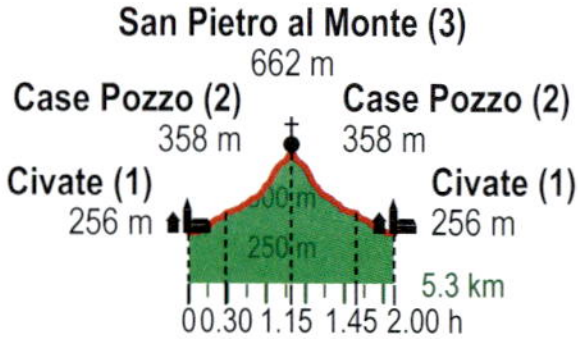

Kontraste prägen diesen Abstecher nach San Pietro al Monte, der aus einer Industrie- und Verkehrslandschaft direkt in die Stille, in längst vergangene Epochen führt. Während Vierzigtonner über die Superstrada dröhnen, scheint am alten Klosterweg die Zeit stillzustehen, wird Geschichte lebendig. Und die reicht hier zurück bis ins Frühmittelalter. Damals wurde in dem Bergwinkel zwischen Monte Cornizzolo, 1240 m, und Corno Rai, 1259 m, ein Kloster gegründet, nach der Legende vom Langobardenkönig Desiderius um 765, spätestens aber – will man den gesicherten Quellen glauben – nach 800. Von jener Anlage ist nichts erhalten; die bestehenden Bauten – die romanische Basilika und das Oratorio – gehen im Wesentlichen auf das 11. Jahrhundert zurück. Ein halbes Jahrtausend später verließen die letzten Mönche San Pietro; heute pilgern vor allem Kunstfreunde (und Schulklassen) hinauf zu dem Baudenkmal. Seine überragende Bedeutung liegt weniger in der originellen Architektur, als vielmehr in der für die Romanik sehr ungewöhnlichen Stuckdekoration und den gut erhaltenen Fresken. Die Arbeiten, von mehreren Künstlern ausgeführt, verraten byzantinischen Einfluss. Großartig das Lünettenfresko, das Ziborium zeigt Ähnlichkeit mit Sant'Ambrogio in Mailand. Den Laien mag das Ensemble als Ganzes stärker beeindrucken, die augenfällige Harmonie zwischen Bauwerk und Landschaftsrahmen: Was für ein Gegensatz zu Civate!

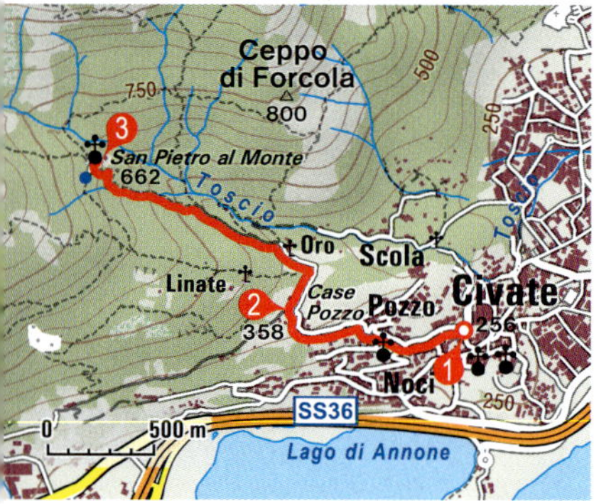

Ausgangspunkt: Via del Pozzo in Civate, 256 m, Industrieort am Lago di Annone, 5 km westl. von Lecco. Im Ort durch die Via Roncaglio und die Via Belvedere aufwärts; an der Via del Pozzo Parkmöglichkeiten, alternativ auch weiter unten im Ort. Bushalt beim Rathaus (Municipio). Busverbindungen mit Como und Lecco.
Höhenunterschied: Ca. 400 m.
Einkehr: Unterwegs keine.
Tipp: Der Kunstspaziergang lässt sich zu einer lohnenden Gipfelüberschreitung erweitern: Civate – San Pietro – Rifugio SEC Marisa Consigliere, 1110 m – Monte Rai, 1259 m – Civate (5.30 Std.). Im Sommer allerdings sehr heiß.

Von der Via del Pozzo in **Civate (1)** führt ein Sträßchen westwärts (Wegweiser) zu den **Case Pozzo (2)**, 358 m. Hier biegt man rechts ab ins Valle dell'Oro. Auf dem alten, gepflasterten Pfad geht's in dem Tälchen, über dem sich steil der Monte Rai, 1259 m, aufbaut, zunächst sanft, dann steiler über ein paar Kehren (Quelle) bergan zu dem ehemaligen Kloster **San Pietro al Monte (3)**, 662 m. Dass der Weg (wald)schattig ist, erweist sich in der Sommerhitze als sehr angenehm; im Frühling entdeckt man zwischen den Bäumen die weißen Blüten von Christrosen und Hundszahnlilien.
Der Abstieg erfolgt auf demselben Weg.

Romanische Baukunst von überregionaler Bedeutung: San Pietro al Monte.

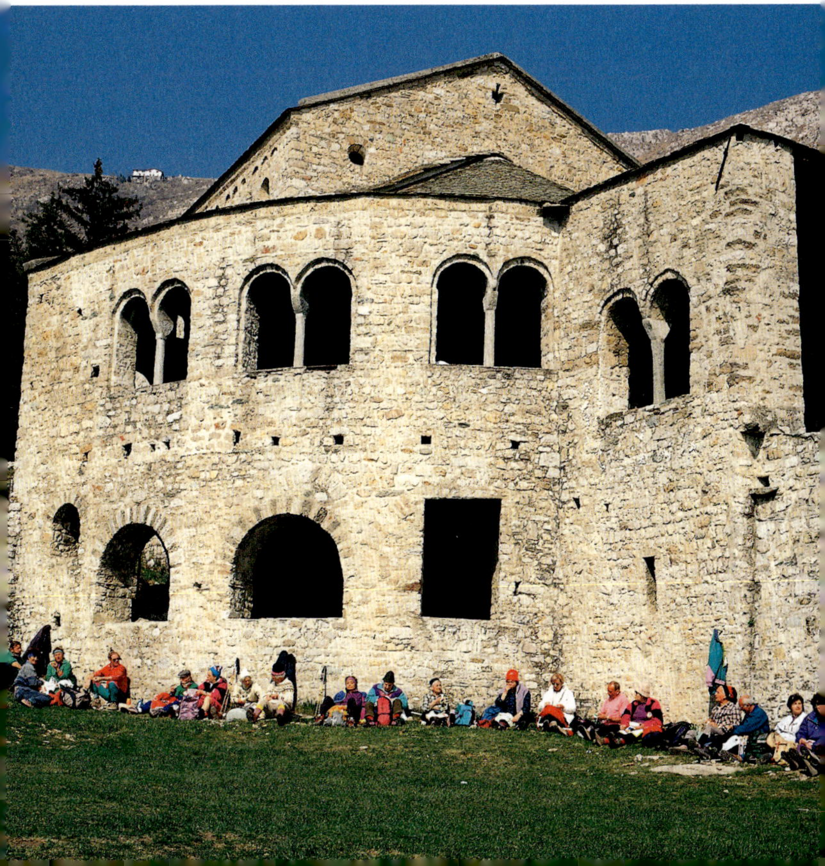

TOP **14**

Monte Moregallo, 1276 m

5.00 Std.

Tausend Meter über dem See

Seine Lage unmittelbar am Abflussbecken des Comer Sees, dem Lago di Lecco, macht ihn zum beliebten Tourenziel: Der Gipfel, rund 1000 Meter über dem Wasserspiegel kulminierend, bietet eine weite Rundschau, dazu packende Tiefblicke. Im Rücken hat man die Corni di Canzo, 1371 m, vor sich die Kalkmauern der Grigne, rechts den Kulissenberg von Lecco, den Resegone, 1875 m, mit seinem hohen Zackengrat. Nach Norden reicht die Sicht über den See bis zu den Dreitausendern um den Splügenpass.

Ausgangspunkt: Belvedere, 290 m, Ortsteil von Valmadrera, 234 m, von der Ortsmitte über ein paar Kehren erreichbar. Evtl. schon bei der Anfahrt nach einer Parkmöglichkeit Ausschau halten. Kleiner Parkplatz, ca. 310 m, an einer Straßenserpentine; Weiterfahrt nur für Anlieger.
Höhenunterschied: 1080 m.
Anforderungen: Gut markierte Wege; am Südwestgrat des Monte Moregallo Trittsicherheit erforderlich, einige mit Ketten gesicherte Passagen. Bei Nässe viele rutschige Passagen im Auf- und Abstieg.
Einkehr: Rifugio SEV Pianezzo, 1228 m, 20 Min. nordwestlich der Bocchetta di Moregge, ganzjährig an den Wochenenden bewirtschaftet, März bis Oktober auch mittwochs, Tel. 0039/338/5063747, www.rifugiosev.it.
Hinweis: Ein schönes Tourengebiet sind die Corni di Canzo, 1371 m, westlich des Monte Moregallo mit zahlreichen markierten Wegen und zwei anspruchsvollen Klettersteigen.

Der Weg von **Belvedere (1)** zum Gipfel verläuft über die offene, zwischen dem östlichen der drei Hörner von Canzo (Corno orientale, 1232 m) und dem Monte Moregallo eingelagerte Senke – ein gut zweistündiger Anstieg, überwiegend schattig und bestens markiert (Nr. 7). Nach wenigen Minuten passiert man eine Wegkreuzung im Rücken des Zucco dei Vinci, 396 m, auf halber Wegstrecke die **Quelle von Sambrosera (2)**, 716 m. Zur Linken ragt markant die senkrechte Ostwand des Corno orientale di Canzo in den Himmel, rechts hat man die felsdurchsetzte Südflanke des Monte Moregallo. An der **Bocchetta di Moregge (3)**, 1110 m, wird der Blick nach Norden, auf den Comer See, frei; auf einem Wiesenplan am Fuß des Corno centrale, 1371 m, steht das Rifugio SEV Pianezzo, 1228 m. Nun rechts, immer am felsigen Grat entlang (Weg Nr. 6). Hier

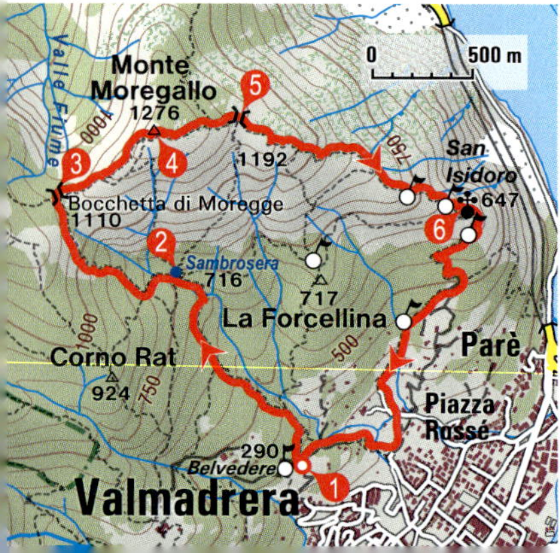

muss man gelegentlich die Hände zu Hilfe nehmen; den Abstieg in die markante Scharte erleichtern ein paar Ketten, ebenso den letzten, steilen Aufschwung zur weiten Gipfelwiese des **Monte Moregallo (4)**, 1276 m.

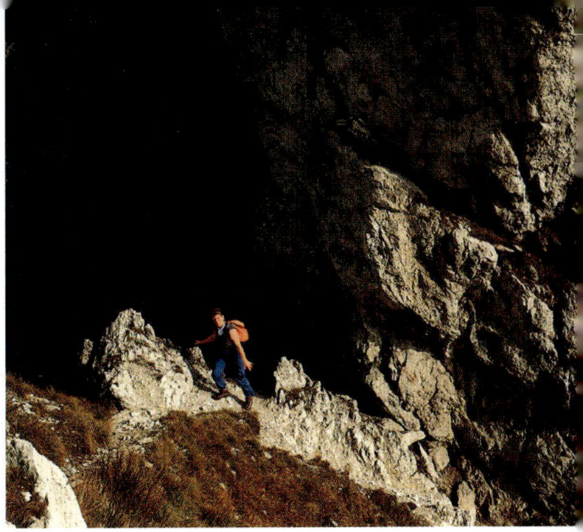

Am Grat, der die Moregge-Scharte mit dem Gipfel des Monte Moregallo verbindet, wird Trittsicherheit verlangt.

Der Abstieg, weiterhin mit Nr. 6 markiert, folgt dem Ostgrat des Bergstockes. Aus der **Scharte (5)**, 1160 m, die Haupt- und Ostgipfel, 1192 m, trennt, kann man abkürzend auf dem ebenfalls mit Nr. 6 bezeichneten Weg zur **Quelle von Sambrosera (2)** zurückgehen. Der längere, aber schönere Pfad umgeht den Nebengipfel, schlüpft durch eine enge Scharte und schlängelt sich dann über die steilen, felsdurchsetzten Hänge abwärts, stets mit freier Sicht auf den Lago di Lecco und die Grigne. Dass dieses Seebecken vor Jahrtausenden durch den mächtigen Addagletscher ausgeschoben wurde, wird einem dann angesichts des Sasso di Preguda klar. Es handelt sich um einen gewaltigen Findling aus Granit, den die Eismassen einst aus dem Val Másino hierher verfrachteten. Gleich daneben steht die Kapelle **San Isidoro (6)** aus dem 18. Jahrhundert. Wer sich da an wen anlehnt?

Der weitere Abstieg führt auf alten Wegen durch Kastanienhaine zurück ins Siedlungsgebiet von Valmadrera. Gut auf Markierungen achten! Eine Abzweigung (Nr. 5) bleibt rechts, wenig später muss man sich bei einem querführenden Pfad (Markierung an Baum) links halten, am Ortsrand (großer Platz) in einen zwischen Maschenzäunen verlaufenden Weg einfädeln. An einer Hauswand entdeckt man schließlich den Wegweiser (Weg Nr. 3), der hinauf- und zurückleitet zur eingangs erwähnten Wegkreuzung am Zucco dei Vinci.

Man kann natürlich auch zuerst in **Valmadrera** in einer Bar seinen Durst löschen und dann auf der Straße nach **Belvedere (1)** aufsteigen.

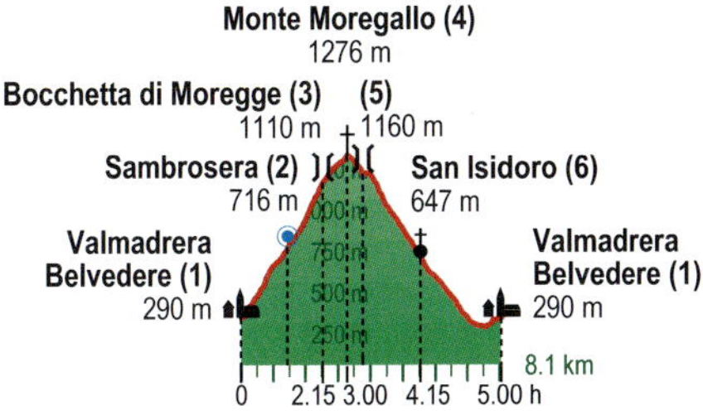

15 Monte Barro, 922 m

3.15 Std.

Der Inselberg

Der Monte Barro ist ein Phänomen: keine 1000 m hoch, aber vollkommen freistehend, mit Seen rundherum und einer faszinierenden Aussicht. Zugvögel machen gerne Station an dem Alpenrandgipfel, und im Frühling blüht es so üppig wie artenreich. Nachgewiesen sind über tausend verschiedene Pflanzen. An die »eisige« Vergangenheit des Monte Barro, als der Addagletscher seine Flanken umfloss, erinnern erratische Felsbrocken aus dem Berninagebiet. Und an der Westflanke des Berges wurden frühchristliche Bauten (5./6. Jh.) sowie die Reste einer Festungsmauer mit drei Türmen freigelegt. Das Museo Archeologico bei der Kirche Santa Maria (ehemalige Einsiedelei) präsentiert umfangreiches Fundmaterial (geöffnet Mai bis September Mi 14–17 Uhr, Sa u. So 10–12 u. 14–17 Uhr, in der übrigen Zeit nur Sa u. So).

Ausgangspunkt: Galbiate, 371 m, stattliches Dorf am Südfuß des Monte Barro. Zufahrten von der Superstrada Milano–Lecco (Ausfahrten Civate bzw. Lecco-Pescate). Parkplätze im Ortsbereich, u. a. an der Via Cesare Cantù (Schild »Monte Barro« an der Ampelkreuzung mitten im Ort, 100 m weiter rechts). Bus ab Lecco.

Höhenunterschied: 550 m.
Anforderungen: Aufstieg teils sehr steil, zum Gipfel hin sonnig, kurze Kletterstellen am Grat (I). Die Wege sind bestens markiert.
Einkehr: Ristorante Eremo Monte Barro, geöffnet Mittwoch, Donnerstag, Samstag und Sonntag.

Vom Parkplatz an der Via Cesare Cantù in **Galbiate (1)** folgt man zunächst der Via Sant'Allesandro, biegt dann links in die Via dell'Oliva ein (Wegweiser »Monte Barro«). Kurz steiler bergan, dann angenehm schattig und nur noch sanft ansteigend zum Beginn des »**Sentiero delle Creste**« (**2**, Schilder). Er gewinnt gleich zügig an Höhe, erst noch weitgehend ohne Aussicht, dann mit ersten hübschen Tiefblicken auf den Lago di Annone. Der Weg hält sich weitgehend an den Südostgrat und überschreitet dabei drei felsige Kuppen, dazwischen leicht an Höhe verlierend: Terzo, Secondo und **Primo Corno (3)**, 814 m. Hinter dem ersten Horn geht links ein Weg ins Valle della Pila ab. Am Schlussanstieg leichte Kletterpassage (I), dann ist die Höhe des

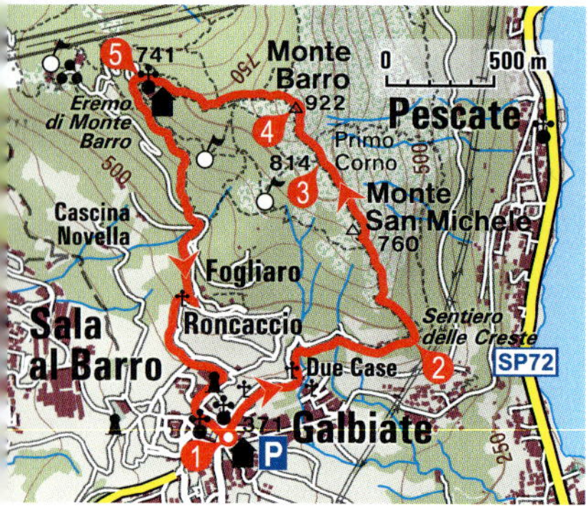

Monte Barro (4), 922 m, gewonnen. Stimmungsvoll die Tiefblicke auf insgesamt fünf Seen: Annone, Pusiano, Alsério, Garlate und Lecco. Bei ganz klarer Sicht im Südwesten Blick bis zum 220 Kilometer entfernten Monviso!

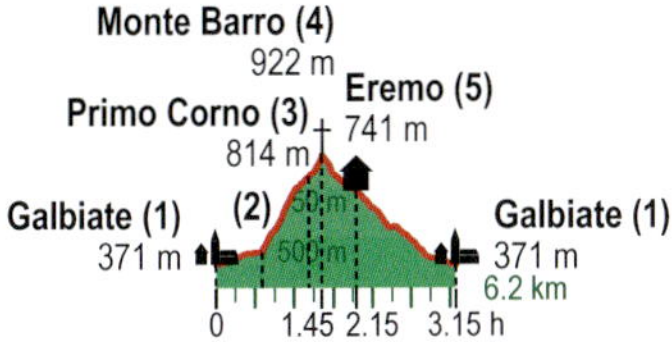

Der Abstiegweg führt in zunächst leicht felsigem Gelände westwärts hinunter in die Sella dei Trovanti und weiter (Blumenpfad) zur ehemaligen Einsiedelei, **Eremo (5)**, 741 m, mit der Kirche Santa Maria, einer Einkehr und dem Archäologischen Museum. Beim Ristorante beginnt die »Strada Vecchia«, ein schöner alter Pfad, über den man zur Monte-Barro-Straße absteigt.

Zuletzt auf Asphalt hinein ins Siedlungsgebiet von **Galbiate** und zurück zum Parkplatz **(1)**. Wer sich den Ort gut gemerkt hat, findet in den teilweise schmalen, krummen Gassen leichter zurück.

Am Weg über die Tre Corni zum felsigen Kopf des Monte Barro. Rechts am Seeufer die Stadt Lecco.

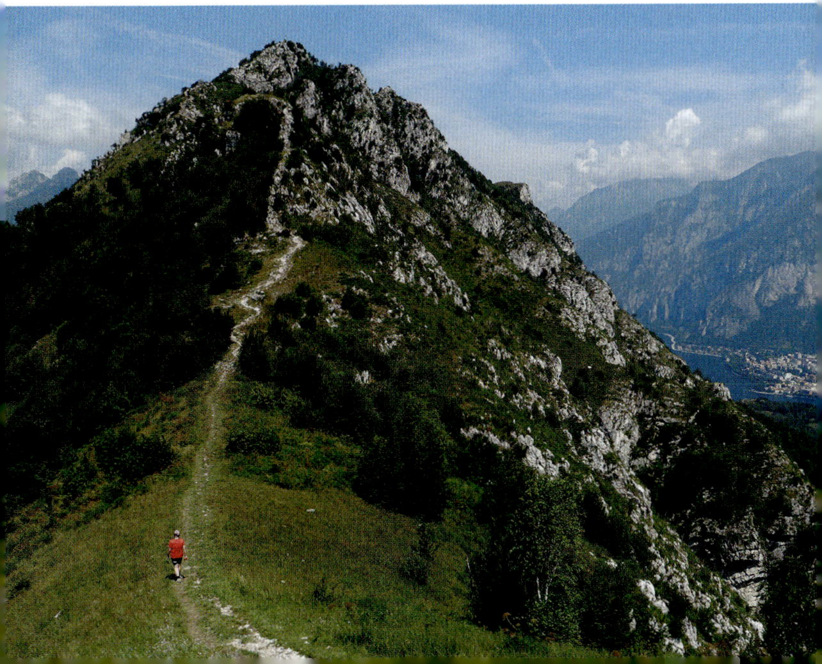

TOP

16 Monte Resegone, 1875 m

8.30 Std.

Stille Pfade am Alpenrand

Der Resegone ist kein Berg, sondern ein kleines Gebirge mit einem Dutzend Gipfeln und fast ebenso vielen Gipfelwegen; von Lecco aus gesehen eine hohe Felsfront, aufgebaut aus Hauptdolomit, mit einer vergleichsweise zahmen, überwiegend bewaldeten Rückseite. Entsprechend unterschiedlich sind die Anstiege, deren Skala vom Wanderpfad bis zur extremen Via ferrata reicht, ohne die zahlreichen Kletterrouten. Nicht unbedingt ein stilles Bergrevier, da ist Lecco zu nahe; doch die einzige Aufstiegshilfe, die Seilbahn zum Pizzo d'Erna, 1362 m, hält respektvollen Abstand zu den Gipfelregionen. Das verhindert allzu großen Andrang am höchsten Punkt des Resegone – der Punta Cermenati, 1875 m.

An den Wochenenden, bei gutem Wetter, ist man am Resegone selten allein. Am ruhigsten bleibt es in den Randzonen des Massivs, vor allem am Südgrat. Er ist fast so etwas wie ein Geheimtipp, landschaftlich ein Bijou, aber halt lang zu gehen – gerade richtig für einen ausgefüllten Bergtag.

Talort: Calolziocorte, 220 m, am Lago di Olginate.
Ausgangspunkt: Erve, 559 m, in der Valle della Gallavessa. Zufahrt über eine schmale Straße (6 km), Parkmöglichkeit im Ortsbereich. Bus ab Calolziocorte.
Höhenunterschied: 1370 m.
Anforderungen: Lange, anspruchsvolle Tour, teilweise raue Wege, vor allem im Abstieg. Topkondition und Trittsicherheit unerlässlich.
Einkehr: Rifugio Alpinisti Monzesi, 1173 m, Mitte Juni bis Mitte September durchgehend bewirtschaftet, sonst nur an den Wochenenden; Tel. 0039/334/2903354, rifugiomonza@gmail.com. Rifugio Azzoni, 1860 m, Juli u. August durchgehend, sonst an den Wochenenden bewirtschaftet; Tel. 0039/366/2587009.
Hinweis: Wer sein Klettersteigset dabeihat, kann den beschwerlichen Abstieg durch das Val Negra über die »Via ferrata del Cinquantenario« umgehen. Sie leitet vom Pian Serrada (siehe Tour 17) über ein steiles Rinnensystem hinunter zum Passo del Fò, 1284 m, wenig oberhalb vom Rifugio Alpinisti Monzesi. Steinschlaggefahr durch Nachsteigende beachten!

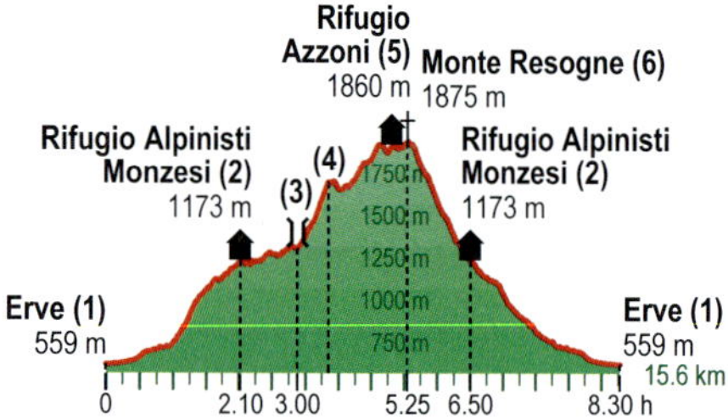

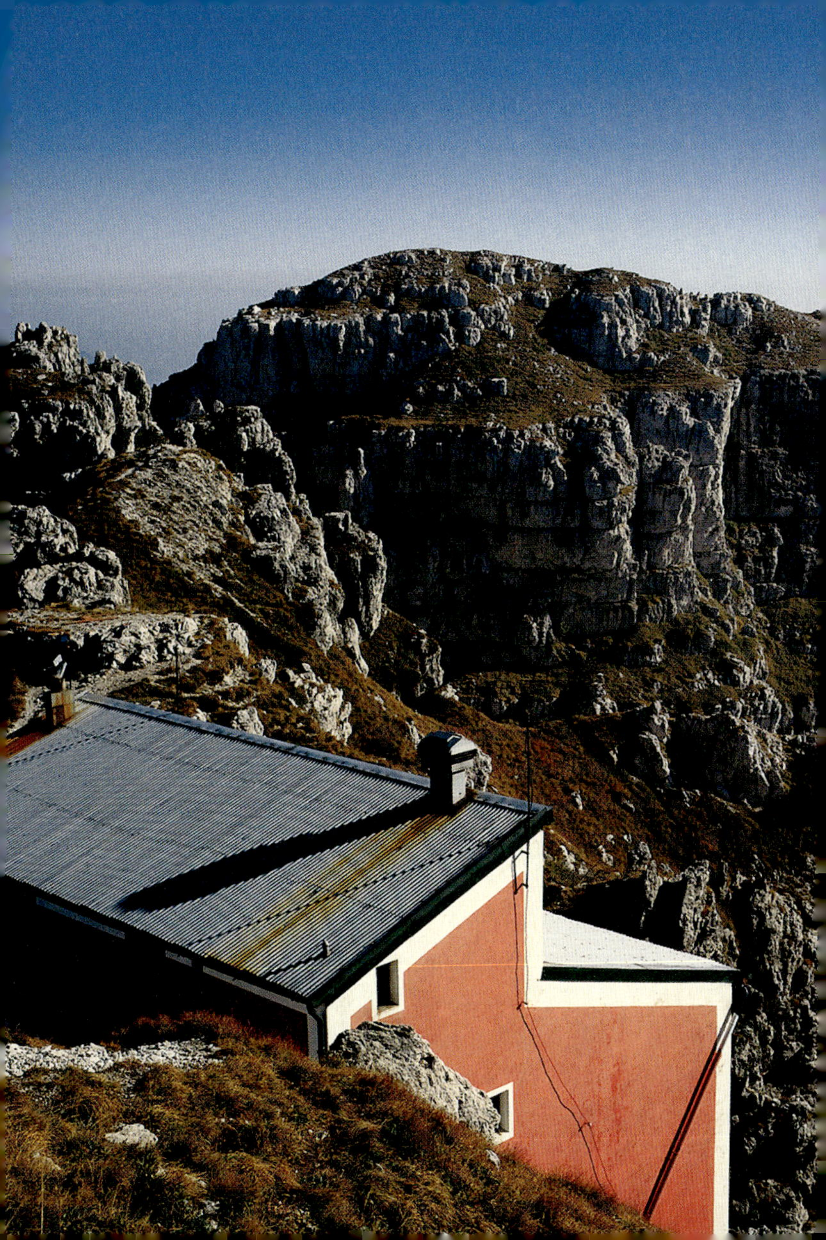

Die große Wandertour startet in **Erve (1)**, 559 m, führt hinter dem lang gestreckten Dorf zunächst über eine Brücke, dann auf einem Fahrweg durch die Valle della Gallavesa taleinwärts zur Verzweigung bei den Hütten von Cà del Pra, 710 m. Hier hält man sich links und folgt dem Pfad, der über den steilen, felsdurchsetzten Hang zur Costa Giumenta, 1034 m, ansteigt. Mit freier Sicht auf die Südwestflanke des Resegone zum nahen **Rifugio Alpinisti Monzesi (2)**, 1173 m.

An der Hütte biegt man ein in den schönen Waldweg, der in sanftem Anstieg südwärts zur **Passata (3)**, 1244 m, leitet, einem uralten Übergang von dem Valle Imagina nach Lecco. Hier startet die lange, gut markierte und mit einigen Felspassagen gewürzte Gratüberschreitung (Ketten): der »Sentiero delle Creste«. Steil geht's zunächst am Grat hinauf zur **Punta di Piazzo (4)**, 1637 m. Anschließend überschreitet man, nur gelegentlich in die Ostflanke des Kamms ausweichend, mehrere Kuppen, überwiegend auf guter Wegspur. Nach etwas ermüdendem, aber sehr aussichtsreichem Auf und Ab, ist schließlich das **Rifugio Azzoni (5)**, 1860 m, erreicht, nur wenige Meter unter dem höchsten, von einem großen Kreuz gekrönten Punkt des **Monte Resegone (6)**, 1875 m.

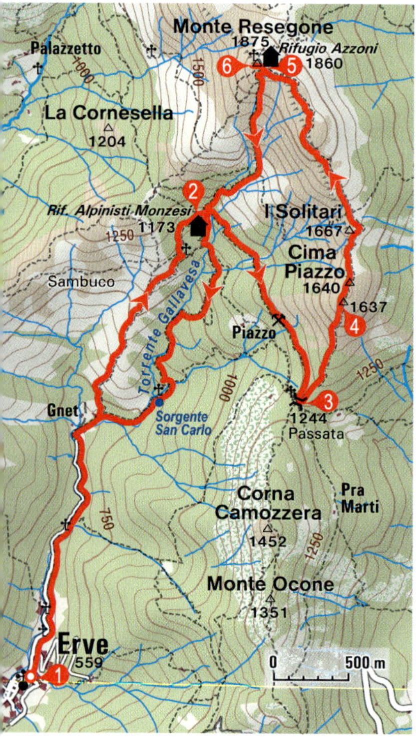

Der Abstieg führt von der Hütte hinunter in den steinigen Canalone des Val Negra, der direkt zum **Rifugio Alpinisti Monzesi (2)** hin mündet. Kein reines Vergnügen für die Kniegelenke. Alternativ bietet sich der Klettersteig an (siehe Hinweis; Klettersteigset sollte man dabeihaben).

Von der Hütte wandert man auf dem breiten Talweg, vorbei an der originellen Felsquelle, der Fontana di San Carlo, hinaus nach Cà del Pra. Zuletzt auf dem Fahrweg wieder zurück nach **Erve (1)**.

Seite 57: Knapp unter dem höchsten Punkt des Resegone steht das Rifugio Azzoni.

6.30 Std.

Monte Resegone, 1875 m

17 TOP

Der Hausberg von Lecco

Der Resegone ist Kulissen- und Hausberg von Lecco, alpiner Kontrast zu den rauchenden Schloten der Stahlwerke. Da die Drahtseile der Funivia, der Seilschwebebahn, aber bereits am Pizzo d'Erna, 1362 m, enden und keine Straße dem Massiv zu nahe kommt, hält sich der Andrang in Grenzen; man ist zwar selten allein auf den Wegen und Steigen, oben beim großen Kreuz vor dem noch weit größeren Panorama trifft man vor allem an Wochenenden viel Publikum. Dieses nähert sich auf verschiedenen Wegen, die meisten wandern von Lecco herauf, und manche nehmen erst einmal die Seilbahn. Recht frequentiert ist auch der Anstieg von Süden, aus der Valle Gallavesa, stiller sind die Zustiege von Morterone bzw. von der Forcella d'Olino, 1169 m. Letztere lassen sich zu einer abwechslungsreichen Runde verbinden, die den »anderen« Resegone zeigt, seine waldreichen Ostabhänge und die steilen, felsdurchsetzten Grasflanken über der Valle Boazzo. Und oben auf den Gipfeln ist man dem (Bergsteiger-)Himmel ein gutes Stück näher, schaut man hinein in die Alpen und hinaus in die Po-Ebene.

Talort: Lecco, 206 m, Industriestadt am Abfluss der Adda aus dem Comer See. Stadtbus, Buslinien zu den Ortschaften der Umgebung. Schiffsanlegestelle.
Ausgangspunkt: Talstation, 603 m, der Seilbahn zum Pizzo d'Erna, Zufahrt von Lecco über Malnago, 6,5 km. Buslinie.
Höhenunterschied: 1360 m.
Anforderungen: Trittsicherheit und etwas Bergerfahrung (vor allem für den Abstieg durch den Canalone Bobbio) unerlässlich. Durchwegs gut markierte Wege.
Einkehr: Rifugio Stoppani, 890 m, Anfang Juli bis Mitte Sept. durchgehend, sonst Mi, Sa u. So bewirtschaftet; Tel. 0039/0341/491517, www.rifugiostoppani.it. Rifugio Azzoni, 1860 m, Juli u. August durchgehend, sonst an den Wochenenden bewirtschaftet; Tel. 0039/366/2587009.
Hinweis: Allen Liebhabern von gesicherten Steigen sei folgende Anstiegsvariante empfohlen: Rifugio Stoppani – Passo del Fò – »Ferrata Cinquantenario« – »Ferrata Franco Silvano« – Resegone, von der Talstation der Erna-Seilbahn ca. 5 Std., ab der Bergstation 3 Std.; ziemlich schwierig.

Der Resegone vom Weg zur Grignetta.

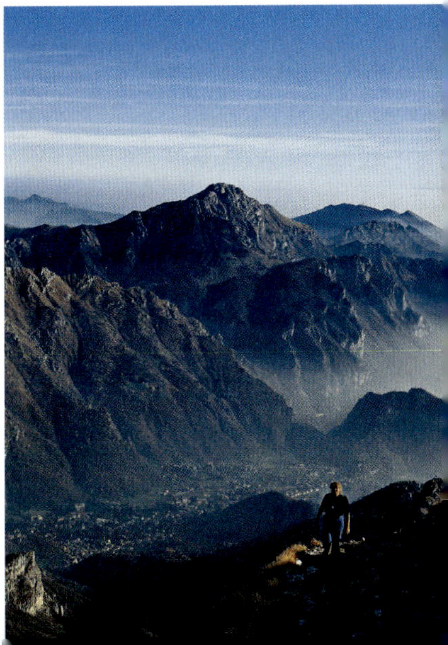

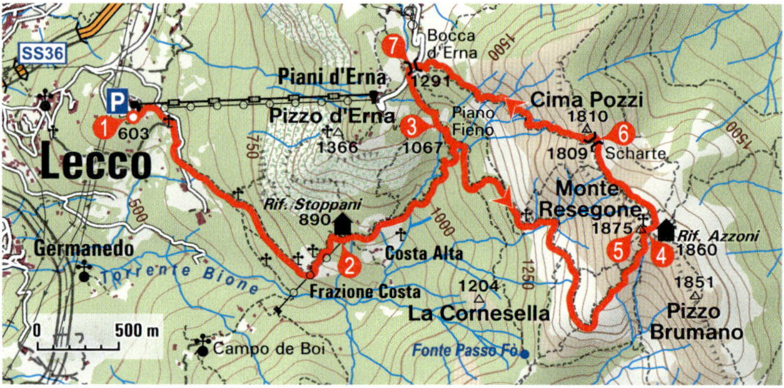

Der »Normalweg« von **Lecco (1)** herauf ist gut markiert (Nr. 1). Etwa eine Stunde braucht man von der Talstation der »Funivia d'Erna« bis zum **Rifugio Stoppani (2)**, 890 m, benannt nach dem aus Lecco stammenden Naturkundler Antonio Stoppani (1824–1891), in hübscher Lage oberhalb von Costa, 784 m. In einer weiteren Stunde ist der **Piano Fieno (3)**, 1067 m, gewonnen; hier kreuzt man den Verbindungsweg Bocca d'Erna – Passo del Fò, 1284 m.

Der weitere Anstieg führt über ein breites Band in den Canalone Comera. Man quert die Rinne und gelangt dann über gestufte Felsen auf die begrünte Terrasse (Pian Serrada), die den Westabsturz des Resegone durchzieht. Hier zweigt links die »Ferrata Franco Silvano« zum Gipfel des Resegone ab, rechts mündet ein weiterer Klettersteig, die »Ferrata del Cinquantenario« (vom Passo del Fò). Ein bisschen Eisen gibt es auch am Normalweg, in den Felsen oberhalb der tief eingerissenen Val Negra (Kette). Im hintersten Talwinkel trifft man auf den vom Rifugio Alpinisti Monzesi kommenden Weg; er zieht durch die Rinne steil hinauf zum **Rifugio Azzoni (4)**, 1860 m, knapp unter dem Gipfel des **Monte Resegone (5)**, 1875 m.

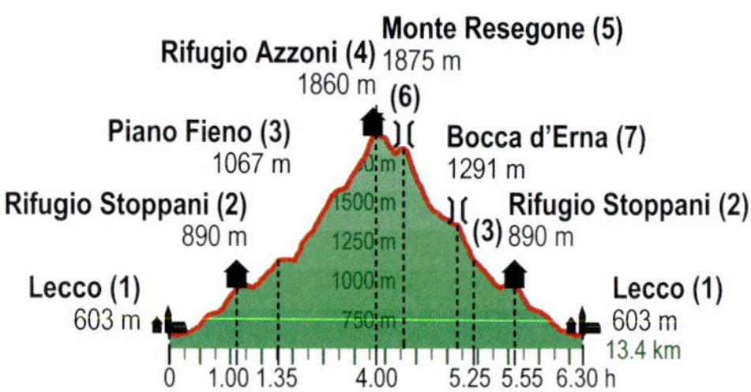

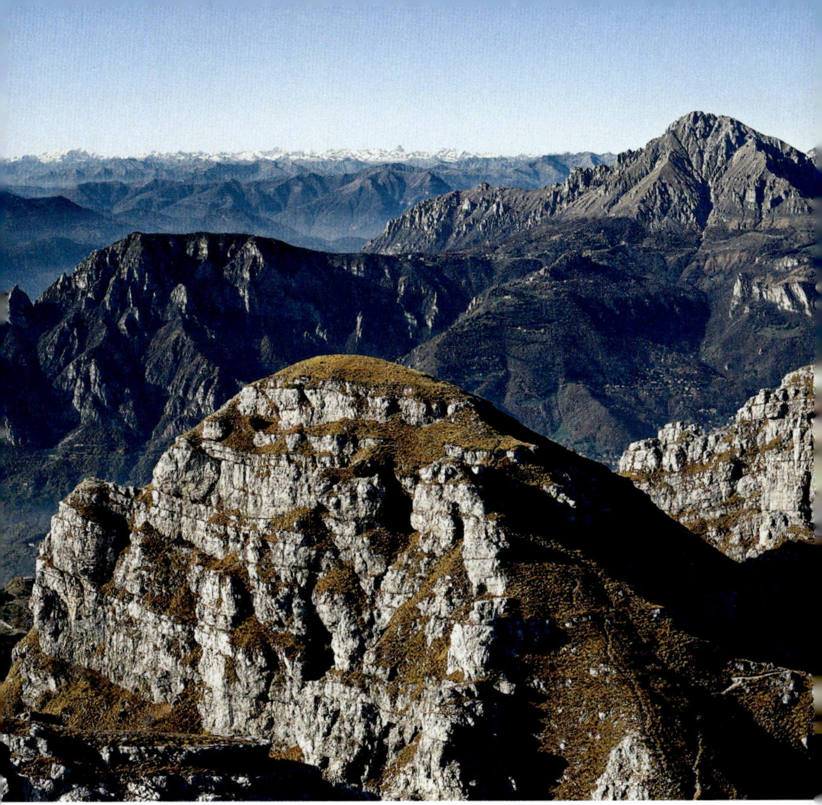

Aussicht bis zum Alpenhauptkamm. Im Vordergrund der Dente del Resegone, rechts die Grignetta (Tour 20).

Für den Rückweg bietet sich der Weg durch den **Canalone Bobbio** an (»Sentiero Carlo Villa«); markiert (Nr. 10), aussichtsreich, aber nicht ganz einfach. Von der Azzoni-Hütte zunächst die beiden Gratkuppen der Punta Stoppani und des Dente del Resegone, 1809 m, umgehend, in eine kleine **Scharte (6)**, dann links steil hinab in den Canalone Bobbio, der sich nach unten mehr und mehr verengt. Keine Steine lostreten!

Ein paar Ketten erleichtern den Abstieg in der Blockrinne, dann rettet sich das Weglein auf eine kleine Anhöhe über der Klamm und läuft hinüber zur **Bocca d'Erna (7)**, 1291 m. Hier links abwärts – dem Weg Nr. 7 folgend – zum **Piano Fieno (3)**, wo man auf den Anstiegsweg von **Lecco (1)** stößt.

18 Corno Medale, 1028 m

4.45 Std.

Das »Horn« von Lecco

Lecco ist eine Stadt der Kontraste, interessant, aber nicht schön, verkehrsgeplagt wie die meisten italienischen Kommunen, mit einer »eisernen« Geschichte, von der die rußgeschwärzten Industrieanlangen beredt Zeugnis ablegen. In den Gassen der kleinen Altstadt unter dem neuromanischen Dom dagegen kann man abgasfrei einkaufen: alles nur vom Feinsten. Fein ist auch die Bergkulisse der Stadt, ein Halbrund heller Kalkmauern, im Osten steht der hohe Kamm des mehrgipfeligen Resegone, 1875 m, direkt über Lecco sticht der Corno Medale, 1028 m, in den Himmel. Da verwundert es nicht, dass Lecco zahlreiche Spitzenalpinisten hervorgebracht hat und seine Bergsteigerschule über die Grenzen Italiens hinaus bekannt geworden ist. Um den Corno Medale zu besteigen, braucht man weder Seil noch Haken, aber wenigstens einen sicheren Tritt. Der so schroff wirkende Gipfel mit seiner fast senkrechten Südwand besitzt eine »weiche« Rückseite, über die man ebenfalls zum großen Kreuz kommt, mühsam, aber natürlich ohne vergleichbare Schwierigkeiten. Ein wenig Fels gibt es auch an dieser Route, die steilsten Passagen sind mit Drahtseilen versehen. Ebenfalls gesichert ist der Abstieg vom Kirchlein San Martino, der »Sentiero dei Pizzetti«.

Ausgangspunkt: Rancio, 371 m, Vorort von Lecco, 2,5 km vom Stadtzentrum (Bus). Parkmöglichkeit oberhalb der Kirche.
Höhenunterschied: Etwa 970 m.
Anforderungen: Anspruchsvolle Runde mit gesicherten Passagen und steilen Wegabschnitten. Trittsicherheit unerlässlich, bei Nässe nicht empfehlenswert.
Einkehr: Rifugio Riccardo Piazza, 772 m, beim Kirchlein San Martino; an den Wochenenden einfach bewirtschaftet (keine Nächtigung).
Hinweis: An der Südwand des Corno Medale gibt es neben einigen äußerst schwierigen Kletterrouten auch einen sehr anspruchsvollen Klettersteig, die »Via Ferrata Gruppo Alpini«, etwa 2 Std. ab Rancio, Selbstsicherung unerlässlich.

Von **Rancio (1)**, 371 m, steigt man in 20 Minuten auf zu der breiten Schotterpiste, die den Hang über der Valle del Gerenzone quert und im Zusammenhang mit dem Bau der Felssturz-Schutzzäune angelegt wurde. Man folgt der Straße bis zum Eingang des bewaldeten Grabens, der zwischen dem Corno Medale und dem Dente di Coltignone, 955 m, herabzieht. Nun links, den roten Markierungen folgend, bergan, zwischen den Zäunen hindurch und in das Tälchen. Der mit 56 markierte Weg ist ein

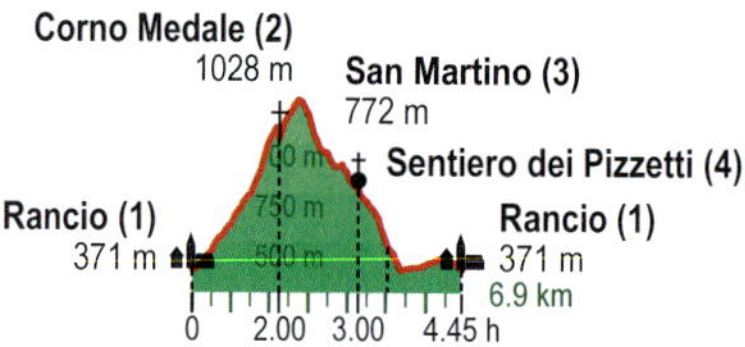

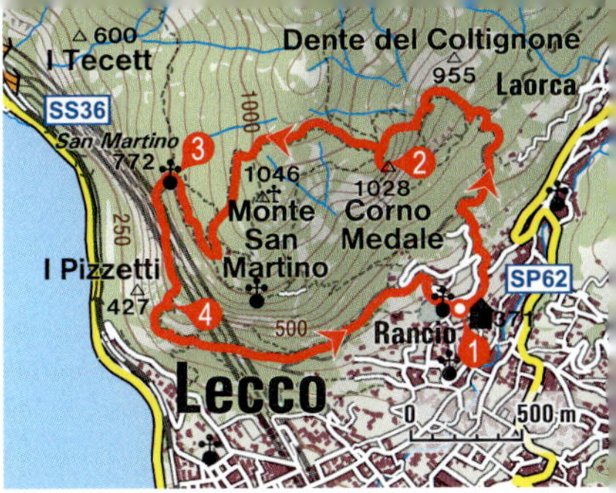

ordentlicher »Schinder«, eigentlich nichts für heiße Tage. Er zieht im Rücken des Corno Medale über die steile, teilweise bewaldete, mit kleinen Felsstufen (Drahtseile) durchsetzte Nordostflanke hinauf zu der Gratsenke im Rücken des »Horns«. Vom großen Gipfelkreuz am **Corno Medale (2)** zurück in den Sattel und kurz am Grat entlang bis zur Abzweigung von Weg Nr. 57 (Hinweistafel »Rif. Piazza«). Er läuft, mehrere Felsrippen passierend, ohne größere Steigung hinüber zur Costa di San Martino, der Westseite des Bergstockes. Nach steilem Abstieg taucht im Wald das Kirchlein **San Martino (3)**, 772 m, auf – ein stimmungsvoller Rastplatz hoch über dem südöstlichen Arm des Comer Sees (Lago di Lecco). Das Gewässer bleibt auch Blickfang am **»Sentiero dei Pizzetti« (4)**, der über eine steile Felsstufe (Ketten) hinableitet nach Lecco. Am Fuß der Felsen hält man sich links und spaziert auf ordentlichem Weg ohne größere Höhenunterschiede zurück nach **Rancio (1)**. Wem der »Sentiero dei Pizzetti« zu anspruchsvoll ist, kann alternativ vom Rifugio Piazza auf dem mit 52 markierten Weg über die Kapelle Madonna del Carmine, 746 m, nach Rancio absteigen.

Eigentlich nur ein Vorberg des Coltignone-Stockes: der Corno Medale (links).

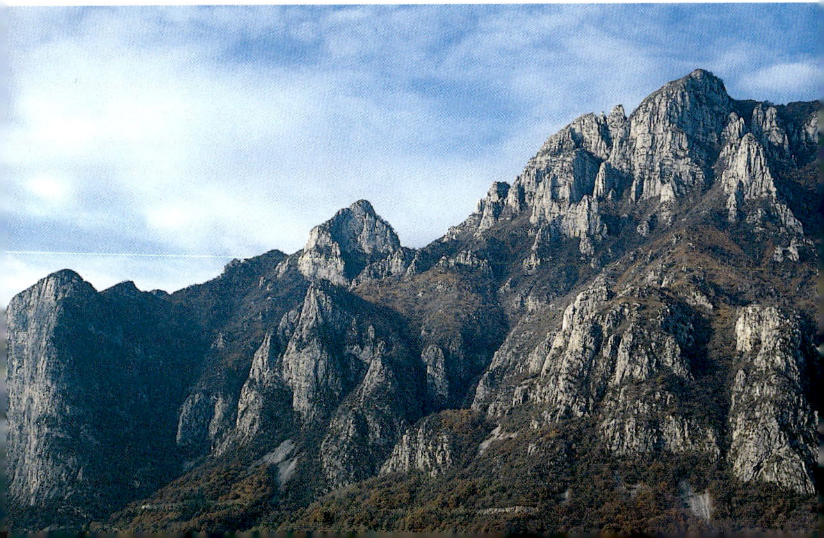

19 Rifugio Rosalba, 1720 m

4.00 Std.

Fast eine Dolomitenwanderung

Die kleine Hütte an der Cresta Segantini gehört zu den beliebtesten Wanderzielen in den Grigne: ein ordentlicher Weg, herrliche Aus- und Tiefblicke auf den Comer See, und ein Hauch von Dolomiten. Den liefern die bizarren Felsnadeln, Zinnen und Türme an der Südwestflanke der Grignetta – ein sehr attraktiver Kontrast zu der schimmernden Wasserfläche des Sees.

Talort: Ballabio, 661 m, aus zwei Ortsteilen bestehendes Dorf an der Straße von Lecco (8 km) in die Valsássina.
Ausgangspunkt: Piani Resinelli, 1280 m, beliebtes Ausflugsziel im Norden von Lecco, auf guter Serpentinenstraße von Ballabio superiore erreichbar, 8 km. Busverbindung mit Lecco und Ballabio. Parkplatz auf den Piani Resinelli.
Höhenunterschied: Insgesamt 740 m.
Anforderungen: Beliebter Hüttenanstieg, Trittsicherheit erforderlich, vor allem am »Sentiero dei Morti«.
Einkehr: Rifugio Rosalba, 1720 m, Mitte Juni bis Ende September durchgehend, sonst an Wochenenden bewirtschaftet; Tel. 0039/0341/731771 und 0039/328/8647386.
Hinweis: Der hier beschriebene Hüttenzugang lässt sich gut mit einer Begehung der »Direttissima« verbinden, siehe Tour 20.

Die Wanderung beginnt auf Asphalt, führt vom großen Parkplatz auf **Piani Resinelli (1)**, 1280 m, zunächst zum nahe gelegenen Kirchlein, dann durch die Via Carlanta – vorbei am Albergo La Baita – mit freier Sicht auf die Gipfel des Triangolo bergab. Nach zwei Straßenschleifen (Via del Ram) zweigt auf der Höhe des **Campings Alippi (2)** rechts die Via delle Foppe ab (Weg Nr. 9; links das geschlossene Rifugio Alippi). Sie führt flach hinaus zu dem licht bewaldeten Hang von Le Foppe, wo sie zum Wanderpfad wird (Sentiero delle Foppe), und hinab in den tiefen Graben der Val Scepina. Man quert die meist ausgetrocknete Rinne und steigt dahinter an zu einem Grasrücken mit schönem Tiefblick auf den Lario. Das Gleiche wiederholt sich am Canalone di Val Tesa: hinab und hinauf, über eine kleine Felsstufe (Kette) auf den nächsten Buckel. Gleich darauf gabelt sich der Weg; rechts geht der »Sentiero dei Morti« ab. Er ist zwar steil, teilweise auch recht geröllig, bietet aber faszinierende Einblicke

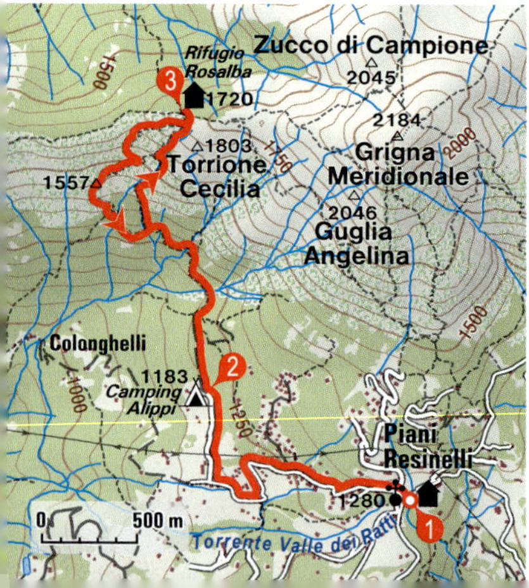

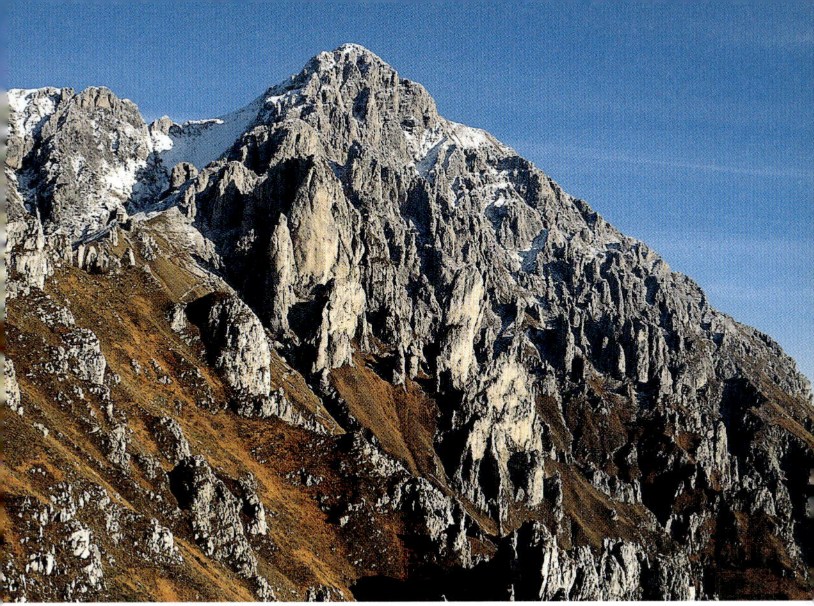

Dolomitenzauber über dem Comer See: die Grignetta mit ihren bizarren Felstürmen.

in den Zackenwald an der Grignetta. Tolle Fotomotive! Kurze Passagen sind gesichert, zuletzt auch der Canalone di Pertuso. Wenig weiter mündet der »Todesweg« in den Normalanstieg zum **Rifugio Rosalba (3)**, 1720 m. Die kleine Hütte steht an dem langgestreckten Kamm, der den Grignetta-Stock mit dem Zucco Pertuso verbindet. Überraschend weite Aussicht. Hinab in die Valle Meria, zum Grignone, 2409 m, und zum Sasso Cavallo, 1920 m. In der Tiefe glitzert der Comer See, und ganz, ganz weit weg, am südwestlichen Horizont, zeigt sich manchmal die elegante Pyramide des Monviso, aus dem Dunst der Po-Ebene aufsteigend.
Abstieg auf Weg Nr. 9, von der oben erwähnten Verzweigung weiter auf dem Hinweg zurück nach **Piani Resinelli (1)**.

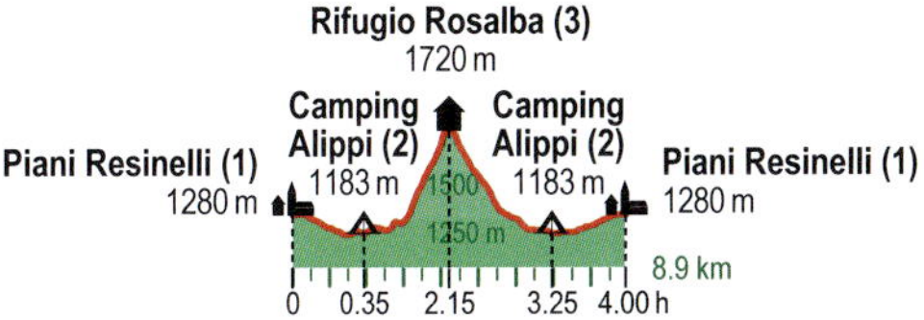

TOP 20 Grignetta, 2177 m

5.00 Std.

Dolomitenwunder am Lario

Zeigt sich der Grignone als massig-ungefüger Klotz, so ist die Grignetta (Grigna Meridionale, 2177 m) eine echte Schönheit. Ihre türmebesetzten Grate, die fantastische Felsarchitektur locken den Bergsteiger auf verschiedene Wege. Am leichtesten erreicht man den Gipfel über den kahlen Südgrat, die Cresta Cermenati, die sich von den Piani Resinelli direkt zum Gipfel hinaufschwingt: kaum Fels, wenig Abwechslung, dafür viel Sonne. Also früh aufstehen im Sommer, zumal sich um die Mittagsstunden an den markanten Alpenrandgipfeln gerne Gewitter entwickeln, was nicht nur die Aussicht trübt, sondern mit Blitz und Donner am Grat auch gefährlich werden kann. Im Herbst ist die Gewittergefahr gebannt, die Luft klar und das Panorama von der Grignetta fast grenzenlos.

Talort: Ballabio, 661 m, aus zwei Ortsteilen bestehendes Dorf an der Straße von Lecco (8 km) in die Valsássina.
Ausgangspunkt: Piani Resinelli, 1280 m, beliebtes Ausflugsziel im Norden von Lecco, auf guter Serpentinenstraße von Ballabio superiore erreichbar, 8 km. Busverbindung mit Ballabio und Lecco. Großer Parkplatz auf den Piani Resinelli; kleinerer Parkplatz, ca. 1400 m, an der Straße zum Rifugio Porta (Via Locatelli).

Höhenunterschied: 940 m.
Anforderungen: Anspruchsvolle Tour mit gesicherten Passagen; Bergerfahrung und Schwindelfreiheit unerlässlich.
Einkehr: Rifugio Carlo Porta, 1425 m, oberhalb der Piani Resinelli, ganzjährig bewirtschaftet; Tel. 0039/375/7727440.
Hinweis: Statt über den »Sentiero Cecilia« die Grignetta anzusteuern, kann man auch zum Rifugio Rosalba weitergehen, siehe Tour 19.

Ausgangspunkt der Grignetta-Runde ist die Hotelsiedlung **Piani Resinelli (1)**. Auf Asphalt geht es zunächst hinauf zum **Rifugio Porta (2)**. Oberhalb der Hütte fädelt man ein in die »Direttissima« (Weg Nr. 8), die über den grasig-schrofigen Rücken der Costa delle Quaglie zum Canalone del Caminetto ansteigt, zuletzt mit Kettensicherung über leichte Felsen. Zwei kurze Leitern helfen durch den schmalen Caminetto Pagani hinauf in eine enge Scharte: Auftakt zum Kraxelspaß. Die spannende Route schlängelt sich durch das steinerne Labyrinth, ein kurzweiliges Auf und Ab über Bänder, Geröll und leichte Felsstufen, teilweise mit Kettensicherungen. Fast fühlte man sich in die Cadini-Dolomiten versetzt, wäre da

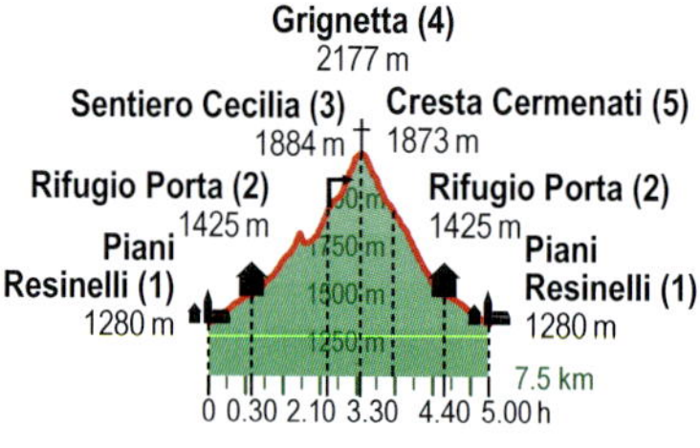

nicht der Spiegel des Comer Sees, der aus der Tiefe heraufblitzt. Was für eine Kulisse! Von den steinernen Grazien haben viele Frauennamen wie Giulia, Costanza oder Angelina. Que bello! Auch ein auffallend rundlich geratener Felsklotz bekam den passenden Namen: La Mongolfiera (Ballon). Die beliebtesten Kletterzacken verfügen sogar über markierte Zustiege, etwa La Lancia und der Torre Fungo, der seinem Namen alle Ehre macht (fungo = Pilz).

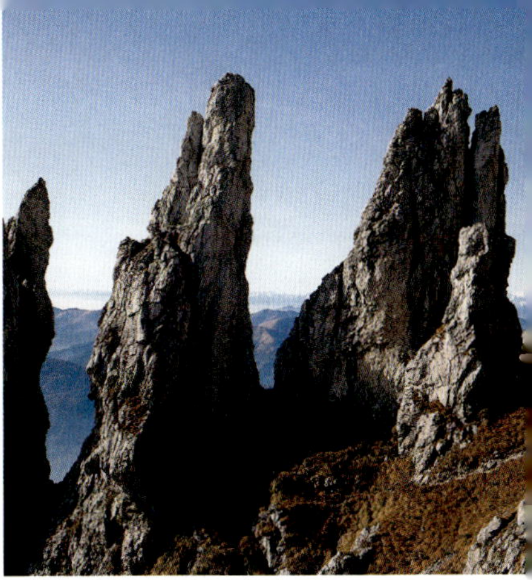

Dolomitenkulisse über dem Comer See: an der »Direttissima«.

An der Mündung des Canalone Angelina (ca. 1740 m, Wegweiser) verlässt man die »Direttissima« (Weg Nr. 8) nach rechts und steigt durch die felsige Rinne (einige Sicherungen) hinauf zum **»Sentiero Cecilia« (3)**, der vom Colle Valsecchi bzw. der Rosalba-Hütte herüberkommt. Eine Etage über der »Direttissima« führt er, mehrere Gräben passierend, ostwärts zum Cermenati-Grat: noch mehr Zacken, noch mehr Aussicht. Nach steilem Zwischenabstieg (Ketten) leitet das Weglein in Serpentinen über einen schrofigen Hang hinauf zum Cermenati-Grat; hier stößt man auf den Normalweg, ca. 2060 m. Durch eine Geröllrinne zu den Gipfelfelsen und über sie leicht zum höchsten Punkt der **Grignetta (4)** mit dem futuristischen Alu-Biwak Bruno Ferrario.

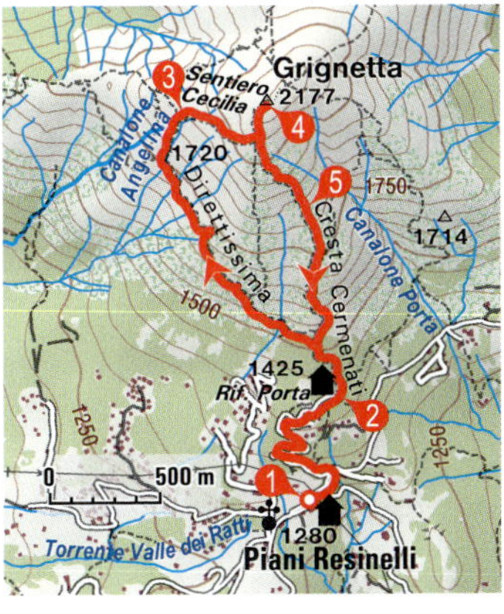

Der Abstieg über die **Cresta Cermenati (5)** bietet viel Aussicht, aber recht wenig Abwechslung; der raue Weg läuft im Zickzack über den schrofigen Grat. Vor sich hat man den bewaldeten Rücken des Monte Coltignone, 1473 m, links dahinter die hohe Mauer des Resegone, 1875 m, im Südwesten Monte Moregallo und Corni di Canzo. Oberhalb des Rifugio Porta schließt sich die Runde: Von rechts kommt die »Direttissima«, der schönste Weg in den Grigne. Den weiteren Abstieg zu den **Piani Resinelli (1)** kennt man schon vom Aufstieg.

21 Monte Malavello, 1113 m

3.15 Std.

Aussichtskanzel über dem Seearm von Lecco

Ein richtiger »Monte« ist er ja nicht unbedingt, der Malavello, seine Gipfelhöhe kaum erwähnenswert, umso mehr dafür seine Lage: hoch über dem südöstlichen Arm des Comer Sees (Lago di Lecco) und direkt vor dem Hauptkamm der Grigne. Daraus ergeben sich faszinierend kontrastreiche Ausblicke, bizarrer Kalkfels auf der einen, die weite Wasserfläche auf der anderen Seite. Besonders stimmungsvoll sind die späten Nachmittagsstunden, wenn die tiefstehende Sonne die Türme und Zinnen am Grigne-Hauptkamm rosa färbt und auf dem See Tausende von Lichtern aufblinken lässt.

Ausgangspunkt: Rongio, 397 m, Ortsteil der Gemeinde Mandello del Lario, 214 m, Zufahrt vom Zentrum, 3 km (Busverbindung). Mandello del Lario, großer Uferort mit einiger Industrie (»Moto Guzzi«), 10 km nördlich von Lecco, Station der Bahnlinie Lecco – Sondrio. Parkmöglichkeit im Ort.

Höhenunterschied: 720 m.

Anforderungen: Aufstieg und vor allem Abstieg sehr steil, daher ist die Wanderung nur bei trockenem Wetter zu empfehlen.

Einkehr: Unterwegs keine.

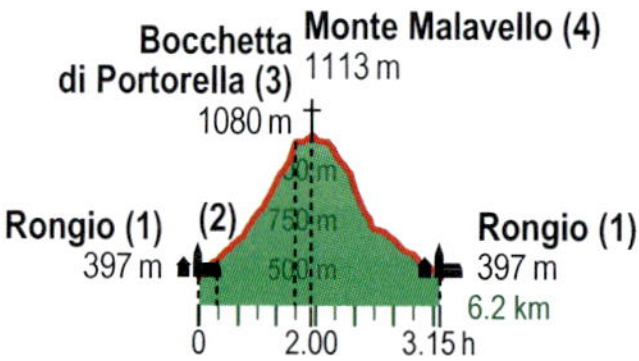

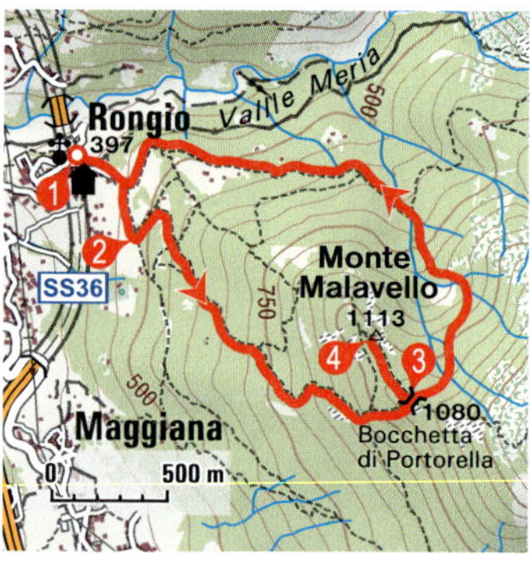

13 – 12 – 13B. Hat man sich diese Zahlenkombination einmal gemerkt, kann auf der kleinen Runde eigentlich nichts mehr schiefgehen: Von **Rongio (1)** zunächst ganz kurz dem Nord-, dann dem Südweg zum Rifugio Rosalba folgen, bis ein **Wegweiser** (**2**, Nr. 13B) links zum Monte Malavello zeigt. In schönem Mischwald steigt das schmale Weglein zunächst nur mäßig, dann zunehmend steiler an, bis selbst unerschrockenen Gipfelstürmern der Schweiß auf der Stirn steht und das Hemd am Rücken klebt. Da ist man froh, dass kleine Kanzeln freie Sicht auf den See und Gelegenheit zum Verschnaufen bieten. Über einen Wiesenhang gewinnt man schließlich die **Bocchetta di Portorella (3)**, 1080 m. Nun links, der blau markierten Spur folgend, am Kamm entlang

leicht abwärts und über eine kurze Gegensteigung zum **Monte Malavello (4)**. Mit blauen Tupfern ist auch der Abstiegsweg markiert, eine richtige »Direttissima« durch den steilen Graben von **Portorella (3)** hinab zu Weg Nr. 13. Nur bei trockenem Boden ratsam, sonst muss mit unbeabsichtigten und möglicherweise recht schmerzhaften Absitzern gerechnet werden. Vor sich hat man die felsdurchsetzte Südflanke des Zucco di Sileggio, 1365 m. Bei Versarico, ca. 650 m, ist die Rutschpartie ausgestanden; auf dem breiten Almweg wandert man durch schöne Kastanienhaine zurück nach **Rongio (1)**.

Ein unscheinbarer Buckel, aber eine tolle Aussichtskanzel über dem Comer See: der Monte Malavello.

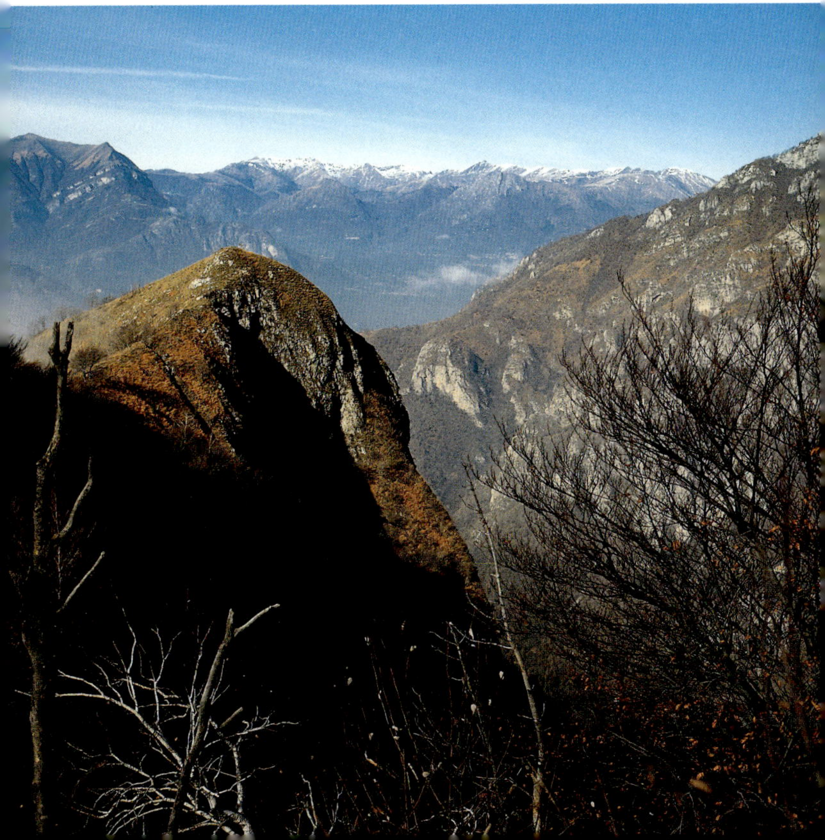

TOP 22

Zucco Pertuso, 1674 m – Rifugio Rosalba, 1720 m

7.45 Std.

Höhenrausch

Was auf den ersten Blick wie die wenig attraktive Fortsetzung der vieltürmigen Cresta Segantini aussieht, erweist sich schließlich als Gratroute der Spitzenklasse, als nicht ganz harmlose Unternehmung, gerade richtig für jene, die den Trampelpfaden gern ausweichen. Mehr als 1300 Höhenmeter liegen zwischen Rongio und der Rosalba-Hütte, aber auch ein paar erlebnisreiche Stunden. Dass man sich dabei ganz schön plagen muss, schreckt wohl die meisten ab, sorgt aber auch für jene »solitude«, die dem großen Landschaftsrahmen entspricht. Der Blick geht hinaus auf die glitzernde Wasserfläche des Lario, über der sich die kahlbraunen Bergrücken des Triangolo aufbauen, man schaut hinein in die innersten Bergwinkel über der Valle Meria und weit nach Norden bis zu den Grenzbergen zur Schweiz. Auf dem Mündungsdelta des Meriabaches liegt Mandello, oben am Zucco Pertuso kommt schließlich auch das Rifugio Rosalba, 1720 m, ins Blickfeld. Bei »pasta asciutta« oder Minestrone, bei Bier oder Cola lässt man die Tour nochmals Revue passieren, im Zeitraffer und ganz ohne Anstrengung: traumhafte Grigne.

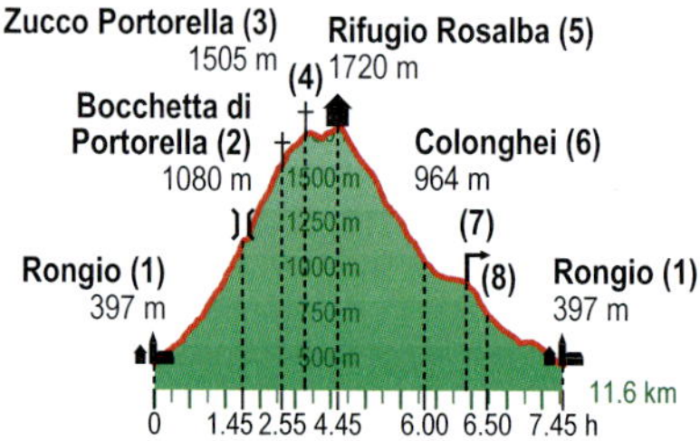

Ausgangspunkt: Rongio, 397 m, Ortsteil der Gemeinde Mandello del Lario, 214 m, Zufahrt vom Zentrum, 3 km (Busverbindung). Mandello del Lario, großer Uferort, 10 km nördlich von Lecco, Station der Bahnlinie Lecco – Sondrio. Parkmöglichkeit im Ort.
Höhenunterschied: 1400 m.
Anforderungen: Anspruchsvolle Gratüberschreitung; im Anstieg zum Zucco Portorella einige leichte Kletterstellen (I–II). Bei Nässe nicht ratsam. Durchgehend gute gelbe Markierungen.
Einkehr: Rifugio Rosalba, 1720 m, Mitte Juni bis Ende September durchgehend, sonst an den Wochenenden bewirtschaftet, Tel. 0039/0341/731771 und 0039/328/8647386.
Hinweis: Konditionsstarke Wanderer besteigen vom Rifugio Rosalba aus gleich noch die Grignetta, 2177 m, 1.30 Std., teilweise gesichert.

Von **Rongio (1)** kurz dem Nord-, dann dem Südzustieg zum Rifugio Rosalba bis zur Abzweigung von Weg 13B folgen. Mit ihm im Wald steil hinauf zur **Bocchetta di Portorella (2)**, 1080 m. Am Grat entdeckt man die ersten gelben Farbtupfer: zuverlässige Wegmarken für die nächsten Stunden. Und die braucht man auch, um stets den richtigen, gangbaren Durchschlupf in dem verwirrenden Labyrinth von Zacken, Rippen und Rinnen zu finden. Gehge-

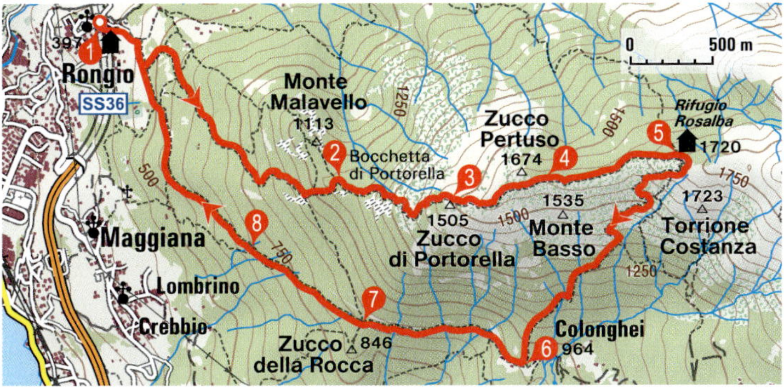

lände wechselt ab mit steileren Passagen, die nur kraxelnd zu meistern sind: Schrofen, Fels, aber auch Geröll, vor allem in zwei Steilrinnen. Da muss man sich »hocharbeiten«; hangelnd gewinnt man schließlich den Ausstieg, ca. 1440 m, und das Ende der Schwierigkeiten. Nun am Kamm entlang, stets mit Tief- und Fernblicken, zum **Zucco Portorella (3)**, 1505 m, dann kurz absteigend um einen Gratzacken herum auf einen Wiesenrücken und über ihn, zuletzt steil und anstrengend, auf den **Zucco Pertuso (4)**, 1674 m. Von der markanten Gratkuppe aus bietet sich eine bezaubernde Rundschau; am Fuß der Cresta Segantini entdeckt man das **Rifugio Rosalba (5)**, 1720 m, Wendepunkt der großen Runde. Dazwischen liegt ein anregendes Auf und Ab am Kamm, dann kommen die Hütte und ihre vieltürmige Felskulisse aber doch näher.

Für den Rückweg nach Rongio hat man die Wahl zwischen dem nordseitigen Weg Nr. 13, der über die Costa di Pioeucc

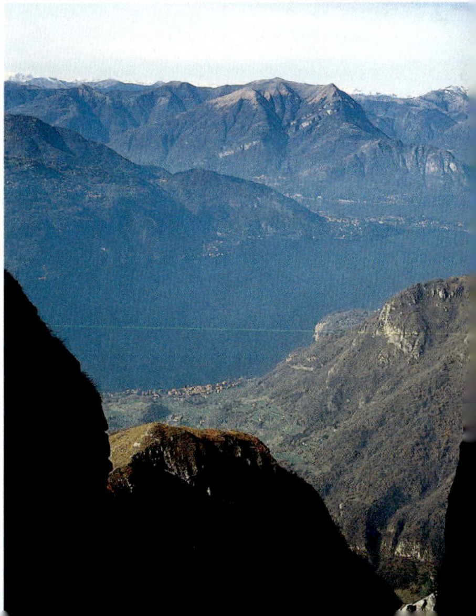

Der Aufstieg von der Bocchetta di Portorella zum gleichnamigen Zucco bietet immer wieder packende Tiefblicke zum Südostarm des Comer Sees.

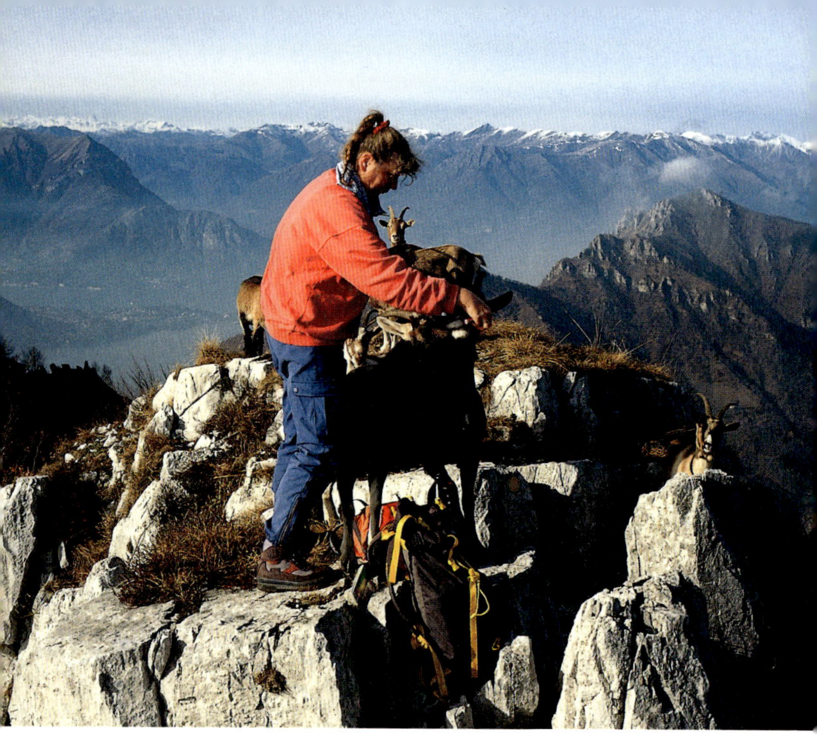

Nicht gerade ängstlich, aber umso hungriger: Bergziegen am Grat des Zucco Pertuso bei der »Brotzeit«.

hinabzieht ins Val Scarettone, und dem Südweg (Nr. 12). Letzterer ist zwar etwas länger, doch kann man hier Nachmittagssonne und Seeblick bis zuletzt auskosten. Zunächst geht es im Zickzack über einen felsdurchsetzten Wiesenhang hinab in den Canalone del Pertuso, wo links der Weg nach Piani Resinelli abzweigt, dann in lichtem Wald über die steilen Hänge des Val Scepina weiter abwärts zu den Häusern von **Colonghei (6)**, 964 m.
Hier rechts und auf bequemem Pfad quer durch die Südflanke des Zucco Portorella, immer wieder freie Ausblicke genießend. Die markante Felsnase des Zucco della Rocca, 846 m, bleibt links **(7)**; bei einer **Weggabelung** (**8**, 672 m; Wegweiser) hält man sich rechts (links nach Maggiana/Mandello) und wandert über Wiesen und durch Kastanienhaine zurück nach **Rongio (1)**.

In den Flanken des Pertuso-Grates stehen bizarre Felszacken. Blick zum Resegone.

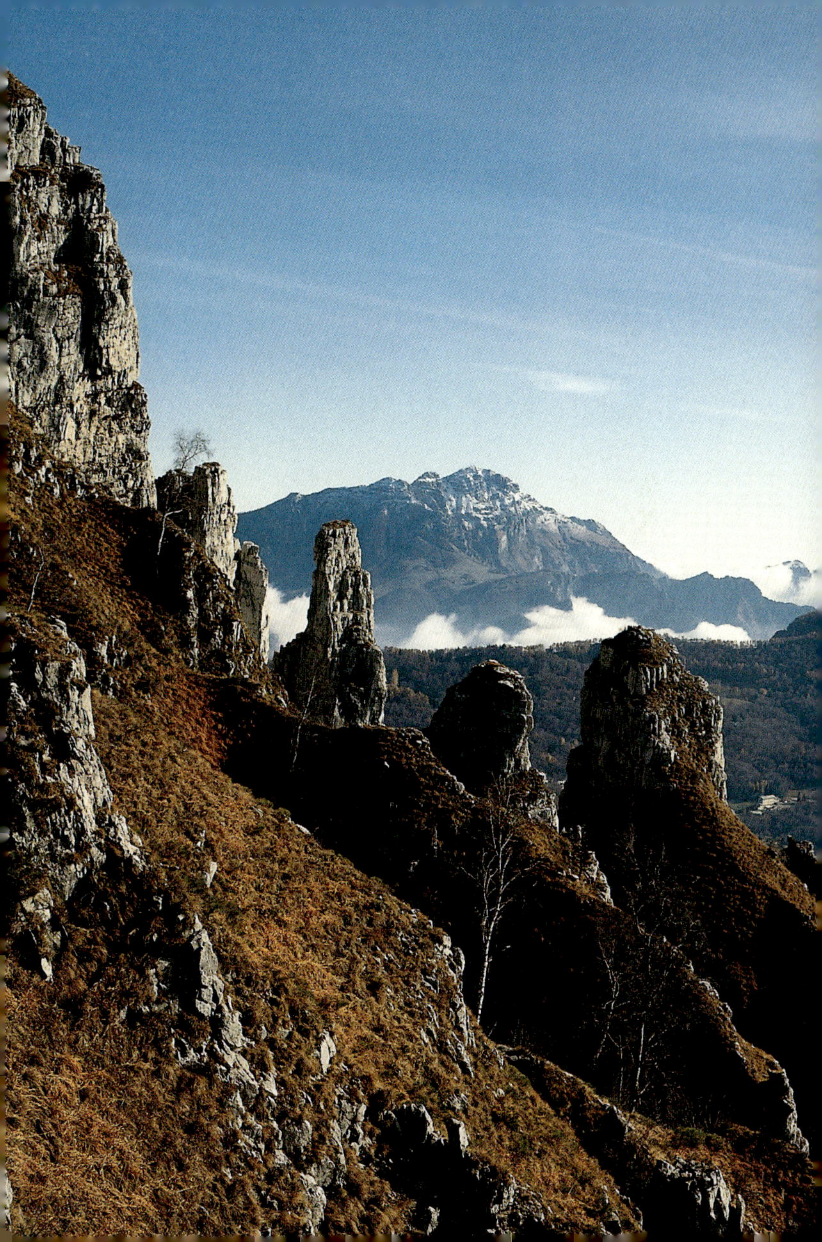

23

Rifugio Elisa, 1518 m

6.15 Std.

Hüttenwanderung mit Dolomitenbildern

Lang sind sie, die Hüttenwege von Mandello: je etwa vier Stunden zu den Rifugi Bietti-Buzzi, Rosalba und Elisa. Letzteres thront auf einer grasigen Rippe hoch über den wilden Gräben, die in die Valle di Meria entwässern und »Baumaterial« für das mächtige Gerölldelta von Mandello liefern. Von der Hüttenterrasse aus ist das weitgehend verbaute Mündungsdreieck nur ansatzweise sichtbar; umso schöner zeigen sich die Westgrate der Grigne mit ihrer fantasievollen Architektur: Türme und Türmchen steilen Wiesenhängen entragend im Süden, der Riesenobelisk des Sasso Cavallo, 1920 m, im Nordwesten. Das markante Felsdreieck hat man auch während des Anstieges vor sich, am Weg aus den Kastanienhainen des unteren Valle Meria hinauf zu den Prati alti di Val Meria, den steilen, von Erosionsrinnen gezeichneten Hochwiesen unter der Südwand des Sasso dei Carbonari, 2157 m. Stimmungsvoll, vor allem im Gegenlicht des Nachmittages, ist der Blick durch den von Zucco di Sileggio, 1365 m, und Monte Malavello, 1113 m, flankierten Meriagraben auf die kahlen Höhen im Dreieck zwischen den beiden Südarmen des Comer Sees, zum Monte San Primo, 1682 m. Und ganz weit in der Ferne sind an klaren Tagen sogar ein paar Walliser Viertausender auszumachen – weißer Firn vor blauem Firmament.

Ausgangspunkt: Rongio, 397 m, Ortsteil der Gemeinde Mandello del Lario, 214 m, über dem Eingang ins Valle Meria gelegen. Zufahrt vom Zentrum, 3 km (Busverbindung), Parkmöglichkeit im Ort. Mandello del Lario, großer Uferort mit einiger Industrie (»Moto Guzzi«), 10 km nördlich von Lecco, Station der Bahnlinie Lecco – Sondrio.

Höhenunterschied: 1120 m.

Anforderungen: Recht anstrengende Hüttenwanderung, im Hochsommer früher Aufbruch ratsam (Hitze).

Einkehr: Rifugio Elisa, 1518 m, Anfang Juni bis Anfang September durchgehend, Ende April bis Ende Mai und Oktober Mittwoch, Samstag, Sonntag bewirtschaftet; Tel. 0039/366/9791655.

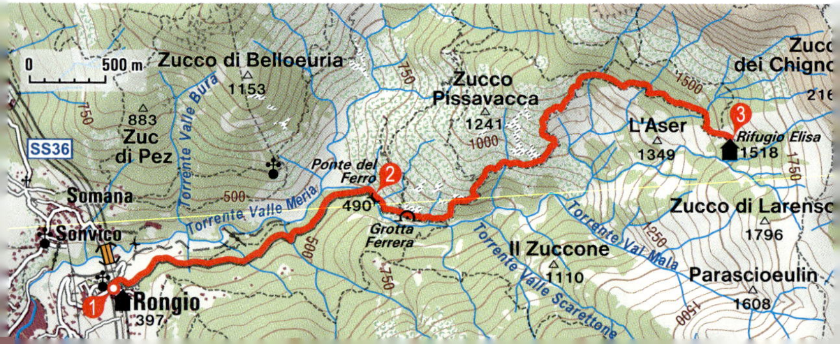

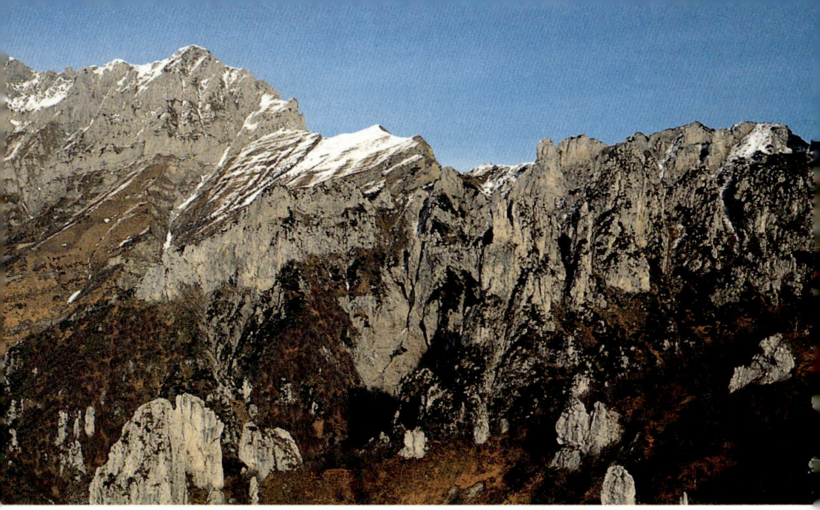

Ein Reich der Türme: die Grigne. Blick nach Norden auf den Grignone.

Von **Rongio (1)**, 397 m, führt ein schmales Sträßchen in angenehmer Steigung ins Meriatal; »Rif. Elisa, Nr. 14« signalisiert die Wegtafel. Am **Ponte del Ferro (2)**, 490 m, überquert man den Bachlauf, der hier ein paar tiefe Gumpen bildet, zwischen denen das Wasser über Kaskaden herabrauscht; dann geht es auf dem kunstvoll angelegten Almweg steiler bergan. Bei der »Grotte del Rame« kann man sich an kühlem Quellwasser laben – im Hochsommer sehr verlockend. Der Weg behält nämlich seine Steigung und gewinnt in vielen Serpentinen zügig Höhe. An der Costa kommt der himmelwärts schießende Felsmonolith des Sasso Cavallo wieder ins Bild; über den Gräben im Talschluss ist auch die Hütte zu sehen. In einem weiten Rechtsbogen steuert das nunmehr schmale Weglein, die Val Cassina (Quelle) und mehrere Rinnen querend, das **Rifugio Elisa (3)** an, zuletzt nochmals kurz steil ansteigend. – Rückkehr auf demselben Weg.

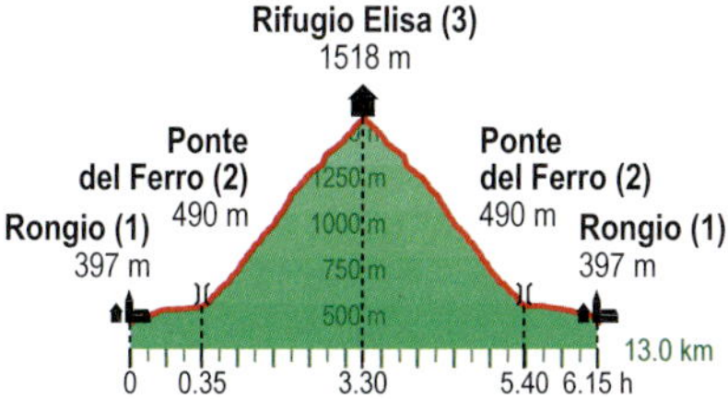

24 Ferrata Val Cassina, 1823 m

8.30 Std.

Eine große Runde über dem Meriatal

Wie ein riesiges Markierungszeichen steht das spitze Felsdreieck des Sasso Cavallo, 1920 m, über dem innersten Valle Meria, Herausforderung für jeden guten Felsgeher. Aber ein Ziel auch für Bergwanderer? Die Landkarte zeigt eine Wegspur, die im Rücken des »Pferdesteins« verläuft; vom Monte Malavello (Tour 21) aus ist die Route auch gut einzusehen: Sie führt durch das Val Cassina, einen wilden Schlund zwischen senkrechten Felsen. Ein Tal ist das »Val« Cassina keinesfalls, und der Aufstieg durch die von senkrechten Felsen flankierte Rinne nicht ganz problemlos. Sicherungen helfen zwar über die steilsten Passagen hinweg, können die Steinschlaggefahr aber auch nicht mindern. Wer hier ohne Helm unterwegs ist, dem wird bald einmal klar: Unten ist nicht da, wo Steine losgetreten werden (das besorgen die anderen), sondern dort, wo sie ankommen. Das Val Cassina ist Kernstück einer großen Runde, die mit dem langen Hüttenanstieg zum Rifugio Elisa beginnt und beim Abstieg ins Meriatal sehr stimmungsvoll ausklingt.

Ausgangspunkt: Rongio, 397 m, Ortsteil der Gemeinde Mandello del Lario, 214 m, Zufahrt vom Zentrum, 3 km (Busverbindung). Mandello del Lario, großer Uferort, 10 km nördlich von Lecco, Station der Bahnlinie Lecco – Sondrio. Parkmöglichkeit im Ort.
Höhenunterschied: 1840 m.
Anforderungen: Eine gute Kondition sowie Klettersteigerfahrung sind auf dieser anspruchsvollen Route unerlässlich. Die Ferrata Val Cassina ist zwar nur mäßig schwierig, dafür aber stark durch Steinschlag gefährdet (Helm).
Einkehr: Rifugio Elisa, 1518 m, Anfang Juni bis Anfang Sept. durchgehend, Ende April bis Ende Mai und Oktober Mi, Sa, So; Tel. 0039/366/9791655. Rifugio Bietti-Buzzi, durchgehend bewirtschaftet Anfang Juni bis Ende Sept., Frühling und Herbst nur an den Wochenenden; Tel. 0039/338/1309920, www.rifugiobiettibuzzi.it.
Hinweis: Von der Bocchetta di Val Cassina aus kann man in 30 Min. den Sasso Cavallo, 1920 m, besteigen, markiert.

Von **Rongio (1)**, 397 m, auf einem schmalen Sträßchen sanft steigend ins Meriatal. Auf dem **Ponte del Ferro (2)**, 490 m, einer Eisenbrücke, über den Bach und auf kunstvoll angelegtem Almweg in vielen Serpentinen steiler bergan. Bald kommt der mächtige Felszahn des Sasso Cavallo ins Blickfeld, schließlich auch das **Rifugio Elisa (3)**, 1518 m, ganz hinten im Talschluss. Wer es eilig hat, kann sich den Umweg über das Rifugio Elisa ersparen und vom Hüttenzugang direkt durch die Val Cassina zur Mündung der Schlucht aufsteigen (Wegweiser am Abzweig, ca. 1280 m). Dadurch verkürzt sich die Gesamtgehzeit um etwa 30 Min., die »Direttissima« durch eine steile Blockrinne ist allerdings nicht jedermanns Sache. Der längere und schönere Weg, Markierung 16, führt hinter dem Rifugio Elisa, 1518 m, kurz aufwärts und

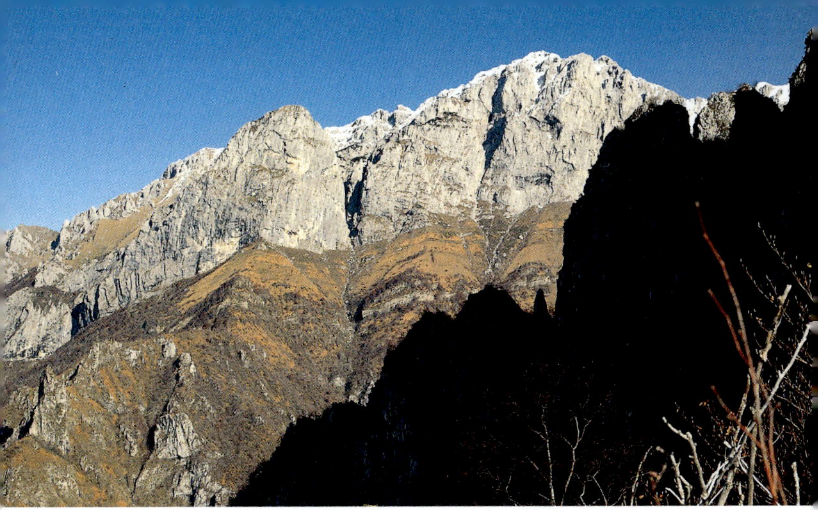

Eine enge Felsschlucht – die Val Cassina – trennt den Sasso Cavallo vom lang gestreckten Felsrücken des Sasso dei Carbonari. Rechts darüber der verschneite Grignone.

quert dann unter den Felsen des Sasso dei Carbonari, 2157 m, über die »oberen Meriawiesen« (Prati alti di Val Meria) hin zur Mündung der Cassina-Schlucht. Dabei genießt man freie Sicht über die gesamte Valle Meria und ihre Bergumrahmung; vor sich hat man den gigantischen Obelisken des Sasso Cavallo, 1920 m. Helm auf, denn nun geht es in den Canalone, und wenn weiter oben ein paar besonders muntere oder ängstliche »Kameraden« unterwegs sind, ist Steinschlag vorprogrammiert. Über Geröll und Blockwerk arbeitet man sich in der Rinne aufwärts. Ein senkrechter Aufschwung ist mit viel Eisen gangbar gemacht; weiter oben leiten die Drahtseile und Ketten links aus dem Grund des Canalone. Ein letzter Rückblick in

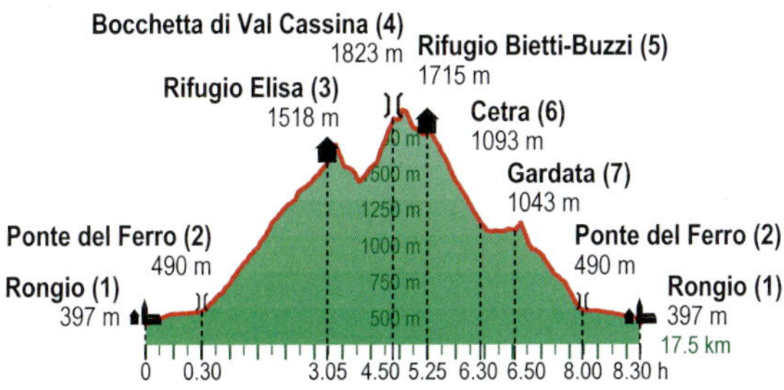

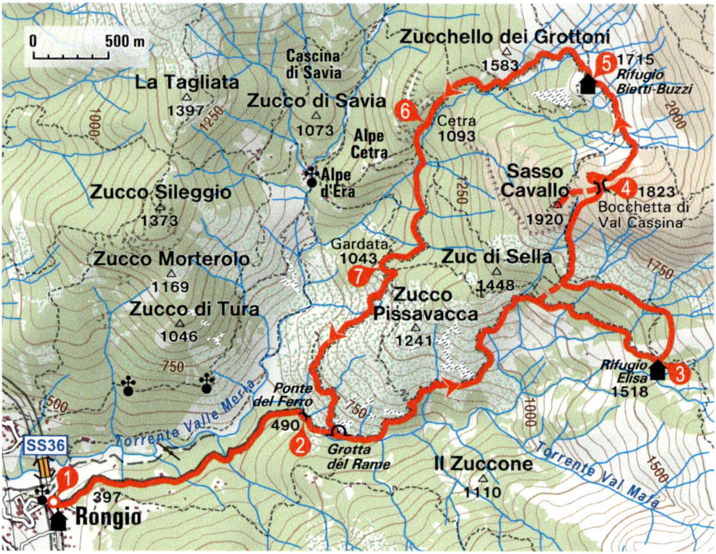

den wilden Schlund, dann ist auch schon die Höhe der **Bocchetta di Val Cassina** (**4**, Bocchetta di Sengg, 1823 m) gewonnen. Wem die Anstrengung des langen Aufstieges nicht in die Knochen gefahren ist, kann hier noch den Sasso Cavallo, 1920 m, besteigen: auf markierter Wegspur in etwa einer halben Stunde zu dem Hochthron mit fantastischer Rundschau. Aussicht bietet allerdings auch die Scharte, bis zu den Gipfelketten des oberen Lario; am Fuß des Piancaformia-Grates entdeckt man das **Rifugio Bietti-Buzzi (5)**, 1715 m, nächstes Etappenziel, gut eine halbe Wegstunde entfernt. Hier kann man nochmals Rückschau (und Einkehr) halten; dann geht es steil abwärts in die Valle di Sasso Cavallo, die sich mehr und mehr zur waldigen Klamm verengt. Bei **Cetra (6)**, 1093 m, links und quer durch die abschüssigen Hänge nach **Gardata (7)**, 1043 m, einem prächtigen Rastplatz über der Valle Meria. Der weitere Talabstieg auf gutem Pfad, Markierung 18, bietet stimmungsvolle Ausblicke, vor allem in den Graben von Era und hinaus zum See. Über eine Gruppe von 22 kunstvoll ins Steilgelände trassierte Kehren steigt man ab zur »Grotte del Rame«, wo sich die große Runde schließt. Über den Ponte del Ferro zurück nach **Rongio (1)**.

Dolomitenarchitektur in den Grigne: der Sasso Cavallo mit seiner Südostwand. Rechts die Mündung des Val Cassina.

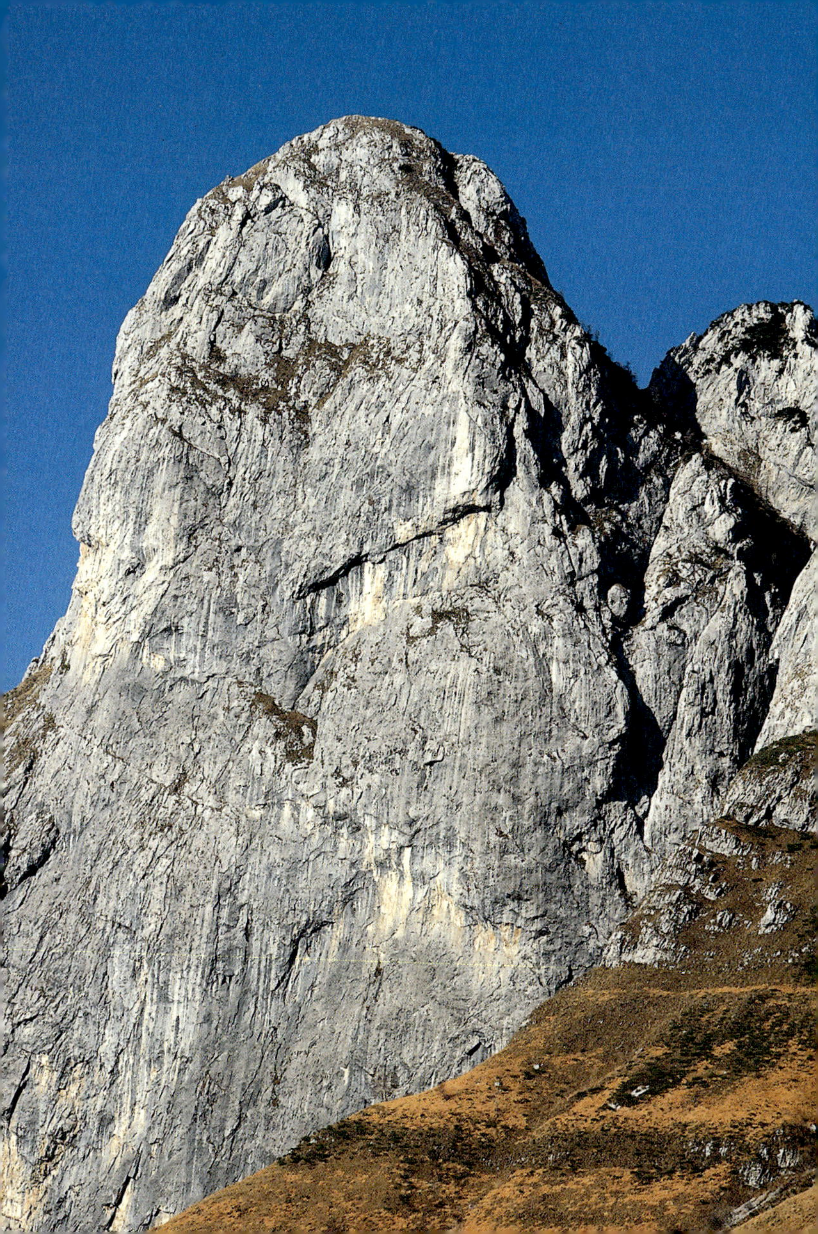

25 Valle di Era

3.15 Std.

Wasserspiele

Wer auf der »Superstrada« am Comer See unterwegs ist, kann gerade einen einzigen Blick ins Valle Meria tun, ehe ihn die nächste Tunnelröhre verschluckt: Geschwindigkeit als Maßstab. Für die Schiffe der »Navigazione del Lario« gilt das nur sehr eingeschränkt; dafür bietet eine Fahrt übers Wasser viel Muße und jede Menge Aussicht. Auch auf die »Dolomiten« am Ostufer des Sees, die Grigne, mit ihren Kalkzinnen und hohen Felsgraten. Sehr schön zeigt sich das Meriatal von Zucco di Sileggio, 1365 m, und Monte Malavello, 1113 m, flankiert, verborgen bleibt dagegen der enge, verwinkelte Schlund des Valle di Era. Ihm folgt der »Sentiero del Fiume«, und der ist – je nach Jahreszeit bzw. Wasserstand – eine mehr oder minder nasse Angelegenheit. Das Vergnügen leidet darunter keineswegs, im Gegenteil, ohne all die Gumpen, Rinnsale, Badewannen und Kaskaden wäre der Plausch nur ein halber. Und wer Kinder dabei hat, tut gut daran, reichlich Zeit einzuplanen: Wasserspiele sind nach wie vor sehr beliebt bei Jung und Alt.

Ausgangspunkt: Sonvico, 386 m, Ortsteil der Gemeinde Mandello, von der Ortsmitte (Wegweiser »Somana«) knapp 3 km. Bus bis Somana. Mandello del Lario, großer Uferort mit einiger Industrie (»Moto Guzzi«), 10 km nördlich von Lecco, Station der Bahnlinie Lecco – Sondrio. Parkmöglichkeiten vor und hinter dem Ort.

Höhenunterschied: Knapp 500 m.
Anforderungen: »Sentiero del Fiume« mit einigen exponierten Passagen (Kinder ans kurze Seil) und Kettensicherungen. Je nach Wasserstand mehr oder weniger feucht; Schwindelfreiheit und Trittsicherheit unerlässlich.
Einkehr: Keine.

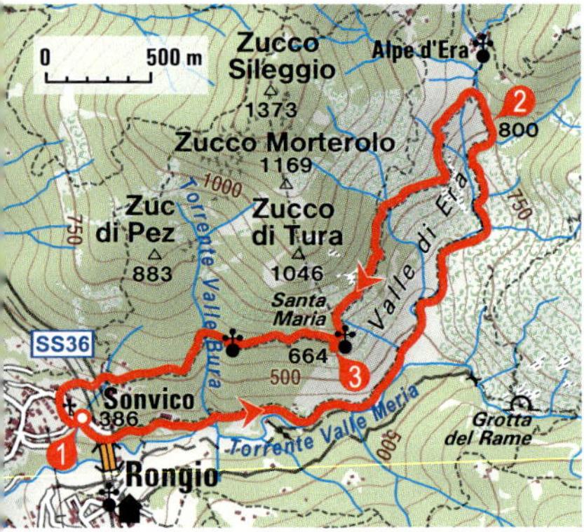

Der Wegweiser in **Sonvico (1)** nennt das Ziel: »Sentiero del Fiume«. Auf breitem Weg geht es leicht abwärts und talein. Der »Fiume« kommt allmählich näher; nach etwa einer Halbstunde passiert man die Abzweigung nach Gardata. Weg Nr. 15B führt weiter talaufwärts, bald einmal am Bach entlang: Vorhang auf! Am, über und im Wasser wandert man durch die Klamm des **Valle di Era (2)**, mal links, dann wieder rechts des Baches, an Gumpen und Kaskaden vorbei. Der erste größere Wasserfall wird rechts umgangen;

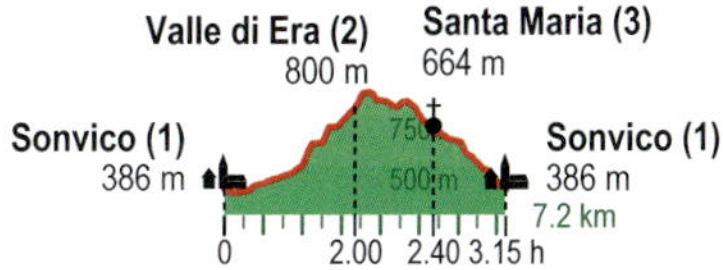

hoch an abschüssiger Flanke steuert das Weglein den Ansatzpunkt eines Schleierfalls an (Kette). Dann wechselt man wieder ans linke Ufer; ein etwas heikles Eck über dem Wasser wird mit Kettenhilfe und Bizeps-Einsatz gemeistert. Das Rauschen der nächsten Kaskaden hat man bereits im Ohr. Noch einmal führt der »Sentiero del Fiume« unmittelbar ans Wasser heran, ehe die Serpentinen im Wald steil hinaufziehen zum Ausstieg, ca. 800 m, wenig unterhalb der Alpe di Era.

Für den Rückweg nimmt man den alten Almweg, der, abschnittweise in fast senkrechte Felsen trassiert, hoch über dem Talgrund verläuft. Dabei bieten sich packende Tiefblicke zum »Fiume«.

Schon bald kommt das alte Hospiz von **Santa Maria (3)**, 664 m, ins Blickfeld; auf breitem Plattenweg wandert man schließlich hinaus nach **Sonvico (1)**. Die Füße sind bereits fast wieder trocken, die Erinnerung noch sehr lebendig – ein toller Plausch, dieser »Flussweg«.

Wasserspiele in dem Valle di Era, am »Sentiero del Fiume«.

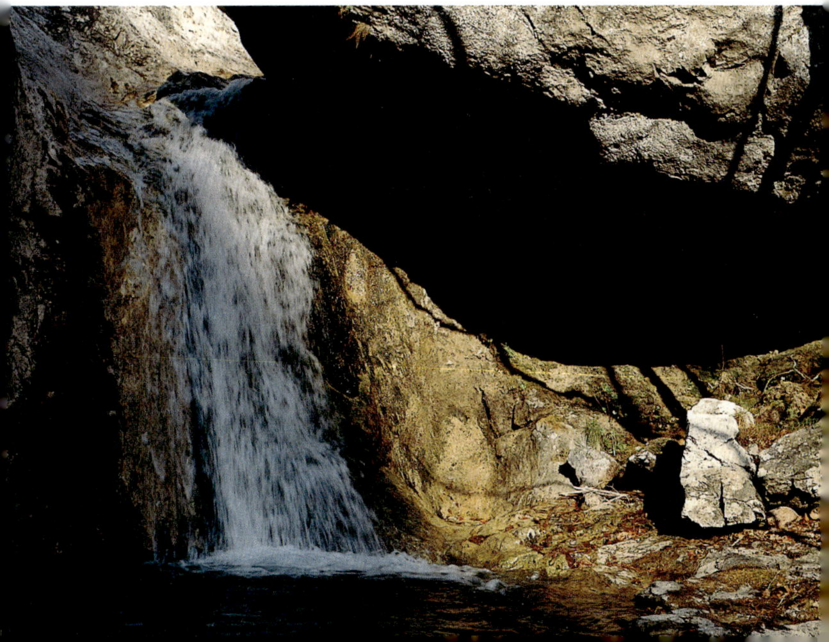

26 Zucco di Sileggio, 1365 m

4.45 Std.

Belvedere über dem Lario

Der Zucco di Sileggio ist eines der schönsten Belvedere am Comer See, und doch erhielt es bis vor ein paar Jahren nur selten Besuch von Einheimischen oder Gebietskennern. Nachdem nun aber über den Südgrat des Bergstockes eine Ferrata verläuft, harmlos zwar, aber mit zwei senkrechten, hohen Leitern an den Gipfelfelsen, ist es plötzlich interessant geworden. Was den neuen Anstieg allerdings so reizvoll macht, sind weniger die gesicherten Passagen als vielmehr die Ausblicke: zum See und in die Grigne, mal nach Westen, dann wieder gegen Osten, hinab ins Valle di Era, hinaus nach Lecco und auf die schmale Landzunge von Bellagio. Oben am Zucco verbinden sich diese Bilder zum großen Panorama. Und wenn dann der Nordföhn für den absoluten Durchblick sorgt, herbstliche Farbenpracht die Landschaft verklärt, möchte man gar nicht mehr absteigen: Gipfelglück.

Ausgangspunkt: Sonvico, 386 m, Ortsteil der Gemeinde Mandello, von der Ortsmitte (Wegweiser »Somana«) knapp 3 km. Bus bis Somana. Mandello del Lario: großer Uferort mit einiger Industrie (»Moto Guzzi«), 10 km nördlich von Lecco, Station der Bahnlinie Lecco – Sondrio. Parkmöglichkeiten vor und hinter dem Ort.

Höhenunterschied: 1000 m.

Anforderungen: Mäßig schwieriger Klettersteig; Selbstsicherung an den beiden Leitern ratsam.

Einkehr: Keine.

Hinweis: Wer Klettersteige nicht mag, kann alternativ auf Weg Nr. 17A zum Zucco aufsteigen; etwa 3 Std. ab Sonvico. Abstieg in die Valle di Era.

Die Gipfeltour beginnt gemütlich, mit der Wanderung von **Sonvico (1)** zu einem der schönsten Plätze in dem Valle Meria, dem ehemaligen Hospiz von **Santa Maria (2)**, 664 m. Die malerische Baugruppe sitzt auf einem Geländesporn hoch über dem Tal, vor einem Halbrund markanter Kulissenberge. Auffallend das spitze Felsdreieck des Sasso Cavallo, 1920 m, etwas weiter zurück dann die Grignetta, 2177 m, der Südgipfel des Massivs mit seinen turmbesetzten Flanken. Ein paar Felsen entdeckt man auch über dem Kirchlein: die Südabstürze des **Zucco di Tura (3)**, 1051 m.

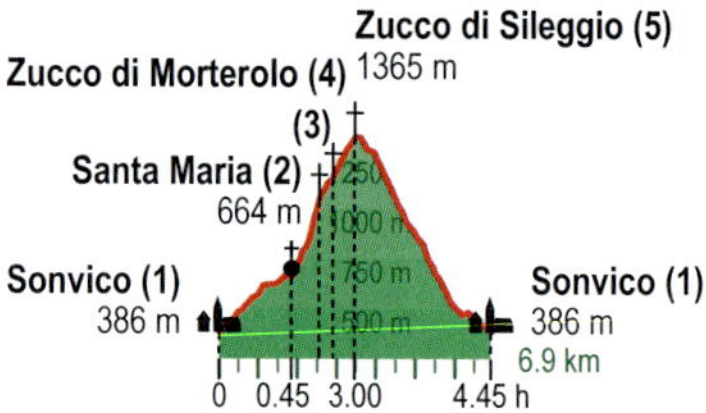

Das Steiglein überwindet dieses erste Hindernis in einer Linksdiagonale, nach steilem Zickzack mit guten Kettensicherungen, nimmt im Anschluss gleich den zweiten Gratbuckel, den **Zucco di Morterolo (4)**, 1157 m. Die vertikale Gipfelwand des **Zucco di Sileggio (5)** ist nun schon ganz nahe gerückt: Schlüsselstelle des Anstieges, dank einer soliden Leiterkonstruktion aber leicht zu meistern. Extrem luftig sind die 25 m trotzdem, und beim Umsteigen auf die versetzt angeordnete zweite Sprossenfolge fühlt man sich der Zirkuskuppel näher als dem sicheren Boden. Ketten und Drahtseile leiten rasch zurück in leichtes Gelände; nur ein paar letzte Höhenmeter noch, dann ist der Gipfel erreicht.

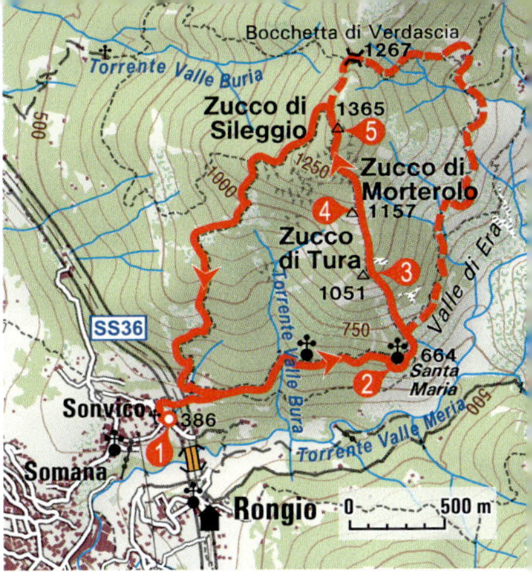

Der kürzeste Abstieg, mit 17A markiert und teilweise sehr steil, verläuft südwestlich über Grashänge und durch Wald zurück nach Sonvico. Wer statt Seesicht lieber eine Felskulisse vor sich hat, steuert zunächst die Bocchetta di Verdascia, 1267 m, an. Aus der Scharte dann rechts hinab zum alten Talweg, auf dem man gemütlich nach **Sonvico (1)** zurückwandert.

Über die felsdurchsetzte Südflanke verläuft der Anstiegsweg zum Zucco di Sileggio.

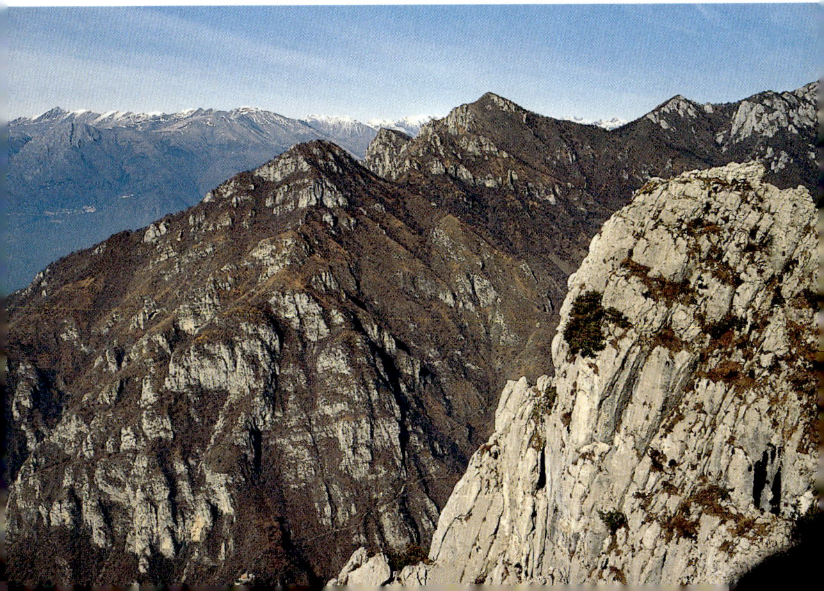

TOP **27** # Grignone, 2409 m

7.00 Std.

Auf den höchsten Gipfel der Grigne

Grignone, 2409 m, und Grignetta, 2177 m: Das ist Wucht, schiere Masse auf der einen, Filigranarchitektur auf der andern Seite, im Norden ein Protz, im Süden ein Felsengarten. Anders als die Grignetta ist der Grignone ein ungefüger Klotz, riesig, mehr Landschaft als nur Berg, zerschrunden seine Flanken, eine Karrenwüste mit Klüften und tiefen Schächten, in denen das meiste Wasser versickert. Was zur Zeit der Schneeschmelze rauschend daherkommt, versiegt allerdings später im Jahr, wenn Niederschläge zu lange ausbleiben: Der Grignone ist trocken. Der sommerliche Grignone-Besteiger braucht so etwas nicht zu fürchten; am Weg über den Gipfel liegen nicht weniger als drei bewirtschaftete Hütten. Und wer gleich im Rifugio Brioschi nächtigt, hat die Chance auf einen spektakulären Sonnenuntergang, erlebt am höchsten Punkt der Grigne.

Talort: Varenna, 220 m, Anlegestelle der Autofähre nach Bellagio/Menaggio/Cadenabbia. Station der Bahnlinie Lecco – Sondrio.
Ausgangspunkt: Großer Parkplatz, ca. 1400 m, am Ende der Straße, etwa 2 km oberhalb des Rifugio Cainallo; Anfahrt von Varenna via Esino Lario, 816 m, etwa 20 km. Bus nur bis Esino.
Höhenunterschied: 1130 m.
Anforderungen: Mäßig schwieriger Klettersteig mit einigen fordernden Passagen, Selbstsicherung ratsam. Nur für Geübte.
Einkehr: Rifugio Cainallo, 1241 m, oberhalb von Esino Lario, ganzjährig bewirtschaftet; Tel. 0039/333/2864733. Rifugio Bietti-Buzzi, 1715 m, Anfang Juni bis Ende Sept., Frühling und Herbst nur an Wochenenden bew.; Tel. 0039/338/1309920, www.rifugiobiettibuzzi.it. Rifugio Brioschi, 2403 m, am Gipfel des Grignone, Mitte Juni bis Mitte September durchgehend bew., sonst an den Wochenenden; Tel. 0039/0341/910498 und 0039/328/8647386, www.rifugiobrioschi.com. Rifugio Bogani, 1816 m, am nordseitigen Normalweg, 20. Juni bis 20. Sept. durchgehend bew., sonst an den Wochenenden; Tel. 0039/368/3527021, www.rifugiobogani.com.
Hinweis: Leichter, allerdings nicht so abwechslungsreich wie die »Ferrata CAI Mandello«, ist die »Via Guzzi«, Mark. 28. Sie zieht vom Rifugio Bietti-Buzzi über Grashänge, Felsstufen und zuletzt durch eine Rinne hinauf zur Bocchetta del Guzzi, ca. 2150 m, einer kleinen Scharte in dem lang gestreckten Nordwestkamm des Grignone (Cresta di Piancaformia). Dahinter mündet die Route in die »Via della Ganda«; vom Rifugio Bietti-Buzzi zum Gipfel 2.15 Std.

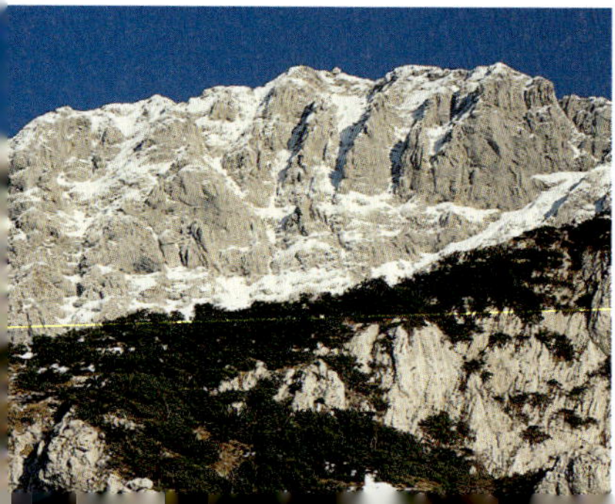

Von der Bocchetta di Val Cassina hat man Einblicke in die zerklüfteten Westabstürze des Grignone.

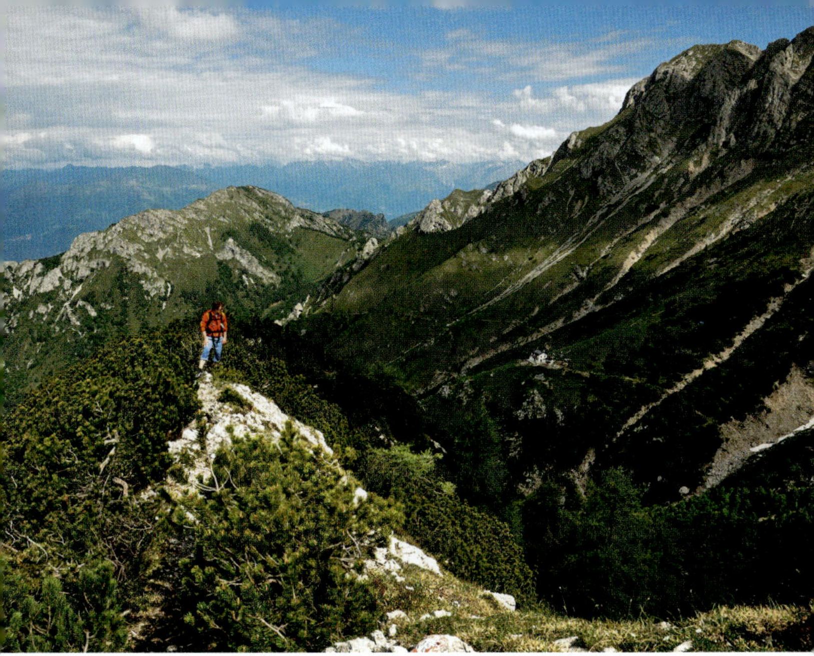

Am Weg zur »Ferrata CAI Mandello«. Rechts das Rifugio Bietti-Buzzi.

Vom **Parkplatz (1)**, ca. 1400 m, oberhalb des Rifugio Cainallo ist die kleine Scharte **Vo di Moncodeno (2)**, 1438 m, rasch erreicht. Am Weiterweg zur **Bocchetta di Prada (3)**, 1634 m, genießt man erst einmal die angenehm wärmende Morgensonne. Dann geht es wieder in die Schattseite, auf fast eben verlaufendem Weg quert man die steilen Grashänge unter der Cresta di Piancaformia, von der Porta di Prada, einem natürlichen, aus dem Esinokalk erodierten »Arc de Triomphe« bis zum **Rifugio Bietti-Buzzi (4)**, 1715 m.

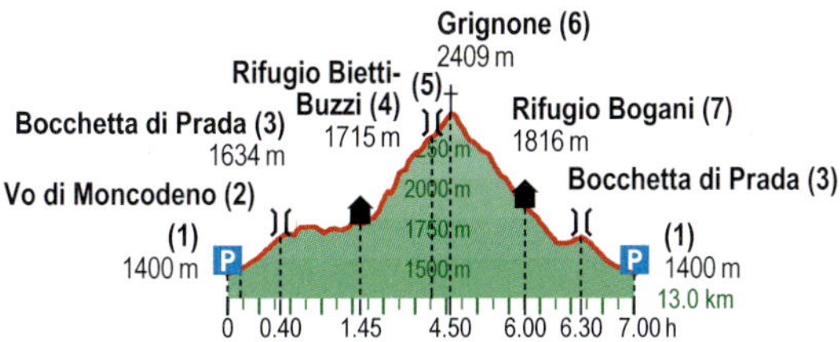

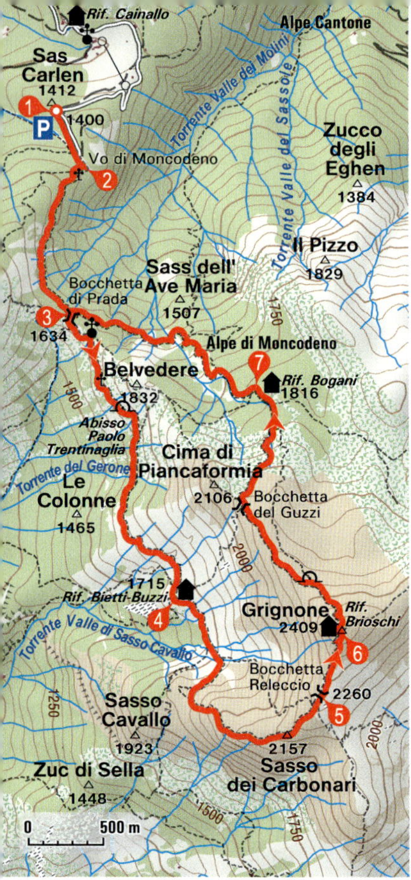

Sehr stimmungsvoll die Tiefblicke in das Valle Meria und hinaus nach Mandello; vor sich hat man den mächtigen Felsrücken des Sasso dei Carbonari, 2157 m. Mit einem Fernglas ist der Einstieg zur »Ferrata CAI Mandello« leicht auszumachen, auch die Wegspur in den düsteren Karwinkel. Sie führt in eine winzige Scharte knapp oberhalb der Bocchetta di Val Cassina, dann über einen Buckel (Sicherungen) und leicht absteigend zum Beginn des Klettersteiges. Die ersten 30 m sind steil, aber mit Eisenbügeln, einer Leiter und Ketten gut gesichert.

Nach dem rasanten Auftakt, der bei weniger Geübten leicht etwas Herzklopfen auslösen kann, wird die Ferrata zum Gratweg, mit einigen gesicherten Abschnitten und viel Aussicht. An der **Bocchetta Releccio (5)**, 2260 m, läuft die Route aus; der **Grignone (6)** mit Hütte ist in Sicht, gerade 20 Minuten noch auf bequemem Weg. Vom Gipfel genießt man ein großes Panorama. Der nordseitige Abstieg – die »Via della Ganda« – ist mit der Nr. 25 und roten Farbtupfern markiert; über die ersten plattigen Felsen unter dem Gipfel helfen Ketten hinweg. Dann schlängelt sich die Spur durch die Geröll- und Karrenwüste abwärts, dem Grün und dem **Rifugio Bogani (7)**, 1816 m, entgegen. Wenig oberhalb des markanten Ometto del Bregari, 2084 m, mündet links die »Via Guzzi«. Unterhalb des Schutzhauses, im Bereich der Alpe Moncodeno, 1680 m, empfiehlt sich der kurze Umweg zum Ghiacciaia del Moncodeno (gesicherter Höhlenzugang, nur für Geübte!). Der Hüttenweg läuft hinab ins Valle delle Lavine; nach einer leichten Gegensteigung schließt sich die Runde knapp unterhalb der **Bocchetta di Prada (3)**. – Auf dem Anstiegsweg zurück zum Parkplatz am Straßenende.

Ordentlich gesichert: die »Via ferrata CAI Mandello«.

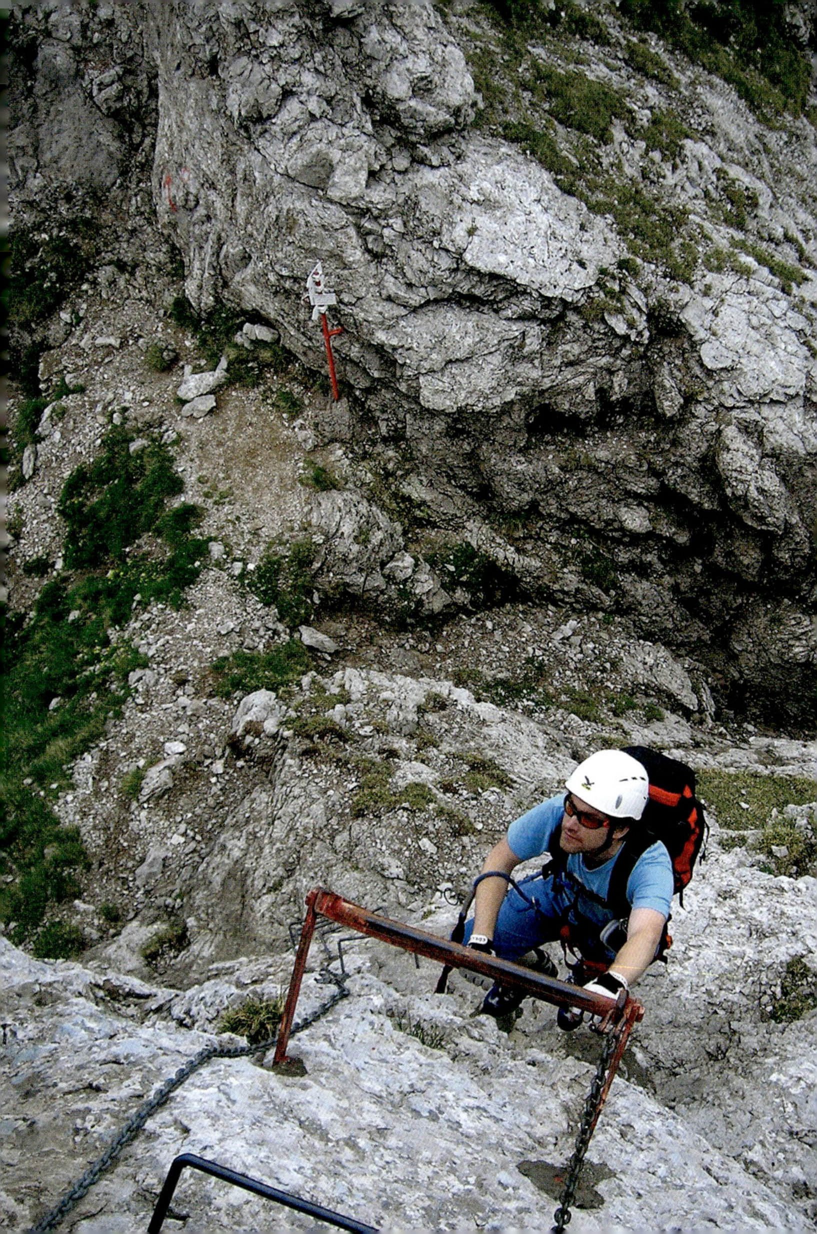

28 Anello di Mandello

3 Tage

Eine Dreitagestour in den Grigne

Oben sein, am Kamm, am Gipfel, Aussicht rundum und viel Tiefe dazu. Und das vor einer faszinierenden Felskulisse, mit der Parade der Drei- und Viertausender am Horizont und der blinkenden Wasserfläche des Lario im Tal. Bergsteigerglück in den Grigne, erlebt an drei Wandertagen: der »Anello di Mandello«. Er folgt weitgehend der Kammlinie rund um das Meriatal, von Gratkuppe zu Kammbuckel, von Gipfel zu Gipfel, abschnittweise gesichert, mit leichten Kletterpassagen (I–II), überall gut markiert. Den Aufstieg nimmt man über den Zucco Pertuso (siehe Touren 21 und 22), setzt die Runde dann auf dem »Sentiero Cecilia« zum Gipfel der Grignetta, 2177 m, fort (siehe Tour 20). Kernstück des »Ringes« (Anello) ist die »Traversata alta«, die Kammüberschreitung vom Süd- zum Nordgipfel des Massivs, mit Kettensicherungen am Abstieg in die Bocchetta del Giardino. Anschließend quert man die Osthänge der Cresta Federazione zum Buco di Grigna, 1807 m, wo der Gegenanstieg zum Grignone, 2409 m, beginnt, mit Sicherungen in den Felsen des Sett und des Scudo. Vom Gipfel zurück zur Bocchetta Releccio, 2260 m, dann über die »Ferrata CAI Mandello« hinab zum Rifugio Bietti-Buzzi (siehe Tour 27). Von der Hütte nordwärts, unter dem Piancaformia-Grat, in die Bocchetta di Prada, 1634 m. Hier beginnt der letzte Abschnitt des »Ringes«, die lange Kammwanderung vom Monte Pilastro, 1826 m, zum Zucco di Sileggio, 1365 m, mit anschließendem Abstieg ins Meriatal und nach Mandello (siehe Tour 26).

1. Etappe: Rongio, 397 m – Bocchetta di Portorella – Zucco Pertuso, 1674 m – Rifugio Rosalba, 1720 m: 4.45 Std., bis Bocchetta di Portorella Markierung 13B, weiter gelbe Markierung ohne Nummer.
2. Etappe: Rifugio Rosalba – »Sentiero Cecilia« – Grignetta, 2177 m – »Traversata alta« – Grignone, 2409 m – »Ferrata CAI Mandello« – Rifugio Bietti-Buzzi, 1715 m: 7 bis 8 Std., Markierung 10 (Grignetta), 7 und 26 (»Ferrata CAI Mandello«).
3. Etappe: Rifugio Bietti-Buzzi – Bocchetta di Prada, 1634 m – Monte Pilastro, 1826 m – Bocchetta di Calivazzo, 1420 m – Zucco di Sileggio, 1365 m – Sonvico, 386 m – Rongio, 397 m: 7.30 Std., Markierung 24, 17D, 17A, 17B und 15.

Bei der Planung sind natürlich die Öffnungszeiten der Grigne-Hütten zu berücksichtigen. Als Ausgangspunkt kommt neben Mandello auch Piani Resinelli in Frage (siehe Tour 20). Als leichtere Abstiegsvariante vom Grignone bietet sich statt der »Ferrata CAI Mandello« der nordseitige Weg über das Rifugio Bogani (Übernachtung) an.

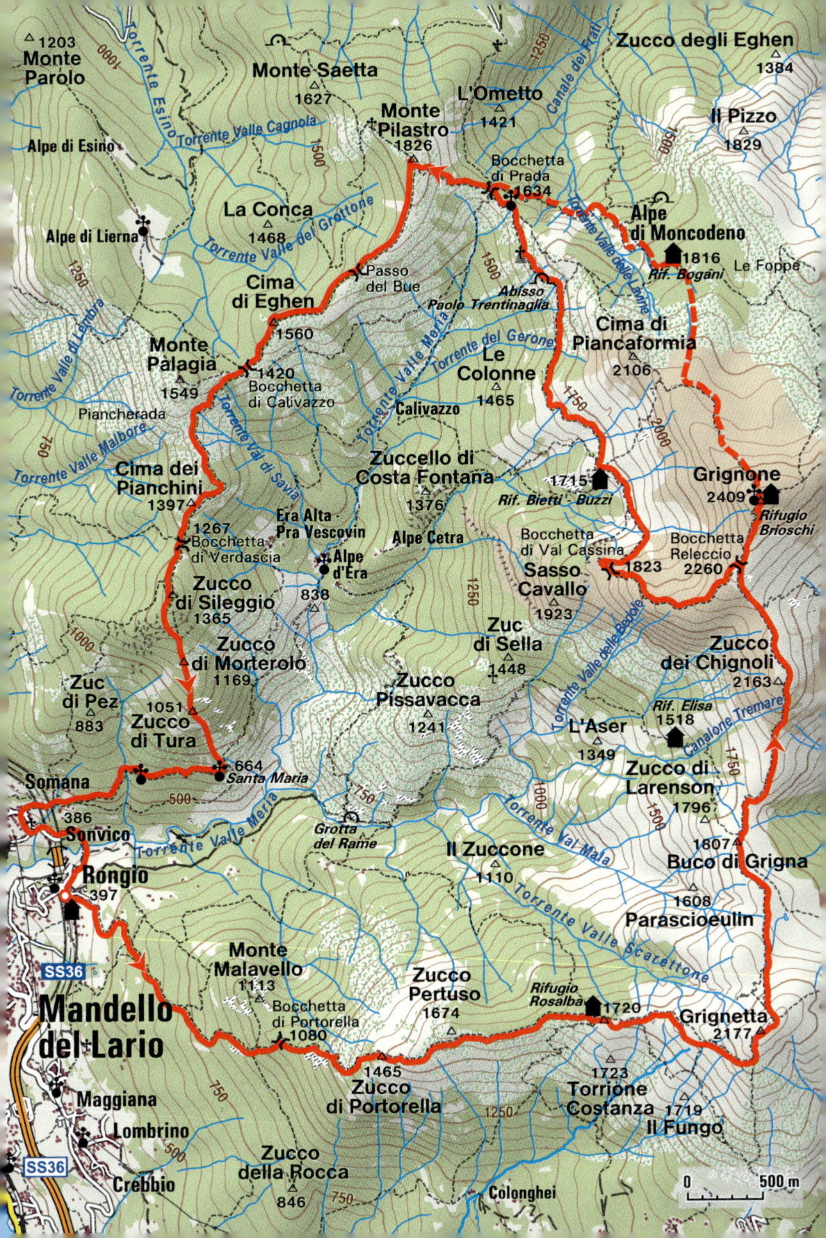

Monte Parolo
1203
Monte Saetta
1627
Zucco degli Eghen
1384
L'Ometto
1421
Monte Pilastro
1826
Il Pizzo
1829
Alpe di Esino
Torrente Esino
Torrente Valle Cagnola
Canale dei Frati
Bocchetta di Prada
1634
La Conca
1468
Alpe di Lierna
Torrente Valle del Grottone
Alpe di Moncodeno
1816
Rif. Bogani
Le Foppe
Passo del Bue
Abisso Paolo Trentinaglia
Torrente Valle delle Lavine
Cima di Eghen
1560
Cima di Piancaformia
2106
Torrente Valle Meria
Torrente del Gerone
Le Colonne
1465
Monte Palagia
1549
1420
Bocchetta di Calivazzo
Calivazzo
Torrente Valle di Lenna
Piancherada
Torrente Val di Savia
Torrente Valle Malbore
Zuccello di Costa Fontana
1376
Cima dei Pianchini
1397
1715
Rif. Bietti - Buzzi
Grignone
2409
Rifugio Brioschi
1267
Bocchetta di Verdascia
Era Alta - Pra Vescovin
Alpe d'Era
Alpe Cetra
Bocchetta di Val Cassina
1823
Sasso Cavallo
1923
Bocchetta Releccio
2260
Zucco di Sileggio
1365
838
Zuc di Sella
1448
Torrente Valle delle Bedole
Zucco dei Chignoli
2163
Zucco di Morterolo
1169
Zuc di Pez
883
Zucco Pissavacca
1241
Rif. Elisa
1518
Canalone Tremare
1051
Zucco di Tura
L'Aser
1349
Zucco di Larenson
1796
664
Santa Maria
Somana
386
Sonvico
Torrente Valle Meria
Grotta del Rame
Torrente Val Mala
1807
Buco di Grigna
Il Zuccone
1110
Rongio
397
1608
Parascioeulin
Torrente Valle Scarettone
Monte Malavello
1113
SS36
Zucco Pertuso
1674
Rifugio Rosalba
1720
Grignetta
2177
Mandello del Lario
Bocchetta di Portorella
1080
1465
Zucco di Portorella
1723
Torrione Costanza
1719
Il Fungo
Maggiana
Lombrino
Zucco della Rocca
846
Crebbio
Colonghei
SS36
0
500 m

29 Monte Croce di Muggio, 1799 m

4.30 Std.

Aussichtsberg zwischen Valsássina und Valle Varrone

Der Monte Croce di Muggio teilt das Schicksal so vieler Gipfel, die irgendwo im »Niemandsland« zwischen bekannten, meist auch höheren Bergen stehen: kaum beachtet, wenig besucht. Dabei lohnt sich der leichte Aufstieg durchaus, bietet der kahle Rücken doch eine sehr stimmungsvolle Aussicht, südlich über die Valsássina auf das mächtige Kalkmassiv der Grigne, nördlich zum Legnone, dem höchsten Berg am Comer See, von dem ein langer Grat östlich bis zum Pizzo dei Tre Signori, 2554 m, zieht. Blickfang aber ist der Lario, den man vom obersten Becken bis weit hinter Argegno überschaut.

Ausgangspunkt: Mornico, 970 m, über der untersten Valsássina an der Strecke Bellano – Vendrogno – Margno (Busverbindung). Am Ortseingang größerer Parkplatz.
Anforderungen: Leichte Gipfelwanderung, Orientierung trotz mangelhafter Markierungen einfach – außer bei Nebel.
Höhenunterschied: 830 m.

Einkehr: Capanna Vittoria, 1536 m, auf der Alpe Giumello, durchgehend bew., Tel. +39 0341 840 164.
Hinweis: Giumello, 1536 m, erreicht man von Narro, 988 m, aus über eine asphaltierte Serpentinenstraße (8 km) auch mit dem Auto; zum Gipfel des Monte Croce di Muggio, 1799 m, ist es dann nur noch ein Katzensprung (hin und zurück 1.15 Std.).

Der Aufstieg beginnt im Dörfchen **Mornico (1)**, 970 m; dort entdeckt man beim Parkplatz an einer Hauswand die erste Wegmarkierung. Um sieben Hausecken herum kommt man rasch aufs freie Feld; rote Punkte und gelegentlich eine »Sechs« leiten über Wiesen und durch Kastanienhaine bergan. Man kreuzt ein Sträßchen und steigt dann über einen licht bewaldeten Rücken hinauf zu den umgebauten Rustici von Tedoldo. Der Weiterweg führt von der kleinen **Kapelle (2)**, 1239 m, in angenehmer Steigung und mit freier Sicht auf den Comer See um den Rücken des Matoch, 1380 m, herum in eine winzige Senke mit Quelle, dann über einen mit Ginster und Erika bewachsenen Hang nach rechts ansteigend zur Alpe Chiaro, 1531 m. Nun auf der Straße fast eben nach **Giumello (3)** mit der Capanna Vittoria, 1536 m. Von der Hütte auf dem Fahrweg ost-

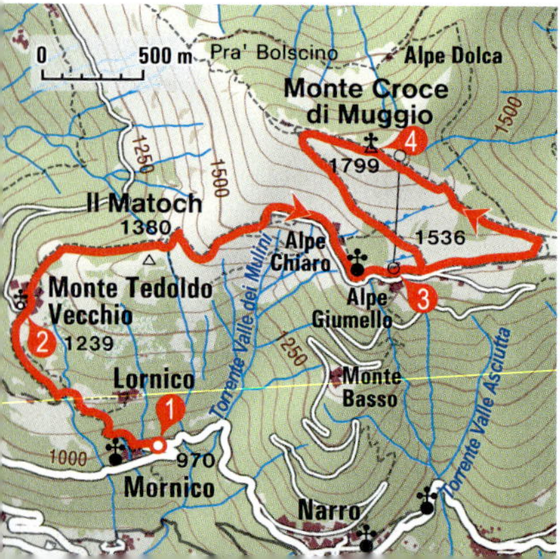

wärts flach hinaus zum Kammrücken. Hier links und auf einer deutlich sichtbaren Spur über den Ostgrat bergan zum Kreuz am Monte **Croce di Muggio (4)**, 1799 m.

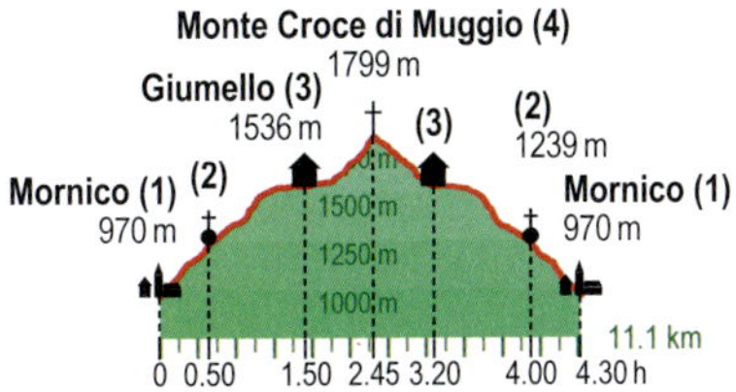

Vom Gipfel zunächst weiter am Grat entlang zu der Minisenke vor dem Westgipfel. Nun scharf links und über den Südrücken diagonal hinunter zur Capanna Vittoria auf der **Alpe Giumello (3)**. Auf dem Anstiegsweg zurück nach **Mornico (1)**.

Kleiner Berg zwischen See und Hochgipfeln: der Monte Croce di Muggio, rechts vor dem firnüberzuckerten Legnone.

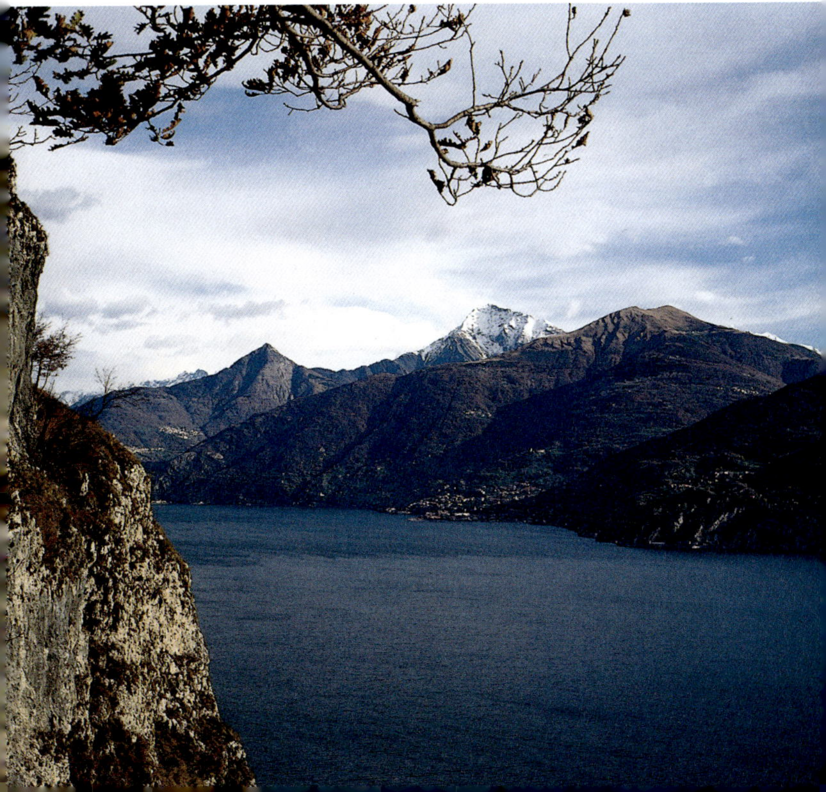

30 Laghetti Deleguaccio, 2096 m / 2246 m

6.00 Std.

Auf Alpwegen unter dem Legnone

Premana: ein Dorf in den italienischen Alpen, »hinter den sieben Bergen«, nur über kurvige Bergstraßen erreichbar, ohne Skigebiet und berühmtes Gipfelpanorama. Da denkt man unwillkürlich an Abwanderung und Verfall. Umso größer ist dann die Überraschung: ein stattlicher Flecken, weiß getünchte Häuser, die sich auf einer Hangterrasse hoch über dem Varronebach zusammendrängen, ansteigende Bevölkerungszahl, florierendes Gewerbe, sogar etwas Industrie. Die Eisenverarbeitung hat eine weit zurückreichende Tradition und noch heute werden hier Scheren und Messer hergestellt – made in Premana. Die Alpwirtschaft ist allerdings auch in der Valle Varrone auf dem Rückzug; viele Monti sind längst zu Wochenendhäuschen geworden, Antennenschüsseln auf dem Dach demonstrieren das Naturverständnis der neuen Besitzer.
Dabei bietet etwa das Valle Varroncello so viele interessante Bilder: Da ist der tiefe Talgraben, über dessen Mündung sich die alten Häuser von Pagnona um eine Geländerippe schmiegen, sind die steinplattenbedachten Rustici am Weg, Almböden und Wasserfälle, schließlich das kreisrunde Auge des unteren Deleguaccio-Sees.

Ausgangspunkt: Am Ortseingang von Premana (Teglio, 924 m), etwa ½ km nach der großen Straßenkehre (Einmündung der Straße von Pagnona). Parkmöglichkeit bei der Pfarrkirche; einige Parkplätze an der Hauptstraße. Premana, 951 m: stattliches Dorf in der hintersten Valle Varrone mit kurvenreichen Zufahrten von Dervio (18 km) und aus der Valsássina (20 km ab Bellano via Taceno).
Höhenunterschied: 1320 m.
Anforderungen: Bis zur Alpe Deleguaccio alter Alpweg, problemlos. Der Aufstieg vom unteren zum oberen See führt durch eine Steilrinne (Ketten), nur für Geübte.
Einkehr: An Sommerwochenenden auf der Alpe Deleguaccio.
Variante: Von der Alpe Deleguaccio kann man alternativ über die Alpe Piancalada nach Premana zurückwandern. Landschaftlich sehr schön, teilweise schmale, eher sparsam gesicherte Wege. Zeitmehraufwand etwa 1 Std.
Tipp: Das Heimatmuseum in Premana.

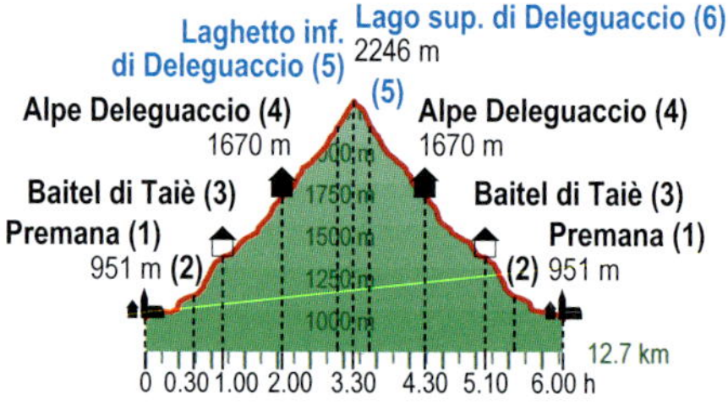

Eine Tafel an der Dorfstraße in **Premana (1)** gibt die Richtung vor: »Legnone«. Der alte Alpweg führt, zunächst nur mäßig steigend, in das von steilen, felsigen Flanken gebildete Valle Varroncello. Schon nach wenigen Minuten passiert man den ersten Monte: Gorla, 994 m. Dann folgen die Häuser von Zucco, 1018 m, und **Gianello (2)**, 1088 m, schließlich der **Baitel di Taiè (3)**, 1318 m, heute als Biwak genutzt. Dahinter wendet sich der Pfad in ein Seitentälchen, springt über den Bach und gewinnt einen Rastplatz, wo man sich für den weiteren Aufstieg stärken kann: unter Felsen hindurch zu einer winzigen Kapelle, dann im Zickzack bergan, vorbei an einem hübschen Wasserfall zur **Alpe Deleguaccio (4)**, 1670 m. Hinter den Steinhütten steigt der Pfad über steinige Wiesen weiter an zum **Laghetto inf. di Deleguaccio (5)**, 2096 m: ein kreisrundes Gewässer, scheinbar ohne Abfluss, von Felsen umrahmt. Hier stößt man auf die »Alta via della Valsássina«; rot-weiß markiert läuft sie rechts um den See herum und zieht dann, teilweise mit Ketten versehen, durch eine felsige Steilrinne an. Ganz unvermittelt steht man am seichten oberen See, **Lago sup. di Deleguaccio (6)**, 2246 m, über dem die dunklen Felsen der Cima del Cortese, 2427 m, aufragen. Links haltend kommt man über Schrofen und leichte Felsen rasch zum Grat, wo die Aussicht nach Norden frei wird, über den gewaltigen Graben des Veltlins hinweg – magnifico. Zurück auf demselben Weg.

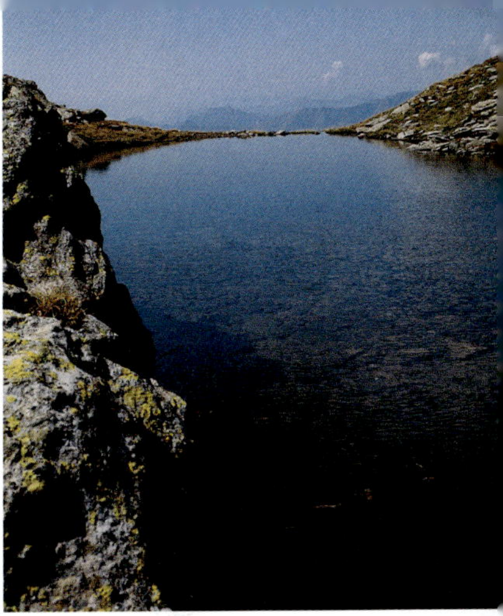

Nicht viel mehr als eine Lacke: der obere Deleguaccio-See.

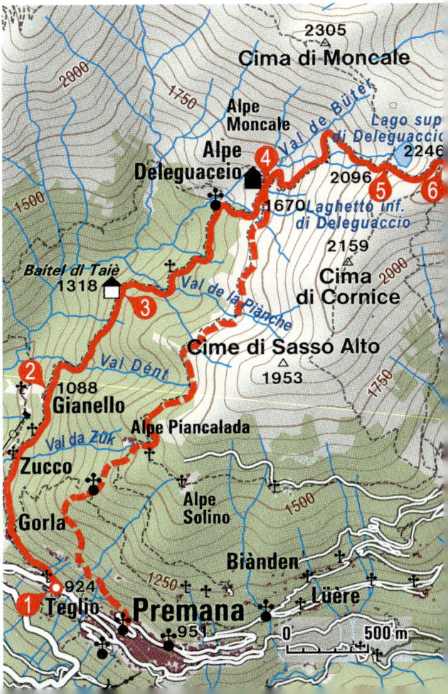

31 Monte Legnone, 2610 m

6.00 Std.

Nicht nur für Statistiker: Höhenrekord am Comer See

Wer am Comer See ganz hoch hinaus will, kommt am Legnone nicht vorbei. Er ist der größte, der höchste Berg am Lario, ein richtiger Koloss mit ausladenden Graten, nordwestlicher Eckpfeiler der Bergamasker Alpen. Entsprechend großartig ist der Gipfelblick vom Monte Legnone auf den Alpeninnenbogen, mit dem Monviso, 3841 m, beginnend, über Gran Paradiso, Walliser und Berner Alpen, Adula, Bergeller Alpen, Bernina bis hin zu Ortler und Adamello. Und durch die aus dem Valle Varrone heraufziehenden Straßen reduziert sich der gewaltige Höhenunterschied auf »bekömmliche« 1300 Meter, Gegenanstiege bereits mitgerechnet – gerade richtig für einen schönen Wandertag.

Talort: Tremenico, 739 m, in der unteren Valle Varrone, knapp 10 km von Dervio, 204 m (Busverbindung).
Ausgangspunkt: Eine Senke, 1450 m, nordöstlich unter dem Monte Legnoncino, 1714 m, auf ordentlicher Asphaltstraße (8 km) von Tremenico aus erreichbar. Parkplatz am Straßenende; wenig höher liegt das Rifugio Roccoli Lorla, 1463 m.
Anforderungen: Gipfeltour auf bezeichneten Wegen; der Gipfelgrat verlangt einen sicheren Tritt (im Frühsommer oft Schneereste). Kurze, mit Drahtseilen und Eisenklammern (Gipfelaufbau) gesicherte Passagen.
Höhenunterschied: 1200 m.
Einkehr: Rifugio Roccoli Lorla, 1463 m, von Mitte Juni bis Ende Sept. durchgehend bewirtschaftet, sonst nur an den Wochenenden; Tel. 0039/0341/875014.
Hinweis: Der Monte Legnoncino, 1714 m, knapp 1 Std. vom Straßenende, bietet eine reizvolle Aussicht auf den Comer See. Schöne Tour auch für Mountainbiker.

Die Wanderung beginnt beim **Parkplatz (1)** nahe des **Rifugio Roccoli Lorla (2)**, 1463 m, am lang gestreckten, bewaldeten Westgrat des Legnone, zunächst nur mäßig steigend. Der breite Alpweg weicht gelegentlich leicht auf die Südseite aus, bietet aber wiederholt auch Ausblicke nach Norden, auf die Berge um die Valchiavenna. Nach kurzem Serpentinenanstieg senkt sich der Weg kurz zur unteren der beiden Almen von **Agrogno (3)**, ca. 1650 m; hinter dem oberen Almboden, 1845 m, mündet links der »Sentiero dell'Orso« (von Colico 4.30 Std.). Sein Name erinnert daran, dass hier 1885 der letzte Bär am Legnone erlegt wurde. Der Gipfelweg nimmt in Serpentinen den steilen, schrofigen Riegel der Porta dei Merli, 2124 m, und führt dann knapp südlich des Kammes fast eben zum gemauerten

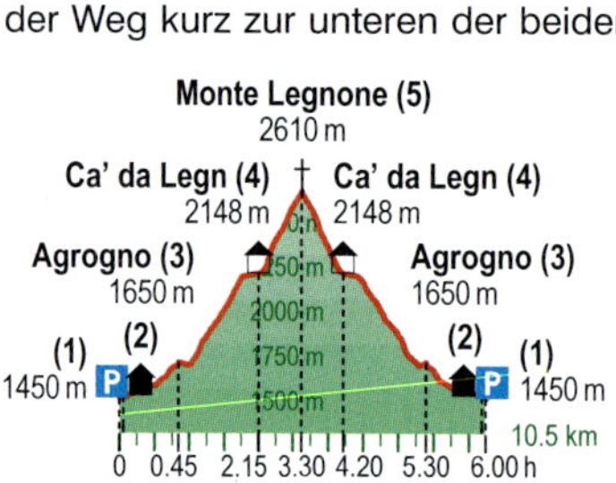

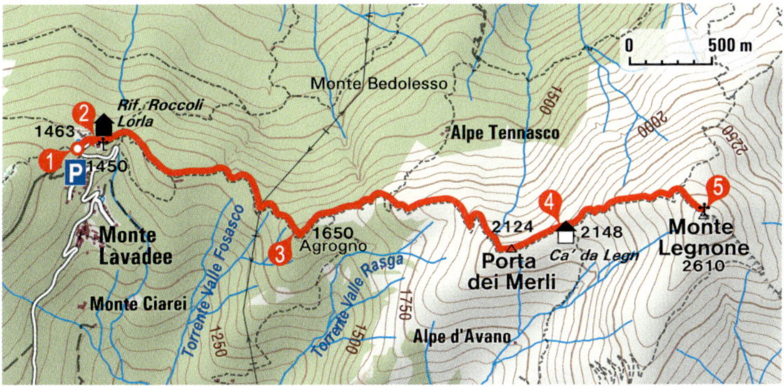

Biwak der **Ca' da Legn (4)**, 2148 m. Nun hat man den breiten, leicht felsigen Gipfelrücken (Steinböcke!) unmittelbar vor sich: eine Stunde über eine kehrenreiche Wegspur und viel Geröll bis zur Anticima, 2529 m, die den Beginn des eigentlichen Gipfelgrates markiert. Zum höchsten Punkt des **Monte Legnone (5)** mit Gipfelkreuz, Marienstatue und großem Panorama ist es dann nurmehr ein Katzensprung. – Abstieg auf demselben Weg.

Am Weg zum Legnone; Blick auf den Comer See und den Grignone (links).

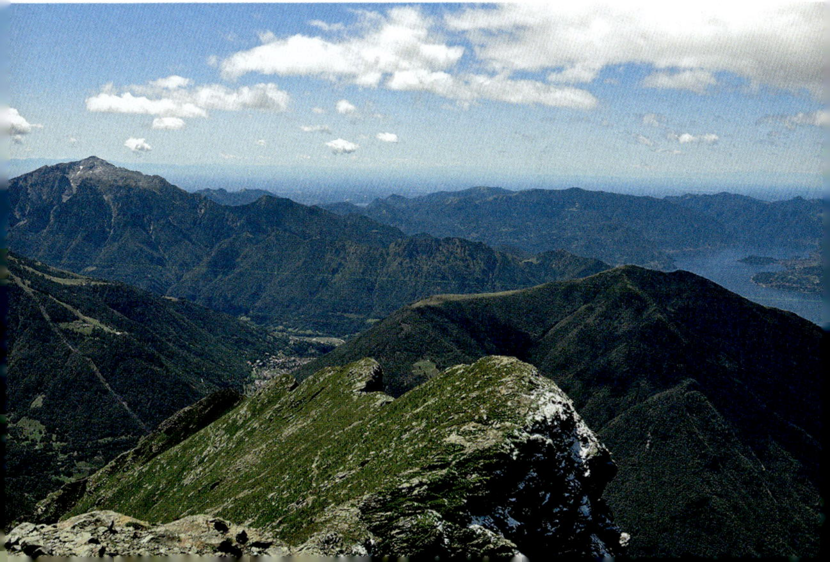

TOP 32 Pizzo dei Tre Signori, 2554 m

7.45 Std.

Grenzenloses Panorama am alten Grenzberg

Seinen Namen verdankt der Pizzo dei Tre Signori der Tatsache, dass auf seinem Gipfel früher drei Herrschaften zusammenstießen: Mailand, Venedig und Graubünden. Am Westgrat des mächtigen Bergstockes steht noch ein Grenzstein von 1776, und auch der Passo di San Marco, ein uralter Übergang vom Veltlin nach Bergamo, erinnert an die große Zeit des Markuslöwen. Heute droht Venedig in seiner Lagune zu versinken, und Graubünden ist seit dem Wiener Kongress (1815) sein einstiges Untertanengebiet am Oberlauf der Adda los. Fast grenzenlos ist die Aussicht der »Dreiherrenspitze«, vom Monviso, 3841 m, über die Walliser Viertausender, die Berner Alpen und die Gipfel der Schweizer Zentralalpen bis zu Bernina und Ortler reicht sie.

Talort: Morbegno, 264 m, stattlicher Flecken im unteren Veltlin (Valtellina), auf dem Schwemmdelta des Bittobaches gelegen, mit sehenswertem, historischem Ortskern. Bahnstation der Linie Lecco – Sondrio.

Ausgangspunkt: Gerola Alta, 1050 m, kleiner Ferienort im oberen Gerolatal, knapp 15 km von Morbegno (Busverbindung Morbegno – Gerola Alta). Parkmöglichkeit hinter dem Dorf, beim Elektrizitätswerk von La Sega, 1087 m, oder an der nächsten Straßenkurve.

Höhenunterschied: 1500 m.

Anforderungen: Erforderlich ist eine ordentliche Kondition, an der Cresta del Piazzocco und im Gipfelbereich auch ein sicherer Tritt. Im Hochsommer früher Aufbruch ratsam. Die Gipfelfelsen sind bei Nässe unangenehm rutschig (Abstieg!).

Einkehr: Rifugio FALC, 2115 m, Mitte Juni bis Ende September bewirtschaftet, im Herbst am Wochenende, Tel. 0039/331/7884452.

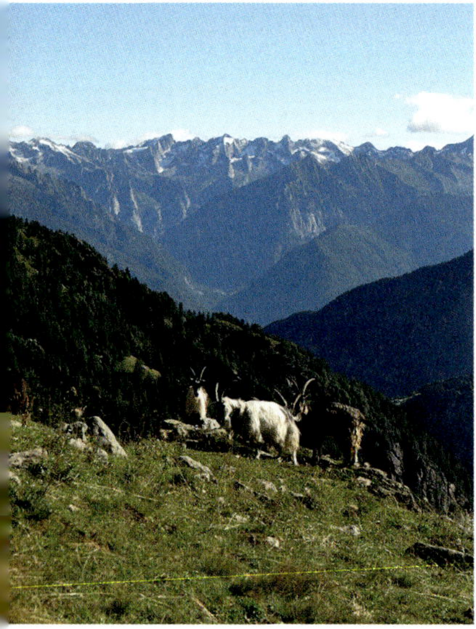

Der lange Weg zum Gipfel beginnt in **La Sega (1)** eher gemütlich, führt durch das malerische Valle della Pietra bergan. Der in Kehren ansteigende Almweg bietet Aussicht auf zwei markante »Steine«, den Torrione di Tronella, 2311 m, und den Piz-

Vom Weg zum Pizzo dei Tre Signori hat man freie Sicht über das unterste Veltlin.

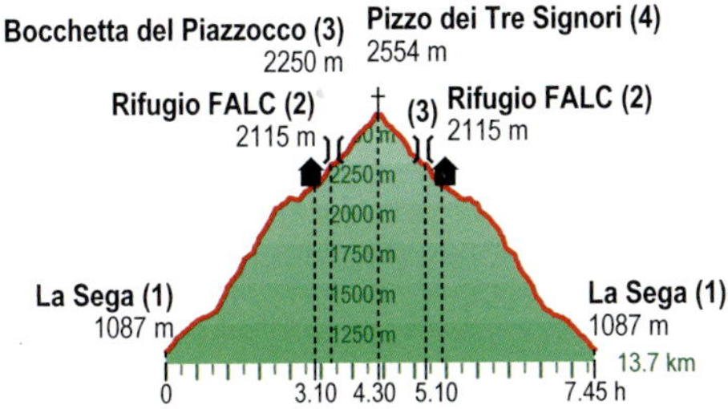

zo di Trona, 2510 m. Zwischen den beiden Felsgipfeln liegt der Stausee von Trona, 1805 m. Einen hübschen Blick auf das Speicherbecken genießt man von der Trona-Alm, ca. 1870 m. Vor lauter Schauen darf man hier den richtigen Weiterweg nicht übersehen: bei dem betonierten Wassertrog halb rechts über den Hang aufwärts (nach der nächsten Markierung Ausschau halten). Der Steig umgeht einen Felsaufschwung; an der folgenden Verzweigung hält man sich rechts (Hinweis »Rif. FALC«), die graue Betonmauer des Lago dell'Inferno, 2085 m, bleibt links. Nun hat man erstmals Blickkontakt mit dem Gipfelziel.

Auch der Weiterweg ist gut zu erkennen: vom (nicht sichtbaren) **Rifugio FALC (2)**, 2115 m, schräg ansteigend durch die Ostflanke des Pizzo Varrone, 2325 m, in die **Bocchetta del Piazzocco (3)**, 2250 m, dann am buckligen Piazzocco-Grat aufwärts und über Platten und leichte Felsen zum kreuzgeschmückten Gipfel des **Pizzo dei Tre Signori (4)**.

Abstieg auf dem Anstiegsweg.

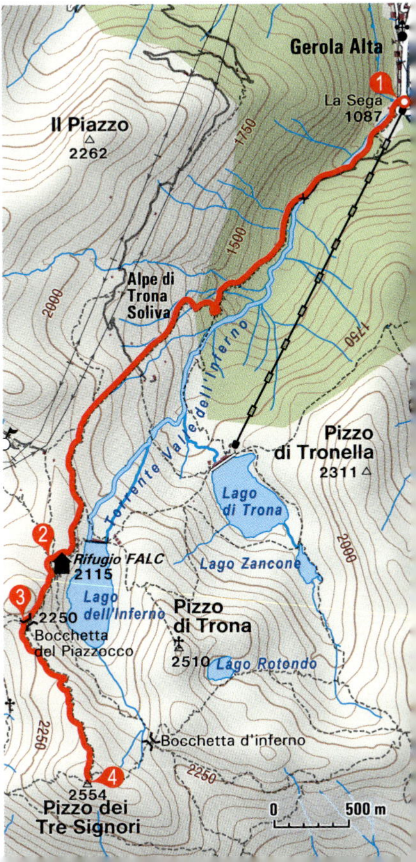

33 Tre Cornini, 2021 m

4.45 Std.

Kleine Felsen – große Aussicht

Sassello, Grumello, Inferno. Für den Weinkenner Fixpunkte in der Landkarte des Veltlin. An den steinig-sonnigen Südhängen gedeiht hier die Nebbiolotraube; fachgerechte Kelterung und mehrjährige Lagerung machen aus ihr einen gehaltvollen Wein von dunkler, rubinroter Farbe. Über den Weinbergen liegen die Mittelgebirgsterrassen eiszeitlichen Ursprungs mit ihren alten Dörfern, dann folgt ein breiter Waldgürtel, ehe man in die Almregionen vorstößt, zu den Aussichtspunkten über dem Talboden der Adda wie den »Drei Hörnchen«, ziemlich bedeutungslosen Trümmerfelsen am Südgrat des Croce Gam, 2585 m. Doch das spielt kaum eine Rolle angesichts der fantastischen Aussicht, die nach Osten bis zum Adamello, 3539 m, reicht, den ganzen Hauptkamm der Bergamasker Alpen umfasst, bis zum mächtigen Legnone, 2610 m, hinter dem sich rechts, nach Westen zu, ein paar Gipfel der Tessiner Voralpen (Generoso, 1701 m) zeigen. Und dann der riesige Graben des Veltlin, dem Wallis nicht unähnlich, sonnenverwöhnt und berühmt für feine Rotweine, mit seinen Seitentälern in die Regionen des ewigen Eises reichend, von den höchsten Gipfeln der Ostalpen umstanden (Bernina, 4049 m; Ortler, 3905 m).

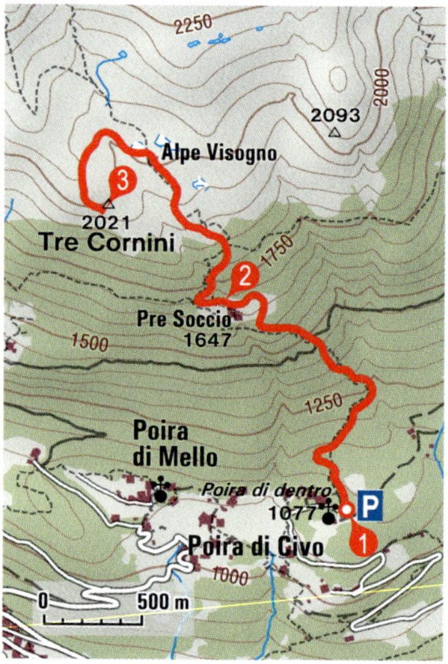

Talort: Morbegno, 264 m, stattlicher Flecken im unteren Veltlin (Valtellina). Bahnstation der Linie Lecco – Sondrio.
Ausgangspunkt: Poira di dentro, 1077 m, erreicht man von der Strada Statale 402, die rechts der Adda verläuft, auf kurvenreichen Bergstraßen: Morbegno – Serone – Chempo – Roncaglia – Poira di dentro (14 km); Traona – Mello – Civo – Chempo – Roncaglia – Poira di dentro (15 km). Busverbindung mit dem Veltlin. Großer Parkplatz am Straßenende, Brunnen.
Höhenunterschied: 1050 m.
Anforderungen: Leichte Bergwanderung, ordentlich markierte Wege.
Einkehr: Keine.
Hinweis: Ein dankbares Gipfelziel für erfahrene Berggänger ist das Croce Gam, 2585 m, mit markiertem Anstieg; an dem nach Süden gerichteten Gipfelgrat leichte Felsen; tolle Aussicht nach Westen. Im Kar unterhalb steht das stets offene Bivacco Bottani Cornaggia, 2327 m.

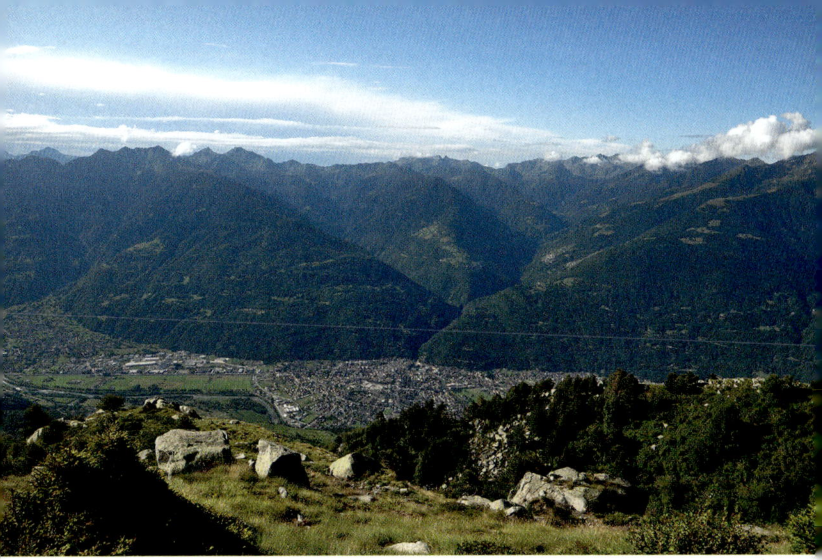

Berg- und Talblick vom Weg zu den Tre Cornini: die Bergamasker Alpen, an der Adda die Stadt Morbegno.

Eine große Tafel beim Parkplatz am Straßenende bei **Poira di dentro (1)**, 1077 m, informiert über Weg und Ziel: »23 – Tre Cornini, Biv. Bottani, Croce Gam«. Die rot-weiß-roten Markierungen leiten über den bewaldeten Hang (viele Pilze) bergan, zuerst in nördlicher Richtung, dann zunehmend steiler in kurzen Kehren. Ab und zu hat man Aussicht auf die Gipfelketten jenseits des Addatales; an der längeren Diagonale unterhalb von **Pre Soccio** (**2**, 1647 m, Pra Sücc) kommt auch der Monte Legnone, nordwestlicher Eckpfeiler der Bergamasker Alpen, ins Blickfeld.

Im Bereich der Alm verlieren sich die Markierungen. Am besten im Bereich der Lichtung halb links nach oben ansteigen (Wegweiser am Waldrand). Oberhalb der Hütten führt das Weglein zu einem Bachlauf, dann über einen felsdurchsetzten Hang auf eine Anhöhe, 2003 m. Unvermittelt wird der Blick frei in einen weiten, von schroffen Gipfeln umrahmten Karboden (Cima di Malvedello, 2640 m). Ganz links drei Zahnruinen, die **Tre Cornini (3)**, 2021 m, die das Weglein in einem weiten Bogen ansteuert. Abstieg auf demselben Weg.

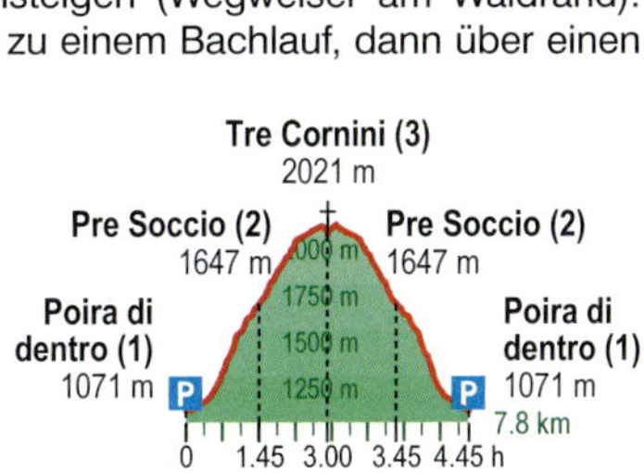

TOP **34**

Val di Mello

4.45 Std.

Nicht nur für Felsartisten

Wie sich die Zeiten ändern! Vor 50 Jahren wusste hierzulande noch kaum jemand von der Val di Mello, diesem Tal an der »falschen« Seite der Bergeller Dreitausender. Auf den Almböden weidete das Vieh, ein paar Sommerfrischler delektierten sich an der grandiosen Kulisse mit dem eisummantelten Monte Disgrazia, 3678 m. Und heute? Aus der Idylle ist ein Rummelplatz geworden; die Parkplätze am Eingang nach San Martino quellen über, an Wochenenden ist Kolonnenwandern angesagt und in den Granitfluchten übt sich die Crème der Kletterszene. Trotzdem ist das Mellotal einen Besuch wert, auch für Wanderer und sogar im Hochsommer. Am schönsten ist es allerdings spät im Herbst, wenn die Massen längst abgezogen sind, der Himmel tiefes Blau zeigt, die Lärchen sich verfärben und erster Schnee auf den Gipfeln liegt.

Ausgangspunkt: San Martino, 923 m, kleines Bergdorf an der Mündung der beiden Täler von Mello und Bagni, 13 km von Màsino bzw. der Strada Statale 38. Große Parkplätze am Eingang zum Dorf; das Sträßchen in das Val di Mello ist Juli/August gesperrt (Shuttlebus). Die übrige Zeit kann man bis zum gebührenpflichtigen Parkplatz, 1040 m (1,8 km), fahren.

Höhenunterschied: 640 m.

Anforderungen: Talwanderung, bis Rasica flach, dann steiler und rauerer Weg.

Einkehr: Neben der Trattoria Gatto Rosso gibt es im Tal zwei Hütten (Rifugio Mello und Rifugio Luna Nascente) und ein paar »Chioski«, die Wurst und Käse aus Eigenproduktion anbieten. Hotels in San Martino.

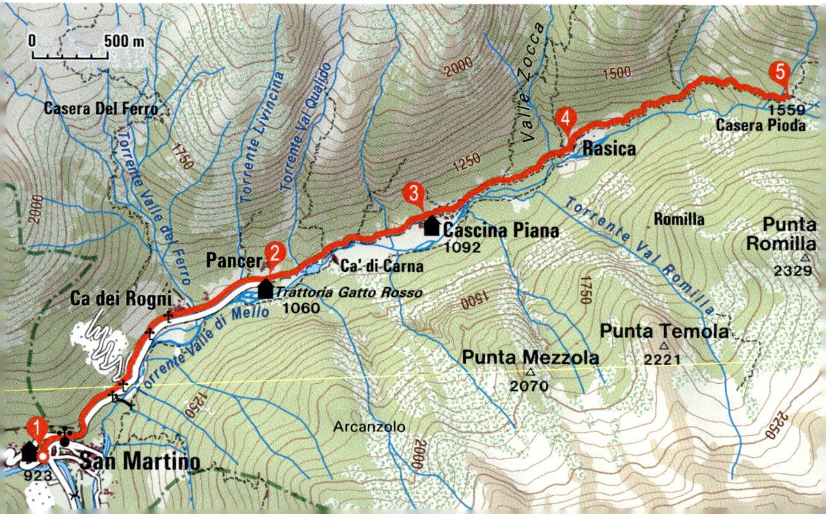

Im Hochsommer beginnt die Talwanderung in **San Martino (1)**, 923 m, auf der gesperrten Zufahrt. Bald einmal kommt der Monte Disgrazia ins Blickfeld, alles beherrschender Hochgipfel über dem Val di Mello. Bei der Häusergruppe Cà dei Rogni öffnet sich links die Valle del Ferro, das Tal der »stürzenden Wasser« (siehe Tour 35). Man passiert am Straßenende die **Trattoria Gatto Rosso (2)**, 1060 m, und wandert dann auf dem alten Pflasterweg fast eben talein, zur Rechten den kristallklaren Bach, links die berühmten Kletterwände. In **Cascina Piana (3)**, 1092 m, dessen Hütten teilweise an oder unter mächtige Felsblöcke gebaut sind, werden Bresaola und Käse aus eigener Produktion angeboten. Vor **Rasica (4)**, 1148 m, überquert man auf einer originellen Brücke den Torrente Zocca; hinter der Sommersiedlung beginnt das Tal spürbar anzusteigen. Mächtige Bergsturztrümmer säumen den Weg, der bald in den Wald eintaucht. Vom Ponte Torrone (siehe Tour 36) bietet sich ein hübscher Blick auf die Granitrutsche des Mellobaches (»La Chiusa«). Nach einer längeren Steigung erreicht man schließlich die **Casera Pioda (5)**, 1559 m, Alpidylle vor einer großen Felskulisse und Wendepunkt der Wanderung. Kurz zuvor bietet sich ein besonders schöner Blick nach Westen, über das Val di Mello ins Màsinotal (Aussichtspunkt). – Rückkehr auf demselben Weg.

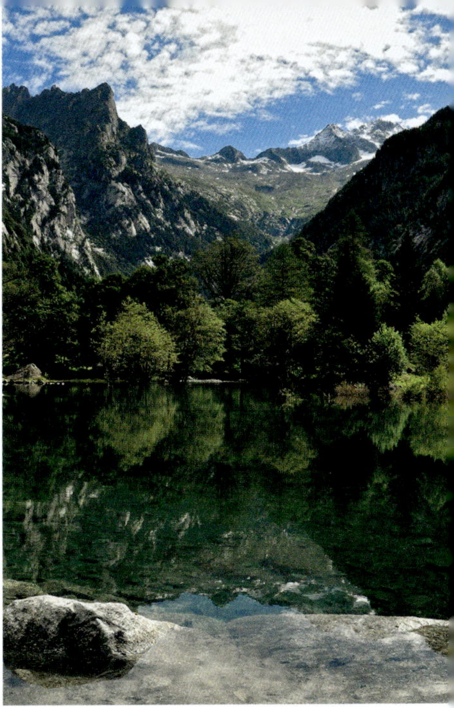

Idylle in der Val di Mello.

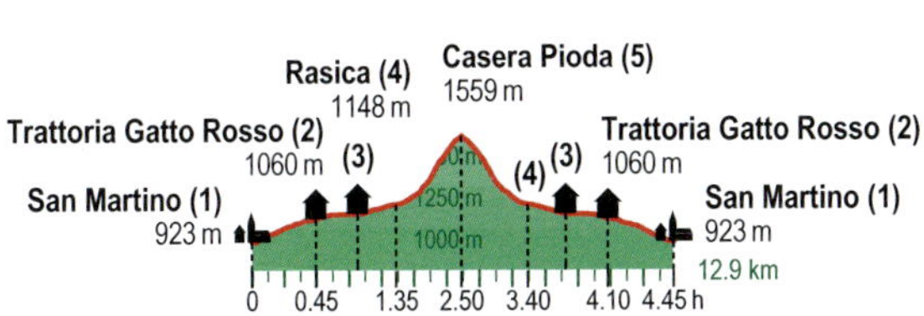

35 Valle del Ferro

7.00 Std.

Das Tal der stürzenden Wasser

Wenn das Wort von den »stürzenden Wassern« irgendwo seine Berechtigung hat, dann im Valle del Ferro. Über insgesamt etwa 800 Tiefenmeter stieben, gischten und rauschen die Wasser hier zu Tal, von einer Kaskade zur nächsten, über Plattenschüsse in Granitwannen, um sich schließlich über einen letzten 20-Meter-Sturz in den Talboden von Mello zu ergießen. Am schönsten ist dieses »Wasserspiel« natürlich im Frühsommer, zur Zeit der Schneeschmelze, oder nach starken Regenfällen. Dann wird die Wanderung in das »Valle dell'Acqua« zu einem unvergesslichen Erlebnis.

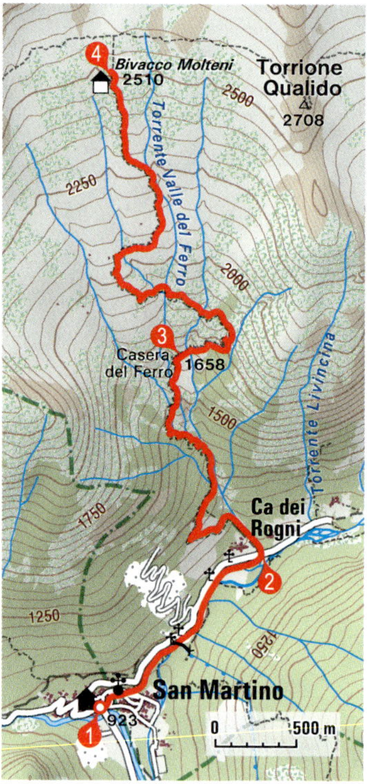

Ausgangspunkt: San Martino, 923 m, kleines Bergdorf an der Mündung der beiden Täler von Mello und Bagni, 13 km von Màsino bzw. der Strada Statale 38 (Valtellina). Große Parkplätze am Eingang zum Dorf. Die Zufahrt in das Val di Mello ist Juli/August gesperrt (Shuttlebus). Die übrige Zeit kann man bis zum gebührenpflichtigen Parkplatz, 1040 m (1,8 km), fahren.
Höhenunterschied: 1600 m.
Anforderungen: Insgesamt recht rauer Weg, im unteren Teil nicht ganz einfach zu finden.
Einkehr: Keine unterwegs.

Auf dem Weg von **San Martino (1)** ins Mellotal kommt schon bald das erste der nördlichen Seitentäler ins Blickfeld. Man spaziert auf der Talstraße bis zur Brücke über den »Eisenbach« und folgt am **Abzweig links (2)** dem deutlich markierten Pfad bergan. Nach etwa 200 Metern führt der Weg in den Fichtenwald und quert dann flach nach links. Über ein paar Kehren kommt man zurück zum Bach und bald auch zu einem schönen Rastplatz oberhalb der ersten Kaskade, ca. 1290 m, mit Prachtblick zum Monte Disgrazia,

3678 m. Der nächste und zugleich schönste Wasserfall ist bereits sichtbar; der Weg schlängelt sich hinauf zu dem tollen Fotomotiv und klettert an dem steilen Hang anschließend weiter bergan zu einem Schleierfall. Hier auf solider Brücke über den Bach und an einem Wiesenhang hinauf zur **Casera del Ferro (3)**, 1658 m. Sie steht unter einer mächtigen Felsbarriere, die der Weg in einer weit nach rechts ausholenden Schleife umgeht. Oberhalb der Felsen (packender Rückblick ins Mellotal und auf die Cima d'Arcanzo, 2714 m) kommt man über karge Almwiesen ins innerste Ferrotal, zu dem die Pizzi del Ferro (Pizzo Centrale, 3289 m) die hochalpine Kulisse bilden. Mitten in der riesigen Karmulde steht das **Bivacco Molteni (4)**, 2510 m, Notunterkunft am »Sentiero Roma«.

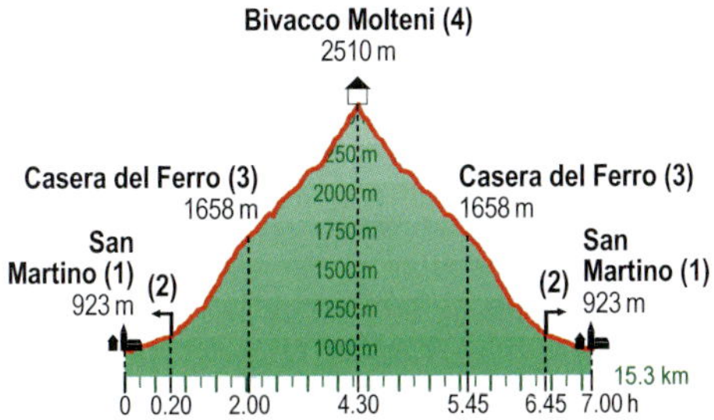

Der Abstieg erfolgt auf dem Anstiegsweg.

Eine grandiose Felskulisse und zahlreiche Wasserfälle machen die Wanderung ins Ferrotal zu einem unvergesslichen Landschaftserlebnis.

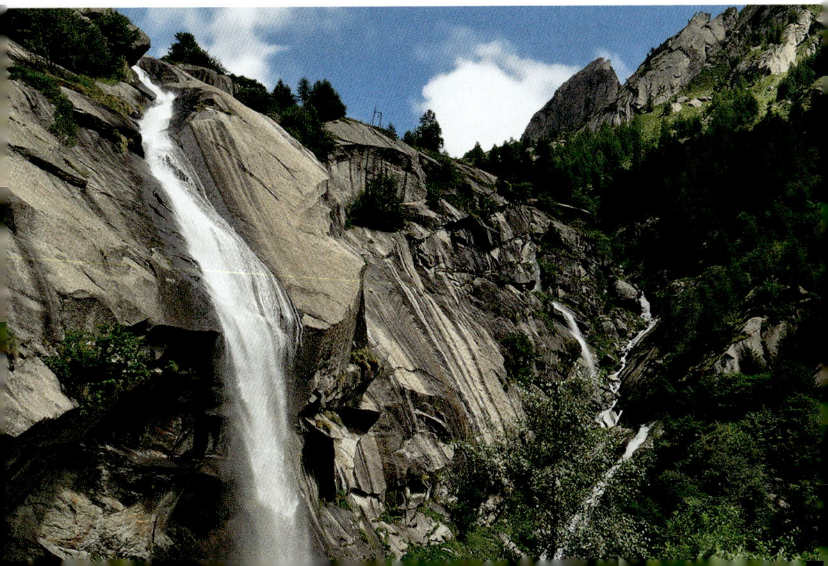

36 Valle Torrone

9.30 Std.

In das »hängende« Tal

Ist das Valle del Ferro das Tal der stiebenden Wasser, so beeindruckt das Valle Torrone durch grandiose Wildheit. Mehr Wand als Einschnitt, hängt die Mündung buchstäblich über dem Val di Mello. Kaum zu glauben, dass durch diese Steilflanke ein Weg verlaufen soll. Er ist allerdings auch entsprechend steil, zieht hinauf zu den Granitfluchten und schlüpft dann aus der »Wand« in einen weiten, einst vom Eis bedeckten Karboden.

Ausgangspunkt: San Martino, 923 m, kleines Bergdorf an der Mündung der beiden Täler von Mello und Bagni, 13 km von Màsino bzw. der Strada Statale 38 (Valtellina). Große Parkplätze am Eingang zum Dorf. Die Zufahrt ins Val di Mello ist im Juli und August gesperrt (Shuttlebus). Die übrige Zeit kann man bis zum gebührenpflichtigen Parkplatz, 1040 m (1,8 km), fahren.
Höhenunterschied: 1620 m.
Anforderungen: Sehr anstrengende Tour; der Weg ins Valle Torrone ist teils extrem steil. Nur bis etwa 2200 m lohnend (ab Parkplatz Val di Mello 6 Std.). Wanderstöcke ratsam, v. a. für den Abstieg.
Einkehr: Trattoria »Gatto Rosso«, mehrere »Chioski« im Mellotal.

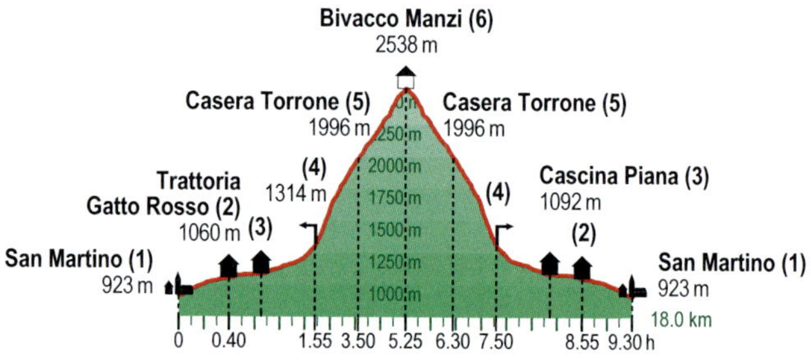

Die Wanderung startet in **San Martino (1)**, 923 m, führt zunächst auf der Straße, dann auf breitem Weg ins Val di Mello. Man passiert die **Trattoria Gatto Rosso (2)**, die Almhütten von **Cascina Piana (3)**, 1092 m, und Rasica. Die Szenerie changiert zwischen idyllisch und monumental; über allem thront im Talhintergrund der Monte Disgrazia.
Unmittelbar vor der Brücke über den Torrone-Bach, 1314 m, zweigt **links (4)** der Weg ins »hängende« Tal ab, gut bezeichnet. Auch im weiteren Verlauf ist die kräftig ansteigende Spur deutlich ausgetreten und ordentlich markiert. So gelangt man über zahlreiche Serpentinen im Wald bergan gegen den Muro di Torrone. Unter der Granitmauer kurz nach rechts, über eine kleine

Felsstufe (hier ist besondere Vorsicht bei Nässe geboten!), dann in einer Steilrinne weiter anstrengend hinauf. Die Sicherungen im Bereich der Felsplatte und in der anschließenden Rinne sind – obwohl durch Steinschlag stark ramponiert – eine Hilfe, vor allem auch beim Abstieg. Faszinierend der Blick in die Tiefe, hinab ins Mellotal.

Bei der verfallenen **Casera Torrone (5)**, 1996 m, kommt man aus dem Steilgelände heraus; die Wegspur läuft nun hinein in die weite Karmulde, über der die Gipfel der Torronegruppe allmählich hervortreten. Am Fuß eines Felssporns inmitten der steinernen Riesenschüssel steht das **Bivacco Manzi (6)**, 2538 m, Stützpunkt am hochalpinen »Sentiero Roma«.

Abstieg auf dem Anstiegsweg.

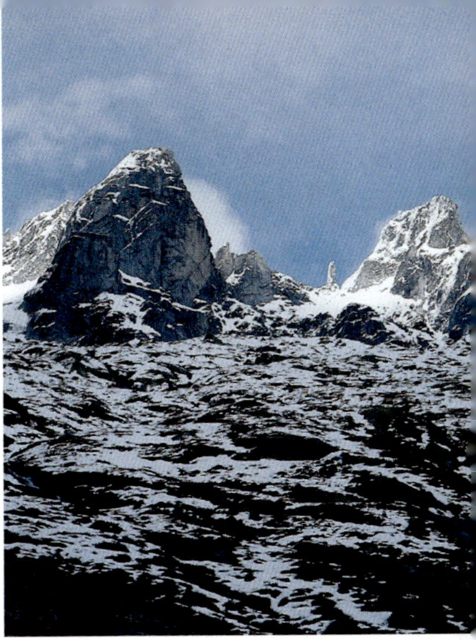

Granitskulpturen bilden den großartigen Talschluss des Valle Torrone.

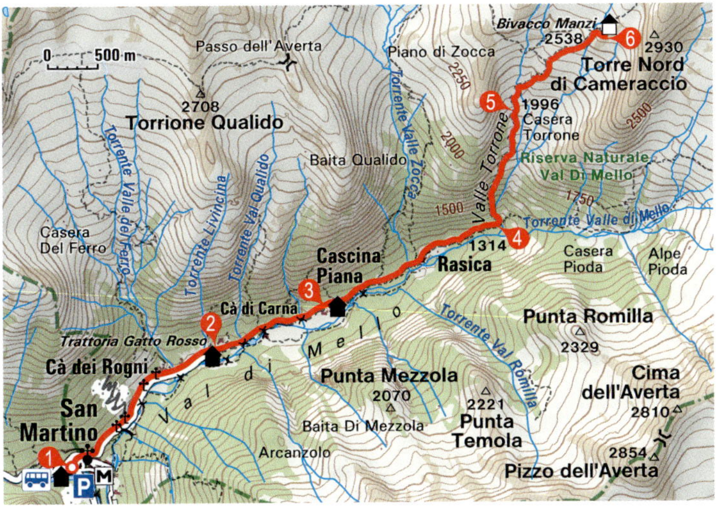

37 Rifugio Gianetti, 2534 m

6.30 Std.

Auf der »falschen« Seite des Badile

Seine Schauseite mit der berühmten Kante, die eine so unvergleichlich elegante Linie ins Firmament zeichnet, weist der Pizzo Badile, 3308 m, nach Norden; im Gipfelkranz der Gianettihütte ist er nicht herausragend, eine breite Felsflucht, an Höhe knapp übertroffen von der Pyramide des Pizzo Cengalo, 3370 m. Dennoch vermittelt die Tour aus dem Valle Porcellizzo hinauf zum Rifugio Gianetti starke Eindrücke, Bilder einer archaisch wilden Hochgebirgslandschaft. Bei der Hütte stößt man auf den »Sentiero Roma«, den grandiosen Höhenweg an der Südseite der Bergeller Alpen.

Ausgangspunkt: Bagni del Màsino, 1172 m, Thermalbad und Hotel in dem Valle dei Bagni, 4 km von San Martino auf guter Serpentinenstraße. Parkmöglichkeiten vor der Brücke und im Wald hinter dem Bad/Hotel. San Martino, 923 m, kleines Bergdorf an der Mündung der beiden Täler von Mello und Bagni, 13 km von Màsino bzw. der Strada Statale 38 (Valtellina).

Anforderungen: Recht lange Hüttenwanderung. Bis über die Casera Porcellizzo hinaus breiter Pfad, dann nurmehr Wegspur (bei Nebel gut auf Markierungen achten).

Höhenunterschied: 1360 m.

Einkehr: Rifugio Gianetti, 2534 m, durchgehend bewirtschaftet von Mitte Juni bis Mitte September; Tel. 0039/0342/645161.

Aus dem Valle dei Bagni geht der Blick nach Osten durch das Mellotal zum herbstlich verschneiten Monte Disgrazia.

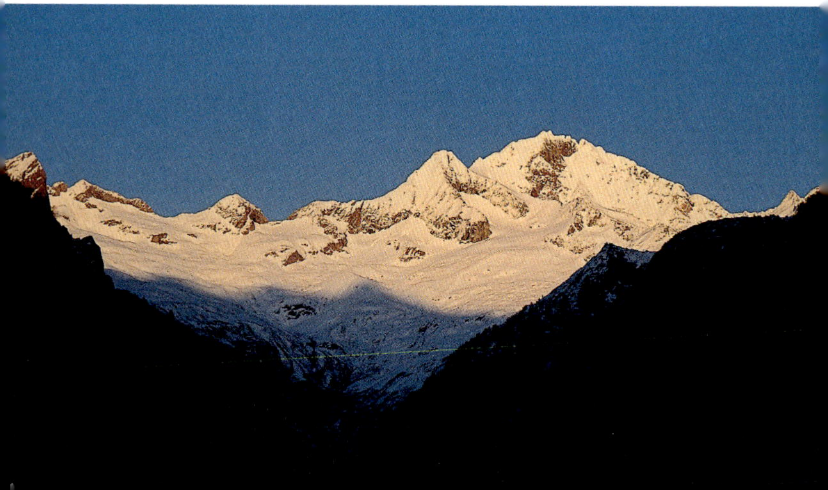

Die Hüttenwanderung beginnt bei den **Bagni del Màsino (1)**, 1172 m, einem altberühmten Thermalbad, früher von der Mailänder Gesellschaft zu Kur und Klatsch besucht. Der Weg zum Rifugio Gianetti führt hinter dem Komplex rechts in den lawinengeschädigten Wald, steigt dann in Kehren über die erste Talstufe an zur **Corte Vecchia (2)**, 1405 m. Wenig später passiert man die »Thermopylai«, einen Durchgang zwischen zwei mächtigen Felsen. Im Wald, dann an einem Alpenrosenhang, gewinnt die Mulattiera rasch an Höhe. Man kommt an der Mulde von Sione (Wasserfall) vorbei und erreicht schließlich den Talboden der **Casera Porcellizzo (3)**, 1899 m. Hier über den Bach und an den westseitigen Hängen aufwärts. Die Pfadspur wird allmählich schmäler (gut auf Markierungen achten); über der Valle Porcellizzo treten immer mehr Gipfel ins Bild. Besonders eindrucksvoll der lange, von der Cima della Bondasca, 3267 m, nach Süden ziehende Kamm, getragen von riesigen Felsfluchten. Fast etwas verloren steht in dieser Riesenkulisse das **Rifugio Gianetti (4)**, 2534 m, Etappenort am »Sentiero Roma« und Stützpunkt für viele Granitklettereien im Hauptkamm der Bergeller Berge. – Der Abstieg erfolgt auf dem Anstiegsweg.

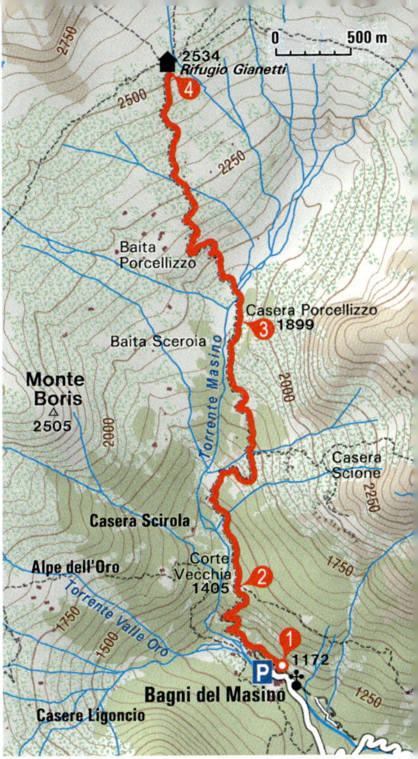

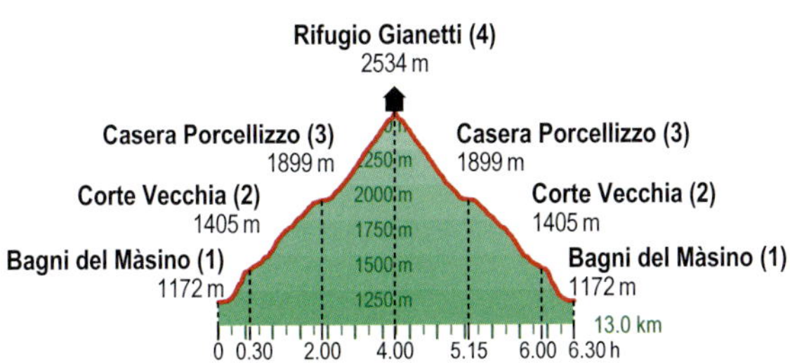

38 Val Codera

7.00 Std.

Das ganz andere Tal

Ein Tal wie aus dem Bilderbuch – und doch ganz anders: das Val Codera, rund 15 km lang und von einem Kranz hoher Felsgipfel umrahmt. Im Mündungsbereich zur Schlucht verengt, öffnet es sich hinter Codera zum Hochtal und gibt den Blick auf eine fantastische Granitkulisse frei – im Herbst, wenn sich die Lärchen verfärben, schneeüberzuckerte Zacken in den tiefblauen Himmel greifen, ein überwältigendes Bild. Im Frühsommer dominieren Grün und Braun, der Aufstieg von Novate Mezzola ist bei dem hohen Sonnenstand schon recht schweißtreibend. Denn starten muss man ganz unten; die Val Codera besitzt nämlich, obwohl das ganze Jahr über bewohnt, keine Straßenzufahrt! Und – noch erstaunlicher – die Talbewohner möchten keine Autos, nur eine moderne Seilschwebebahn. Als Ersatz für die antiquierte Konstruktion, mit der das meiste, was sich nicht auf dem Buckel heranschaffen lässt, ins Tal kommt. Wer das Val Codera besuchen will, muss das also auf Schusters Rappen tun, was wiederum den großen Vorteil hat, dass nicht nur Zeit zum Schauen, sondern auch zum Nachdenken bleibt. Über die »einfachen« Leute vom Land und die reichen »Milanesi« beispielsweise, die jeweils an den Wochenenden das Umland überfallen, auch über ein Straßenprojekt und den geplanten industriellen Granitabbau im Tal. Ein paar zusätzliche Anstöße liefert das kleine Museo della Valle.

Ausgangspunkt: Novate Mezzola, 212 m, Dorf zwischen Chiavenna und dem Comer See. Bahnstation (Linie Colico – Chiavenna). Im Ort, dem Hinweis »Val Codera« folgend, aufwärts zu einem Parkplatz, 316 m, am Taleingang.
Höhenunterschied: 1160 m.
Anforderungen: Lange, aber wenig beschwerliche Wanderung auf guten, markierten Wegen.
Einkehr: In Codera gibt es das Rifugio Locanda und die Osteria Alpina, wo man bei ortstypischem Ambiente einheimische Kost vorgesetzt bekommt. Rifugio Brasca, 1304 m, Juni bis September bewirtschaftet; Tel. 0039/335/6095213. Rifugio Bresciadega, 1241 m, Anfang Mai bis Anfang November; Tel. 0039/391/5676939.

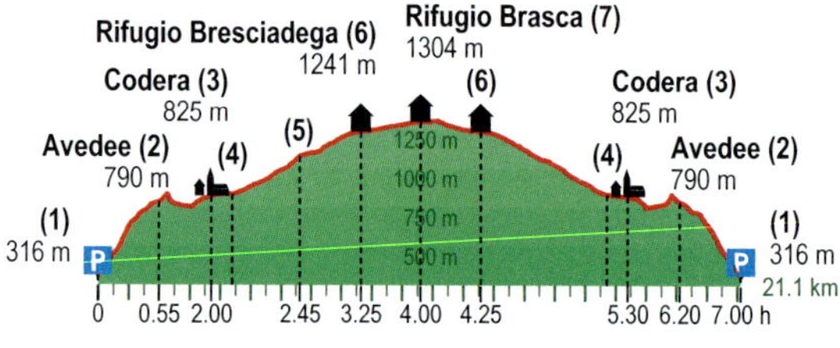

Die Talwanderung beginnt am **Parkplatz (1)** oberhalb von Novate Mezzola gleich mit dem steilsten Abschnitt. In kurzen Kehren steigt die Mulattiera an und quert dann hoch über dem Grund der Mündungsschlucht steile, abschüssige Felsen, ehe sie sich taleinwärts wendet. Man genießt packende Tiefblicke; an der gegenüberliegenden Talflanke sind die Wunden alter Steinbrüche zu sehen. Früher wurde hier überall Granit gebrochen; unmittelbar am Weg liegt der aufgelassene kleine Steinbruch von San Fedelino (samt bizarrer Seilbahnkonstruktion).

Die wenigen Häuser von Saline vor der Kulisse der verschneiten Bergeller Gipfel.

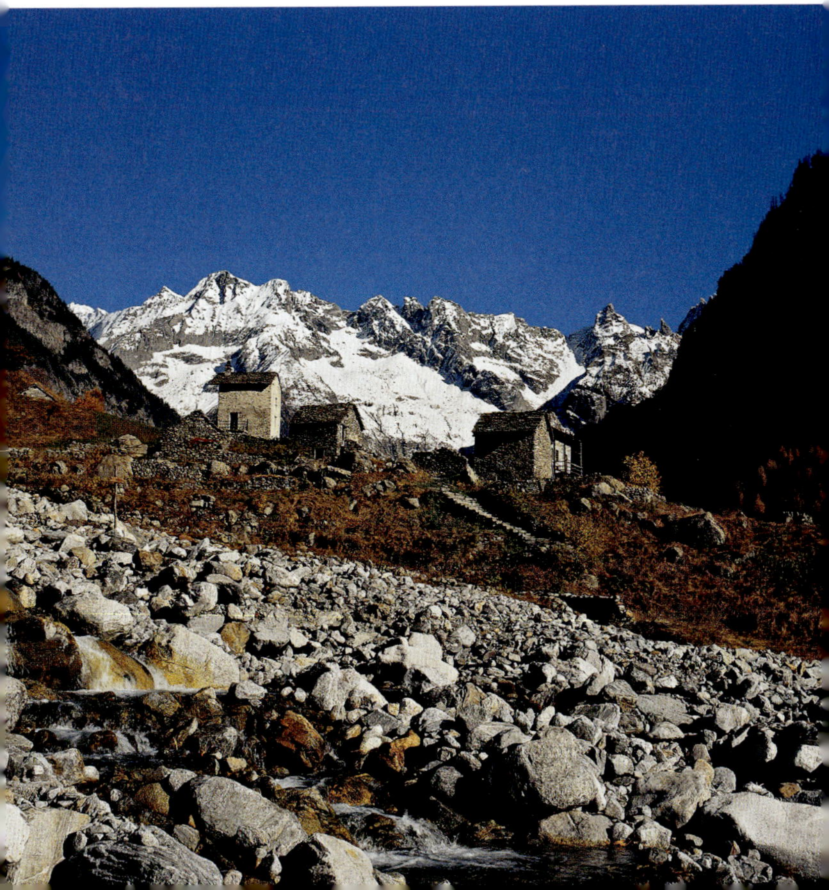

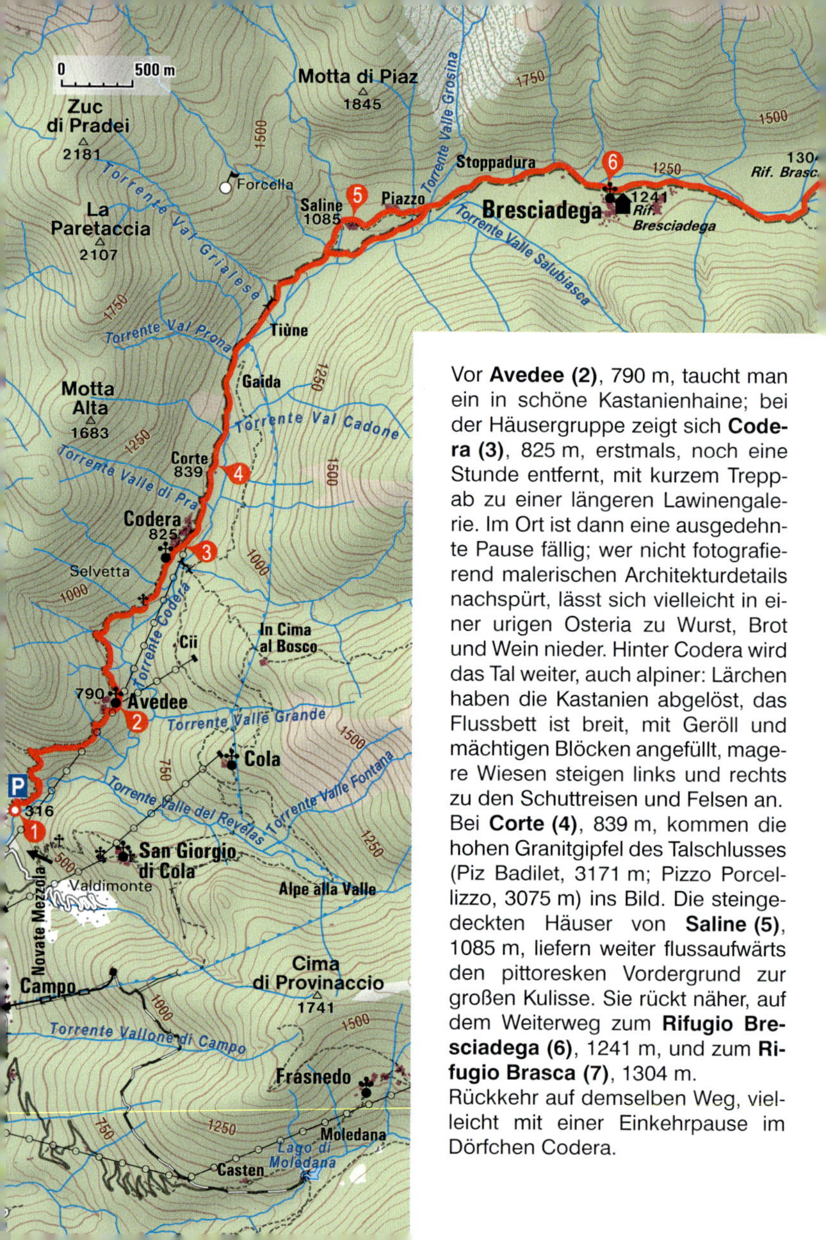

Vor **Avedee (2)**, 790 m, taucht man ein in schöne Kastanienhaine; bei der Häusergruppe zeigt sich **Codera (3)**, 825 m, erstmals, noch eine Stunde entfernt, mit kurzem Treppab zu einer längeren Lawinengalerie. Im Ort ist dann eine ausgedehnte Pause fällig; wer nicht fotografierend malerischen Architekturdetails nachspürt, lässt sich vielleicht in einer urigen Osteria zu Wurst, Brot und Wein nieder. Hinter Codera wird das Tal weiter, auch alpiner: Lärchen haben die Kastanien abgelöst, das Flussbett ist breit, mit Geröll und mächtigen Blöcken angefüllt, magere Wiesen steigen links und rechts zu den Schuttreisen und Felsen an. Bei **Corte (4)**, 839 m, kommen die hohen Granitgipfel des Talschlusses (Piz Badilet, 3171 m; Pizzo Porcellizzo, 3075 m) ins Bild. Die steingedeckten Häuser von **Saline (5)**, 1085 m, liefern weiter flussaufwärts den pittoresken Vordergrund zur großen Kulisse. Sie rückt näher, auf dem Weiterweg zum **Rifugio Bresciadega (6)**, 1241 m, und zum **Rifugio Brasca (7)**, 1304 m.
Rückkehr auf demselben Weg, vielleicht mit einer Einkehrpause im Dörfchen Codera.

7.30 Std.

Val Codera, »Tracciolino« 39

TOP

Einfach unglaublich

Ein Bähnchen taucht zischend aus dem Dunkel auf, rattert über eine Brücke, verschwindet kurz im nächsten Tunnel, um anschließend auf kühn dem Fels abgerungener Trasse einen düsteren Talwinkel anzusteuern. Ein Bubentraum? Dazu fehlt bloß noch der edle Apache, doch auf dem »Tracciolino« begegnet man höchstens ein paar Wanderern, und die Bahn, einst im Zusammenhang mit dem Wasserkraftwerk im Valle dei Ratti angelegt, fährt schon längst nicht mehr. Geblieben ist aber ein gut zehn Kilometer langer Wanderweg von Codera bis zur Staumauer hinter Càsten. Bereits vom Talweg aus ist die horizontal verlaufende Linie am gegenüberliegenden Hang nicht zu übersehen: der »Tracciolino« – ein Erlebnispfad der ganz besonderen Art!

Ausgangspunkt: Novate Mezzola, 212 m, Dorf auf halber Strecke zwischen Chiavenna und dem Comer See. Bahnstation (Linie Colico – Chiavenna). Im Ort, dem Hinweis »Val Codera« folgend, aufwärts zu einem Parkplatz, 316 m, am Eingang in das Coderatal.
Höhenunterschied: 960 m.

Anforderungen: Lange, aber bequeme Wanderung. Schwindelfreiheit ist unerlässlich; Taschenlampe für die längeren Tunnels angenehm.
Einkehr: In Codera gibt es das Rifugio Locanda und die Osteria Alpina, wo man bei ortstypischem Ambiente einheimische Kost vorgesetzt bekommt.

Relikt aus der Zeit des Kraftwerksbaus: eine Draisine.

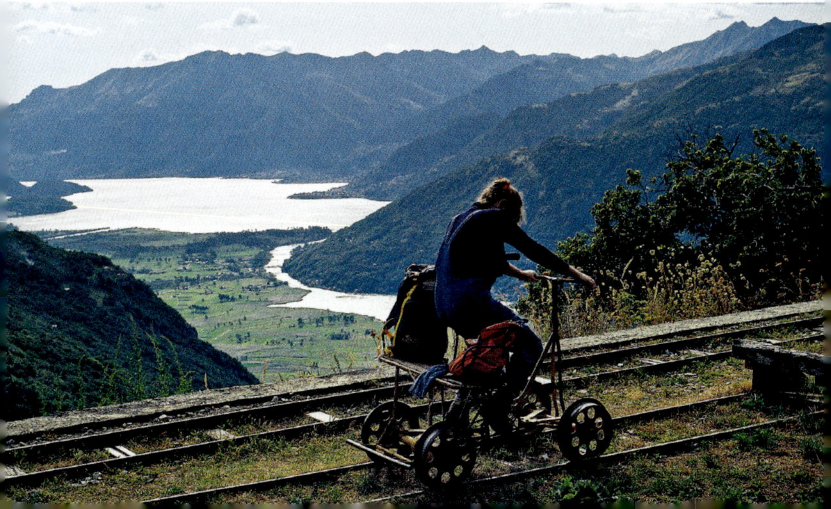

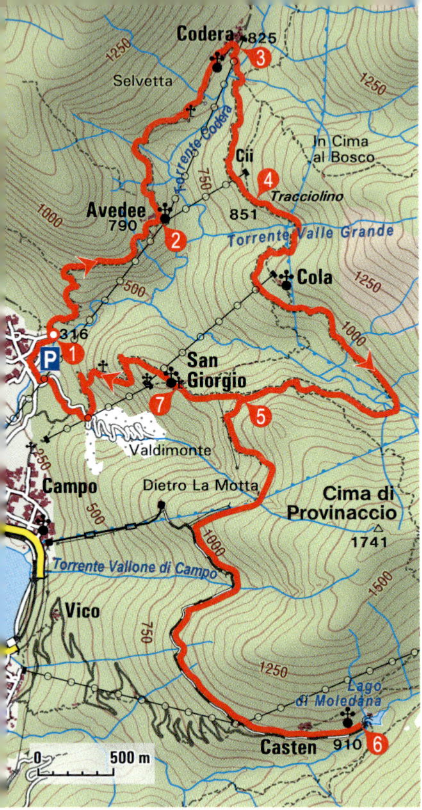

Die große Runde startet am **Parkplatz (1)** oberhalb von Novate Mezzola. In vielen kurzen Kehren steigt die Mulattiera an zu den Häusern von **Avedee (2)**. Dahinter kurz abwärts, dann durch eine längere Galerie und ansteigend hinein nach **Codera (3)**, 825 m. Im Ort (Wegweiser »Tracciolino«) leicht abwärts zu den tiefer stehenden Häusern, im Wald weiter hinunter zu einer schönen, gemauerten Brücke, auf der man den Talbach überquert. Um ein felsiges Eck herum und über eine zweite Brücke, dann rechts aufwärts zu einer Verzweigung.

Hier folgt man dem Hinweis »San Giorgio«; wenig oberhalb der Alphütten von Cii, 851 m, mündet der Weg in den **»Tracciolino« (4)**. Er führt um ein felsiges Eck herum ins Val Grande, das sich zur wilden Klamm verengt und auf einer soliden Brücke gequert wird.

Unterhalb von Cola, 1018 m, das einen direkten Zugang von San Giorgio besitzt (Abkürzung), geht es in den dritten Graben, das Val Revelaso. An ihrem Ausgang, nach einer längeren Querung durch steile Felsen, gelangt man zu einer **Weggabelung (5)**: rechts hinab nach San Giorgio, geradeaus weiter in das **Valle dei Ratti**. Und zumindest ein Stück weit sollte man den »Tracciolino« noch verfolgen, durch mehrere Tunnels und senkrechten Fels bis in den düsteren Winkel, wo man auf den Eingang zum letzten, fast 400 m langen Stollen stößt. Und wer den Lichtschalter (!) findet (links an der Wand), kann das Loch sogar ohne Taschenlampe begehen.

Am Westausgang öffnet sich überraschend ein stimmungsvoller Blick auf den Lago di Mezzola und hinaus zum oberen Comer See. Jenseits des Valchiavenna erhebt sich der massige Monte Berlinghera, 1930 m, ein leicht erreichbarer Aussichtspunkt (Tour 8).

Der »Tracciolino« (nun sogar mit Gleisen) läuft in einem weiten Bogen südlich um die Cima di Provinaccio herum und ins Ratti-Tal hinein, um schließlich hinter den wenigen Häusern von Càsten an der **Staumauer (6)**, 910 m,

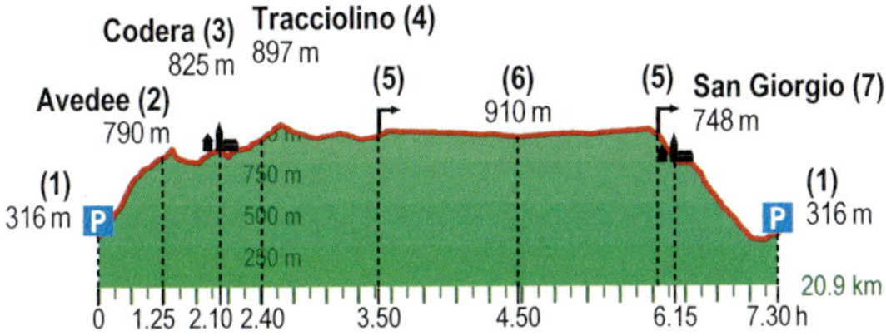

zu enden. Westwärts führt ein markierter Pfad hinunter zum Lago Mezzola, 199 m. Von Verceia, 228 m, kommt man mit dem Bus oder zu Fuß zurück nach Novate Mezzola (etwa 45 Min.).

Auf dem »Tracciolino« wandert man zurück zu der bereits erwähnten **Weggabelung (5)**. Hier links hinunter nach **San Giorgio (7)**, einem uralten, sagenumwobenen, nur aus ein paar wenigen Häusern bestehenden Weiler. Der weitere Abstieg ins Tal vollzieht sich auf der Mulattiera in vielen Kehren, bietet schöne Tiefblicke auf Novate Mezzola, seinen See und das Mündungsdelta des Coderabaches. Nicht zu übersehen ist auch die asphaltierte Straße, auf der man zurückkommt zum **Parkplatz (1)** am Taleingang.

Ummauert: das Coderatal. Unten im Bild gut zu erkennen: der horizontal verlaufende »Tracciolino«.

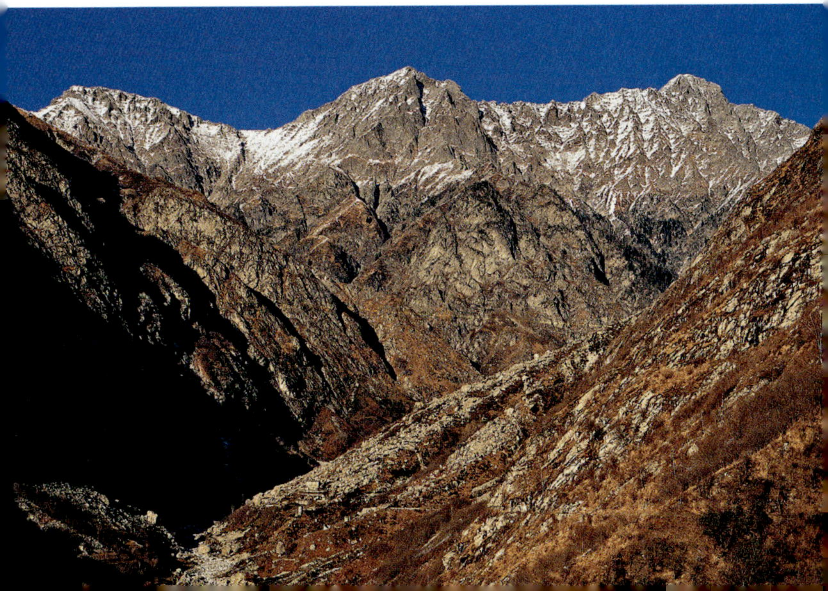

40 Dosso Mottone, 1909 m

5.15 Std.

Wunderbar unbekannt

Manchmal sind es ganz unscheinbare Berge, »namenlose« Gipfel, die für starke Eindrücke und unvergessliche Wandertage sorgen. So der Dosso Mottone, ein lang gestreckter, weit hinauf bewaldeter Höhenrücken zwischen der Valle della Forcola und dem tiefen Pilotera-Graben, ohne markantes Profil, mehr Grün als Felsgrau. Wenn da nicht die herrlichen Kastanienwälder wären, die kleinen Schönheiten mit den lateinischen Namen und den kräftig leuchtenden Farben links und rechts des Weges, die packenden Tiefblicke in Talgräben, das weißglänzende Gipfeldreieck des Pizzo Stella, 3163 m, schließlich die kurze Kraxelei am Gipfel. Und dann das Panorama, so weit wie kontrastreich, vom Legnone, 2610 m, bis zu den Gipfeln über dem Valle Spluga reichend. Glanzvoll die Parade der Bergeller Granitzacken im Osten, hinter denen links ein paar verschneite Dreitausender des Oberengadin hereinlugen.

Talort: Gordona, 283 m, 4 km südwestlich von Chiavenna an der Mündung der Valle della Forcola. Busverbindung mit Chiavenna.
Ausgangspunkt: Straße ins Bodengotal, 4,5 km bis zur Cappella Donadio, 737 m. Die Benutzung der Straße ist gebührenpflichtig; das Ticket kann in allen Bars in Gordona gelöst werden. Parkmöglichkeit an der Straße, gegenüber der großen Wegtafel.
Höhenunterschied: 1170 m.
Anforderungen: Recht lange Wanderung, am Gipfelaufbau des Dosso Mottone kurze, leichte Kletterstellen (I).
Einkehr: Trattoria Dunadiv am Ausgangspunkt, Tel. 0039/348/4420570, www.dunadiv.it.

Eine große Wegtafel an der Straße in das Valle Bodengo informiert detailliert über die Wandermöglichkeiten; der Brunnen daneben verspricht Erfrischung für hinterher. Die überaus kunstvoll angelegte Mulattiera schraubt sich bei der **Cappella Donadio (1)** in Serpentinen durch Kastanienwald aufwärts; dabei kreuzt man wiederholt eine in Serpentinen verlaufende Almstraße. Auf der **Alpe Orlo (2)**, 1165 m, wird die Sicht nach Südwesten frei, hinab in den unzugänglichen Graben der Valle Pilotera, hinein in die Valle Bodengo und zu dem hohen Grat, der sie im Süden abschließt. Am Eingang zur **Alpe Cermeno (3)**, 1346 m, steht rechts am Weg eine restaurierte Kapelle; der eng gebau-

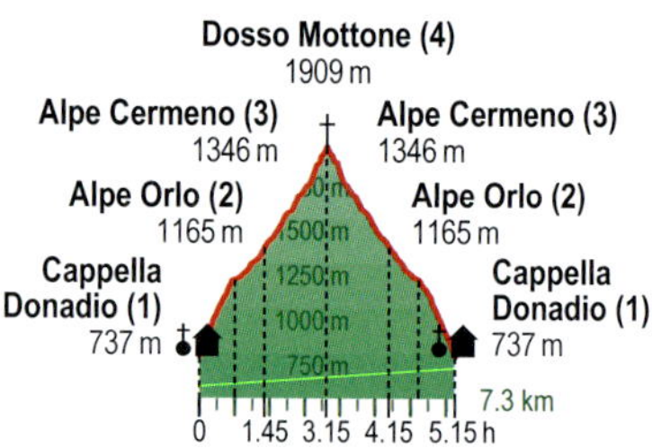

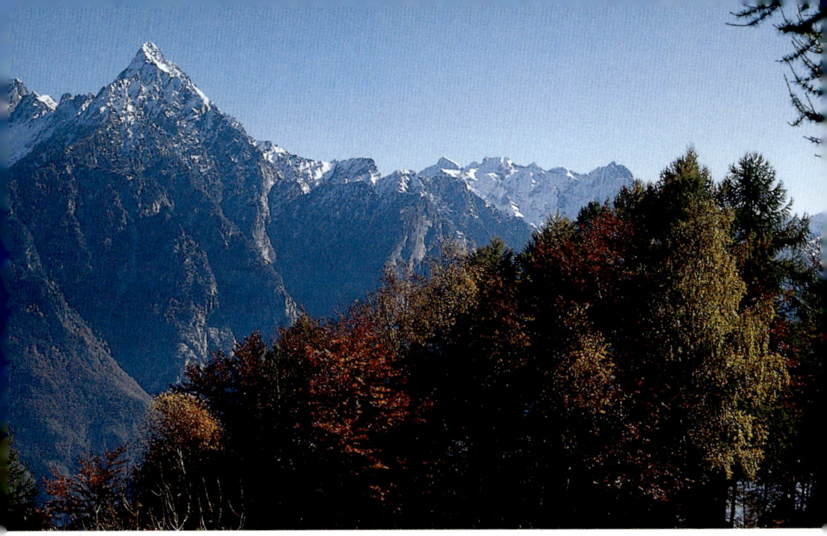

Herbstliche (Wunder-)Wanderwelt: am Weg zur Alpe Orlo, links im Bild die elegante Pyramide des Pizzo di Prata, 2727 m.

te Kern der alten Almsiedlung beeindruckt durch seine architektonische Geschlossenheit, die neu gebauten Ferienhäuser dokumentieren das (scheinbar unaufhaltsame) Vordringen des »Homo ludens« in alle Winkel der Bergnatur. Da passt der »Elefantenfriedhof« weiter oben an dem Bergrücken ganz gut ins Bild: die bizarren Baumleichen als Relikte einer vergangenen Epoche. Einen felsigen Gratabsatz umgeht das (spärlich) rot-weiß markierte Weglein nordseitig im Wald; zurück am Kamm, nimmt es den nächsten Steilaufschwung direkt und läuft dann auf die Gipfelfelsen des **Dosso Mottone (4)** zu. Hier links (geradeaus weiter zur Alpe Scima) und in lustig-leichter Kraxelei zum höchsten Punkt. – Abstieg auf demselben Weg.

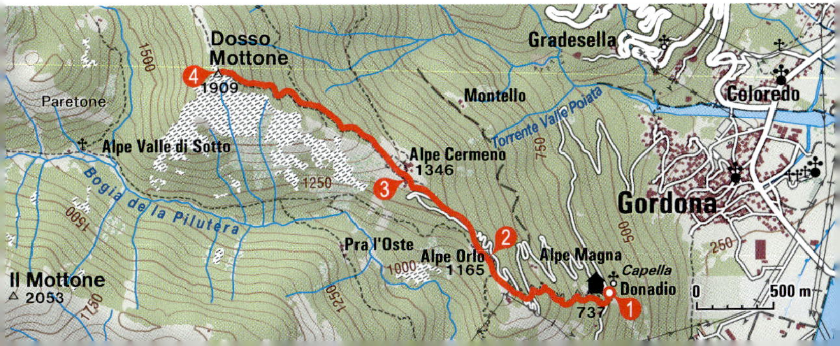

41 Pizzo Guardiello, 2091 m

6.30 Std.

Nomen est omen

Um fast 1800 Meter überragt der Pizzo Guardiello das Städtchen Chiavenna, bei einer Horizontaldistanz von gerade drei Kilometern. Das verrät einiges über die Steilheit der Berge über Mera und Liro. Wer sie besteigen will, braucht eine gute Kondition; dafür gibt es Aus- und Tiefblicke en masse, und für den Naturfreund ist diese Wanderung durch die Vegetationsstufen, von den Kastanienhainen bis über die Waldgrenze hinaus, ein besonders schönes Erlebnis.

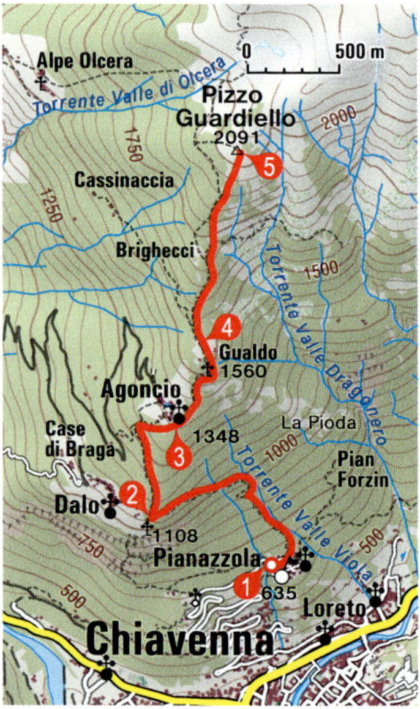

Talort: Chiavenna, 333 m, am Fuß von Maloja- und Splügenpass gelegen. Bahnverbindung mit Lecco, Busse ins Bergell und zu den Ortschaften in der Valle Spluga.
Ausgangspunkt: Pianazzola, 635 m, nördlich über Chiavenna an steiler Bergflanke »klebendes« Bergdorf. Zufahrt 5 km. Parkmöglichkeit vor bzw. über dem Dörfchen.
Höhenunterschied: Pianazzola – Dalo 480 m, Pianazzola – Pizzo Guardiello 1470 m.
Anforderungen: Bis Dalo leichte Halbtageswanderung, Gipfelanstieg ab etwa 1800 m nicht mehr markiert, mit gelegentlicher Wegsuche und einigen kurzen Kletterstellen im Schwierigkeitsgrad II. Gute Kondition erforderlich, im Sommer sehr heiß (Südgrat).
Einkehr: Keine.
Hinweis: Chiavenna, 333 m, hat eine kleine, sehenswerte Altstadt. Spaziergänge zum ehemaligen Burgfelsen Paradiso, 407 m, und zu den Marmitte dei Giganti (Gletschermühlen) östlich der Stadt. Im Palazzo Balbiani (15. Jh.) Museo della Valchiavenna.

Ein Wegweiser am Straßenende bei **Pianazzola (1)** gibt gleich die Richtung an: Dalo, Agoncio. Auf dem alten Plattenweg über »tausend Stufen« im schattenspendenden Kastanienwald bergan, zunächst im Zickzack, dann in einer längeren Linksdiagonale. Nach gut einer Stunde ist das Kreuz, 1108 m, bei **Dalo (2)** erreicht: erster packender Tiefblick auf Chiavenna. Weiter auf gutem Pfad im Wald aufwärts zu den (Wochenend-)Häusern von **Agon-**

cio (3), 1348 m, das mittlerweile Straßenanschluss hat, dann an der Kapelle vorbei zum Alpinikreuz, ca. 1500 m, wo sich ein packender Blick über das unterste Meratal auf die Bergeller Granitzacken öffnet. Wenig höher am Kamm stößt man auf die Alphütten von **Gualdo (4)**, ca. 1560 m.

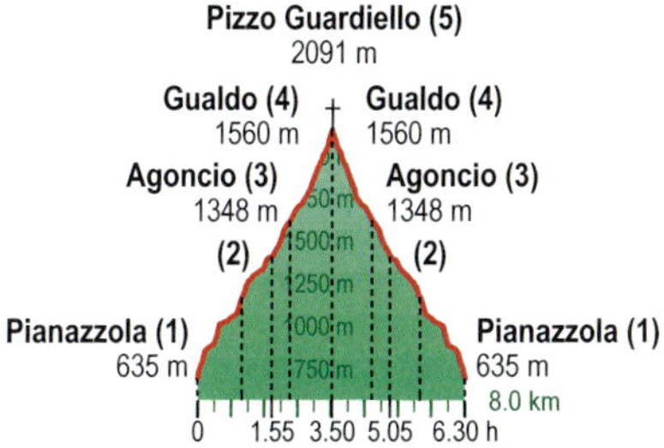

Ab hier wird es alpiner, der Grat steiler, felsiger, die Wegspur dünner; aus dem Wandern wird Steigen, und gelegentlich muss man auch die Hände zu Hilfe nehmen. Die Orientierung ist aber einfach: am Grat bleiben, nicht in die Steilflanken ausweichen. Bei einem dritten Kreuz, ca. 1720 m, bietet sich ein besonders schöner Blick westlich über die Valle Spluga hinweg auf die Grenzgipfel zum Misox hin (Pizzo Quadro, 3015 m); zwischen den Lärchenwipfeln lugt der (scheinbar recht nahe) Felshut des **Pizzo Guardiello (5)** hindurch. Weiter am Kamm entlang, der nun unmarkierten Spur folgend, dann in leichter Kletterei über einen Felsaufschwung (I–II) hinweg (kann auch umgangen werden) zum steilen Schlusshang. Im Zickzack aufwärts zu dem aus Granitblöcken bestehenden Gipfel, wo man endlich das große Panorama genießen kann.
Der Abstieg erfolgt auf demselben Weg.

Blickfang vom Südgrat aus ist der markante Felsgipfel des Pizzo di Prata, 2727 m.

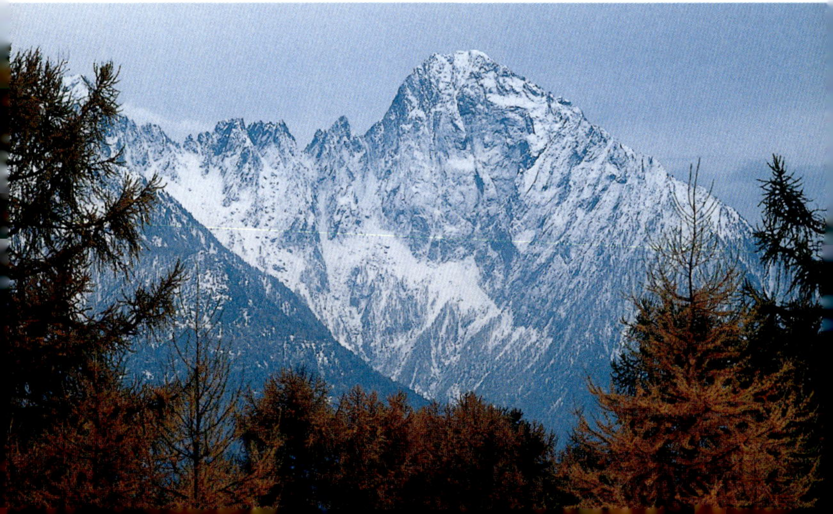

42 Bacino del Truzzo, 2080 m

5.15 Std.

Natur und Technik

Die Alpen sind nicht nur »Playground of Europe«, wie ein Brite sich einst auszudrücken beliebte, sondern auch Energielieferant: Wasserkraft, in künstlichen Seen gespeichert, wird im Tal zu Elektrizität, zu »weißer Kohle«. Über die Ästhetik solcher Anlagen kann man diskutieren. Das Kraftwerk im Valle del Drogo ist schon älteren Datums, das Turbinenhaus von San Bernardo – in den Dreißigerjahren errichtet – mehr Kathedrale als Zweckbau: Hier sollte dem Fortschritt ein Denkmal gesetzt werden. Dem Wanderer unserer Tage hinterließen die Kraftwerkserbauer nicht nur imperiale Architektur, sondern auch eine wunderschöne Mulattiera, die mit nicht weniger als 130 gezählten Serpentinen den Höhenunterschied vom Kraftwerk zum Stausee überwindet.

Talort: Chiavenna, 333 m, am Fuß von Maloja- und Splügenpass gelegenes Städtchen. Bahnverbindung mit Lecco, Busse ins Bergell und zu den Ortschaften in der Valle Spluga.
Ausgangspunkt: Kraftwerk von San Bernardo, 1030 m; Zufahrt von Chiavenna über Olmo, 1056 m, 8 km ab San Giacomo Filippo. Parkmöglichkeit vor dem Kraftwerk.
Höhenunterschied: Zum Bacino del Truzzo 1180 m, zum Passo dell'Alpigia zusätzlich 300 m.
Anforderungen: Leichte Bergwanderung, markiert.
Einkehr: Keine. Das Rifugio Carlo Emilio ist eine einfache (geschlossene) Selbstversorgerhütte.
Variante: Vom Bacino de Truzzo (4) hinauf zum Passo dell'Alpigia. Hier ist Trittsicherheit gefragt; der Weg ist durchgehend markiert.

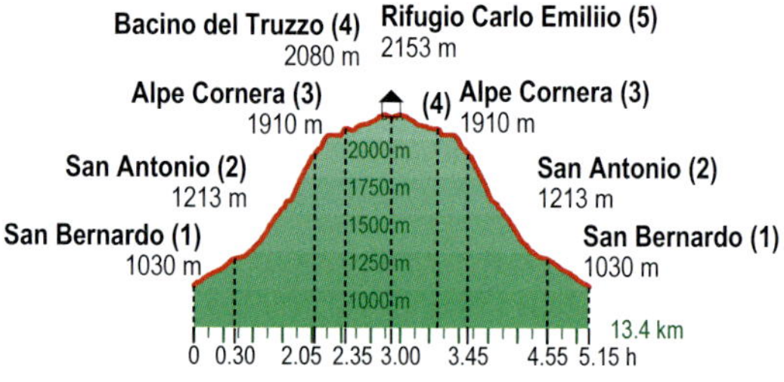

Der breite Weg von **San Bernardo (1)** ins Valle del Drogo führt zunächst rechts um die Kraftwerkszentrale herum, über die Druckleitung und dann talein. Nach einer halben Stunde erreicht man die ersten Häuser von **San Antonio (2)**, 1213 m, wie Caurga einst Alpsiedlung. Die Bauern sind längst ausgezogen; die mehr oder weniger stilvollen An- und Umbauten stammen von den neuen (städtischen) Besitzern. Bei Caurga beginnt der Serpentinenanstieg zum Stausee; in endlosem Hin und Her schraubt sich der Plattenweg an dem leicht bewaldeten Nordhang aufwärts, vorbei an einem hübschen Wasserfall, ca. 1490 m. Ein kleines Architekturwunder ist das Hüttenensemble der **Alpe Cornera (3)**, 1910 m; eine halbe Stunde weiter bergwärts kommt dann Beton ins Blickfeld: die Sperre des **Bacino del Truzzo (4)**, 2080 m, mehrere Zweckbauten. Über Treppen gewinnt man die Dammkrone. Links führt eine Wegspur zum (unbewirtschafteten!) **Rifugio Carlo Emilio (5)**, 2153 m, am hübschen Lago Nero. Fast ein »Muss« ist – zumindest bei gutem Wetter – der Abstecher hinauf zum Passo dell'Alpigia, 2370 m. Packende Tiefblicke auf den Stausee, eine zauberhaft gelegene Alpsiedlung (Alpigia) und ein Panorama von der Passhöhe, die eines Gipfels würdig wäre, entschädigen für die Mühen des mit reichlich Geröll »garnierten« einstündigen Anstieges. – Abstieg auf demselben Weg.

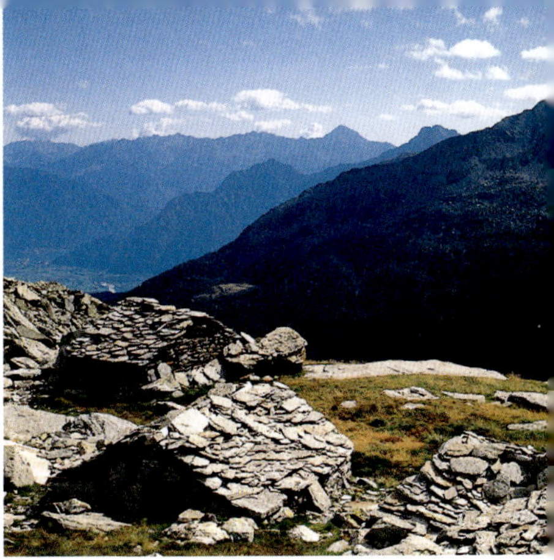

Von der Alpe Cornera geht der Blick durch das Valle del Drogo hinaus ins Tal der Mera.

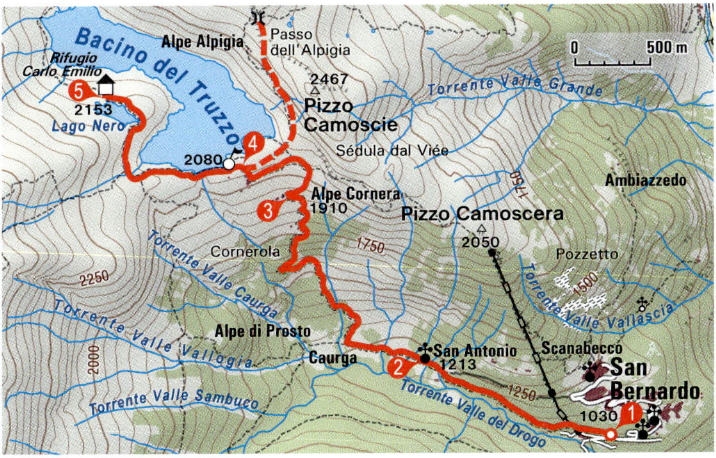

43 Pizzo Stella, 3163 m

9.30 Std.

Für echte Gipfelstürmer

3163 Meter. Eine stolze Höhenzahl, ein großes Ziel: Pizzo Stella. Er überragt seine Umgebung zwar schon hinsichtlich seiner Gipfelhöhe, aber vor allem sind es die Höhenunterschiede, welche die Dimensionen dieses Kolosses verdeutlichen: Um nicht weniger als zweieinhalb Kilometer überragt er das unterste Bergell. Da ist man dann dankbar, dass sich der Startpunkt der Tour ein ganzes Stück bergwärts verschieben lässt; von Fraciscio bis zum Gipfel sind es immer noch 1700 m Anstieg. Wer es lieber etwas gemütlicher mag, wandert am Vorabend hinauf zur Chiavenna-Hütte. Am schönsten ist die Gipfeltour im Herbst, wenn Nordwind den Smog in die Po-Ebene hinausbläst und der Horizont fast grenzenlos scheint. Bis zum Apennin und in die Alpes Maritimes geht die Sicht, man überschaut den Alpen-Innenbogen vom Monviso, 3841 m, im Südwesten bis zur Bernina im Osten.

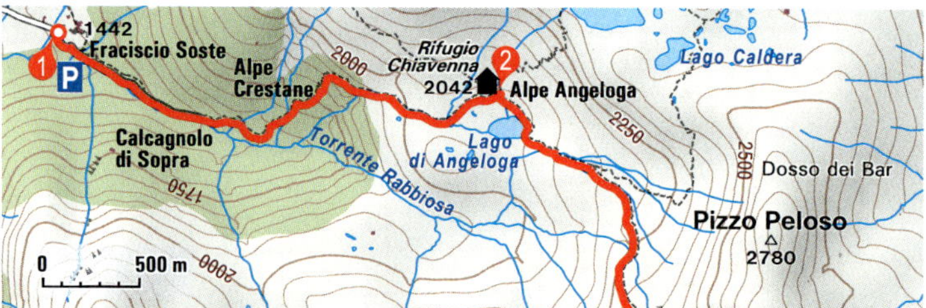

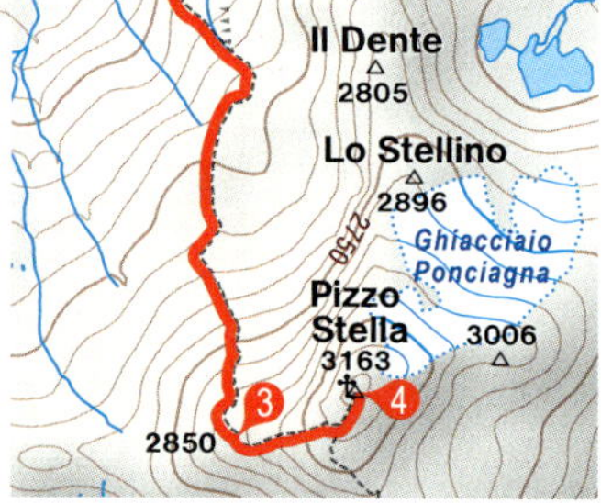

Talort: Campodolcino, 1071 m, aus mehreren Ortsteilen bestehendes Straßendorf in der Valle Spluga. Busverbindung mit Chiavenna.

Ausgangspunkt: Fraciscio, 1341 m, Weiler am Ausgang der Valle della Rabbiosa, knapp 3 km von Campodolcino. Parkplatz hinter Fraciscio bei den Häusern von Soste, 1442 m.

Höhenunterschied: 1720 m, ab Rifugio Chiavenna, 1140 m.

Anforderungen: Hochalpine Gipfeltour, nur für ausdauernde und erfahrene Berggänger bei sicherem Wetter. Wanderstöcke sind empfehlenswert, u. U. auch Pickel/Steigeisen. Im Rifugio Chiavenna nach den Verhältnissen am Normalweg (Altschnee, Eis) fragen.

Einkehr: Rifugio Chiavenna, 2042 m, auf der Alpe di Angeloga, Juni bis Mitte September durchgehend bewirtschaftet; Tel. 0039/0343/50490.

Solche Fernsicht bietet der Anstieg von **Fraciscio (1)** zum **Rifugio Chiavenna (2)**, 2042 m, natürlich nicht; der Blick geht zunächst vor allem nach oben, in die Flanken des Groppera und des Pizzo Stella, der dominierend über dem Valle della Rabbiosa steht. In etwa 2 Std. wandert man auf schönem Alpweg zum Lago di Angeloga, 2038 m; wenig weiter nördlich steht das 1928 erbaute Schutzhaus. Hier kann man bereits Maß nehmen, den Südwestgrat des Gipfelziels ins Auge fassen, über den der Normalweg geht: eine dünne Pfadspur, die sich in der riesigen Geröllflanke verliert. Von Steinmännchen und Farbtupfern geleitet, steigt man unter dem stark geschwundenen Gletscher auf. Das Eis hat überall seine Spuren hinterlassen: mächtige Moränen, glattgeschliffene Felsen, dazwischen dünne Rinnsale, von der Vedretta dei Morté gespeist, die talwärts laufen. Über einen Steilhang (meist Altschnee) gewinnt man den blockigen **Südwestgrat (3)**, ca. 2850 m. An ihm anstrengend, aber ohne größere Schwierigkeiten (I) zum Südgipfel und zum höchsten Punkt des großen Berges. Erstbesteiger des **Pizzo Stella (4)** war ein berühmter Alpenpionier, John Ball (1865), erster Präsident des Londoner Alpine Clubs. – Abstieg auf demselben Weg.

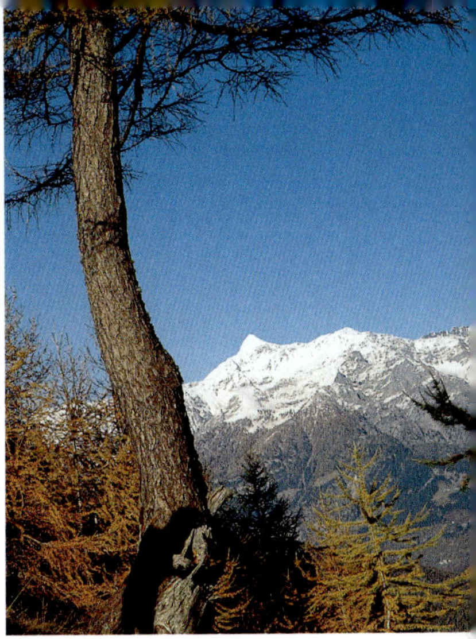

Einen besonders schönen Blick auf den Pizzo Stella bietet die Wanderung zum Dosso Mottone (Tour 40).

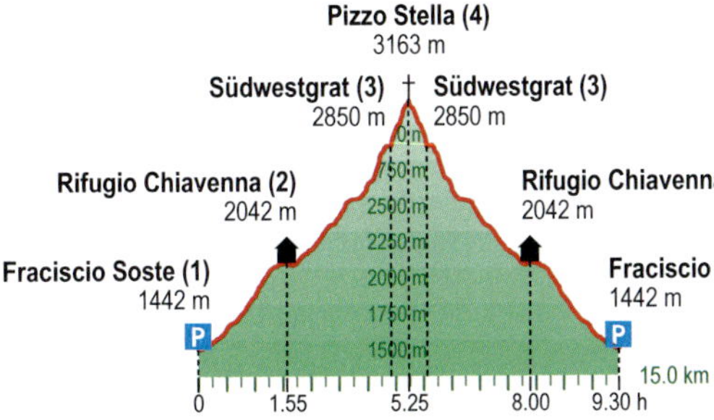

44 Piz Spadolazzo, 2722 m

6.15 Std.

Grenzwanderung

»Grenzenloses« Wandern in der obersten Valle Spluga: über weitläufige Almböden, zu stillen Seeaugen, in versteckte Karmulden und auf einen unbekannten Gipfel mit großem Panorama. Dabei überschreitet man mehrfach die Staatsgrenze zwischen Italien und der Schweiz; im Gelände ist davon allerdings kaum etwas zu bemerken – und Zöllner sind hier selten unterwegs. Dafür hat ein anderer Grenzgänger unseren Weg gekreuzt, in dem verschneiten Kar unterhalb des Surettapasses: ein großer Fuchs. Menschen sind uns keine begegnet; mag sein, dass sich am Spadolazzo tatsächlich »Hasen und Füchse gute Nacht sagen«. Doch das beeinträchtigt die hochalpine Kulisse nicht. Kleinere und größere Seeaugen setzen optische Akzente: freundlich-verträumt der Lago di Emet, düster der Schwarzsee, geheimnisvoll der Eissee (Lai Ghiacciato).
Durch die einsame Val Loga geht der Blick westlich bis zum mächtigen Bergstock des Piz Tambo, 3279 m. Er lässt sich vom Splügenpass, 2113 m, aus in vier Stunden besteigen (teilweise weglos, Firn, Stellen I–II).

Talort: Campodolcino, 1071 m, aus mehreren Ortsteilen bestehendes Straßendorf in der Valle Spluga. Busverbindung mit Chiavenna.
Ausgangspunkt: Lago di Monte Spluga, 1901 m, 12 km von Campodolcino, 15 km ab Splügen. Parkmöglichkeit an der Abzweigung des Alpsträßchens, das zum breiten Wiesenrücken von Andossi, 2069 m, hinaufzieht, etwa 600 m nördlich der Staumauer. Bushaltestelle.
Anforderungen: Recht anspruchsvolle Runde, gut markiert, aber teilweise weglos. Blockhüpfen und ganz leichte Kraxelei (I–II), einige recht luftige Passagen.
Höhenunterschied: Insgesamt 1000 m.
Einkehr: Rifugio Bertacchi, 2172 m, am Lago di Emet, Mitte Juni bis Ende September durchgehend bewirtschaftet; Tel. 0039/334/7769683.

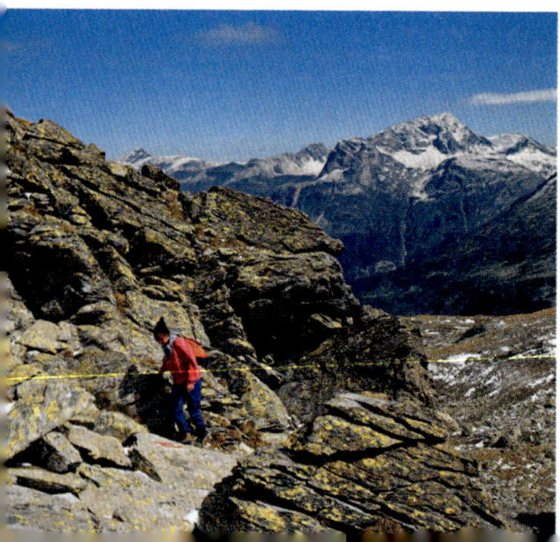

Die große Runde beginnt gemütlich, mit dem halbstündigen Anstieg vom **Lago di Monte Spluga (1)** zum abgeflachten Almrücken von Andossi, prächtige Ausblicke auf den Piz Tambo und zum Surettahorn, 3027 m, inklusive. Freie Sicht auf den riesigen Geröllhaufen des Pizzo di Emet (Piz Timun, 3209 m) bietet

Leichte Felspassage im Anstieg zum Piz Spadolazzo.

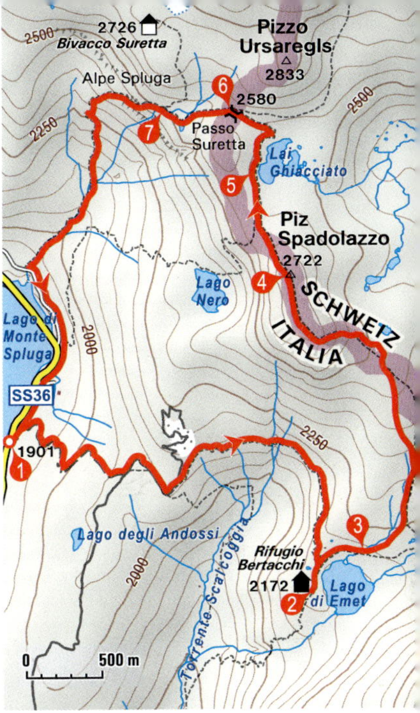

die anschließende Querung hinüber zum **Rifugio Bertacchi (2)**, 2172 m. Unterhalb des Passo di Emet (Pass da Niemet, 2294 m) darf man die **Abzweigung (3)** zum Piz Spadolazzo nicht übersehen. Deutliche rot-weiß-gelbe Markierungen führen zu den Felsen, legen eine Spur in das wenig übersichtliche Gelände, durch Rinnen, über Schrofen und leichte Felsen.
Im Nordosten zeigen sich die Dreitausender des Schams und des Avers (Piz Platta, 3392 m). An einer steilen Gratrippe steigt man in Kehren hinauf zum Blockgrat, über den rasch der Südgipfel des **Piz Spadolazzo (4)**, 2722 m, gewonnen ist: Zeit für eine längere Rast vor einem großen Panorama. Es besticht weniger durch seine Weite als durch die Gegensätzlichkeit der Bilder, in den Farben grau, grün und blau, mit den Karseen und Lacken rundum. Massig im Westen der Piz Tambo, ein (Wander-)Dreitausender, wie der Eckpfeiler im Südosten, der Pizzo di Emet, 3209 m, auch er Grenzgipfel mit markiertem Anstieg. Eine Ahnung des nahen Südens vermittelt der Blick durch das Valle Spluga bis fast zum Comer See, dessen höchster Gipfel, der Monte Legnone, 2610 m, nicht zu übersehen ist.
Von der Nordkuppe, 2720 m, geht es hinab zu dem bereits sichtbaren Eissee, **Lai Ghiacciato (5)**, 2508 m. Der Passo di Lago Nero, 2569 m, bleibt links; die Farbtupfer leiten durch das Blockgewirr am Fuß der Punta Levis zu einem steilen, felsdurchsetzten Wiesenhang. Hinauf zu einer Anhöhe, dann

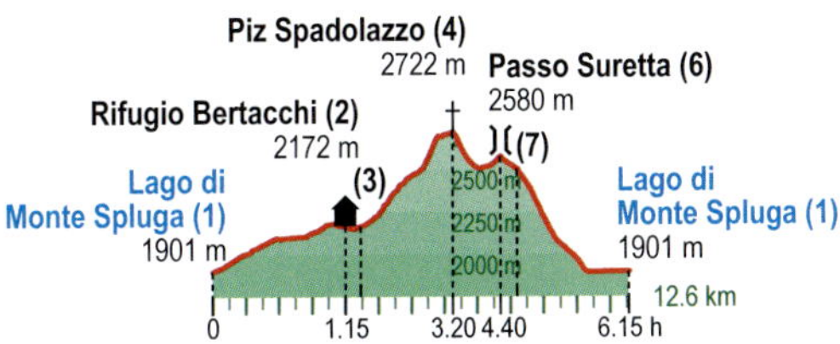

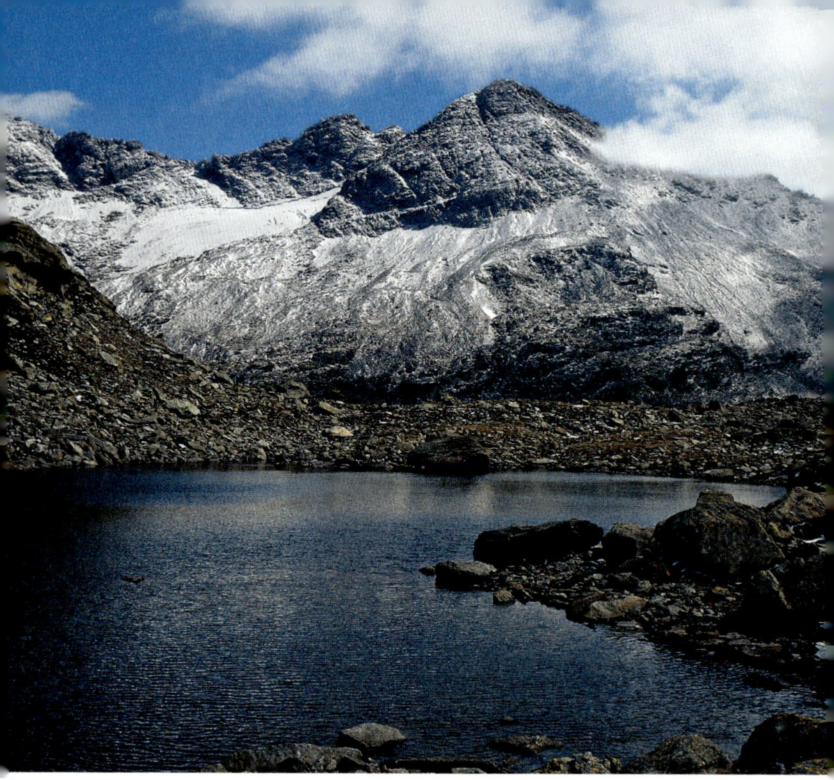

Ein Koloss: der Pizzo di Emet über dem gleichnamigen Bergsee.

links mit kurzem Zwischenabstieg in den **Passo Suretta (6)**, 2580 m, wo sich ein schöner Blick auf den mächtigen Piz Tambo auftut. Halb rechts, auf einer Kuppe vor dem Surettagletscher, steht das Bivacco Suretta, 2726 m. Nun kurz links, einen vereisten Absturz umgehend, dann hinab in den obersten Karboden, 2525 m. Am gegenüberliegenden Hang gleich wieder ein paar Meter aufwärts, **Abzweigung zum Biwak (7)**, dann erneut links über Geröll und Schrofen hinab zu einem riesigen Steinmann. Er steht unmittelbar an einem senkrechten Absturz (Wasserfall). Das Weglein umgeht den Felsabbruch rechts, das Gelände dabei geschickt nutzend, und zieht dann in Serpentinen über die Wiesenhänge hinab in den Talboden. Die Splügenstraße ist bereits sichtbar; unten auf dem Asphaltband am **Lago di Monte Spluga (1)** schließt sich die große Runde.

Trekking della Valle Spluga

Acht Tage zwischen Almen und Gipfeln

Trekking: Zauberwort für Zivilisationsmüde, moderne Stresstherapie weitab vom Alltag. Hindukusch, Nepal, Anden – die Welt ist klein geworden, ein Freizeitpark für Wohlhabende. Wer's weniger prestigeträchtig, aber dennoch abenteuerlich mag, kann auch in den Alpen trekken, beispielsweise auf den Bergen rund um die Valle Spluga (Valle di San Giacomo). Hier wurde vor ein paar Jahren eine Acht-Etappen-Route angelegt, die in einem weiten Kreis über die Berge läuft, vorwiegend in Höhen zwischen 2000 und 2800 m, rot-weiß-gelb markiert, fast 50 Stunden bergauf und bergab. Genächtigt wird auf Hütten und in Biwakschachteln, das große Naturerlebnis ist garantiert, Menschenferne auf den meisten Teilstrecken auch. Ausgangs- und Endpunkt des Acht-Tage-Trekkings ist San Giacomo Filippo, 522 m, Nachbarort von Chiavenna. Die Route benutzt teilweise alte Alpwege, verläuft aber auch durch leichtes Felsgelände, in Geröll und Blockwerk. Ein sicherer Tritt ist also unerlässlich, Kondition und eine ordentliche Ausrüstung ebenfalls. Im Notfall kann fast überall ins Tal abgestiegen werden. Wenn das Wetter mitspielt, wird es bestimmt eine unvergessliche Wanderwoche – Trekking pur.

1. Etappe:
San Giacomo Filippo – San Bernardo, 1090 m – Bacino del Truzzo, 2080 m – Rifugio Carlo Emilio, 2153 m (Selbstversorgerhütte, Schlüssel in Chiavenna, Tel. 0039/0343/34540): 5 Std. (bei Busbenutzung bis San Bernardo 3 Std.), 1630 m Anstieg, leicht.

2. Etappe:
Rifugio Carlo Emilio, 2153 m – Bivacco Passo del Servizio, 2591 m – Alpe del Servizio, 1953 m – Agriturismo Baita dei Fiori, 1884 m (bewirtschaftet Juni bis September, Tel. 0039/339/6982346): 5 Std., 670 m Anstieg, Übergang des Passo del Servizio rau, sonst leicht.

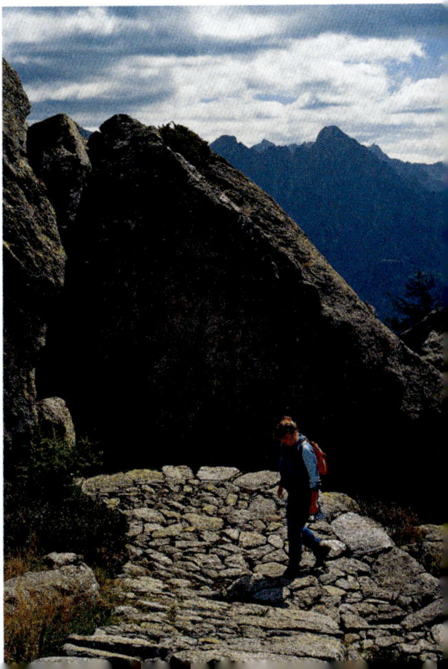

Komfortabler Weg zum Truzzo-Stausee.

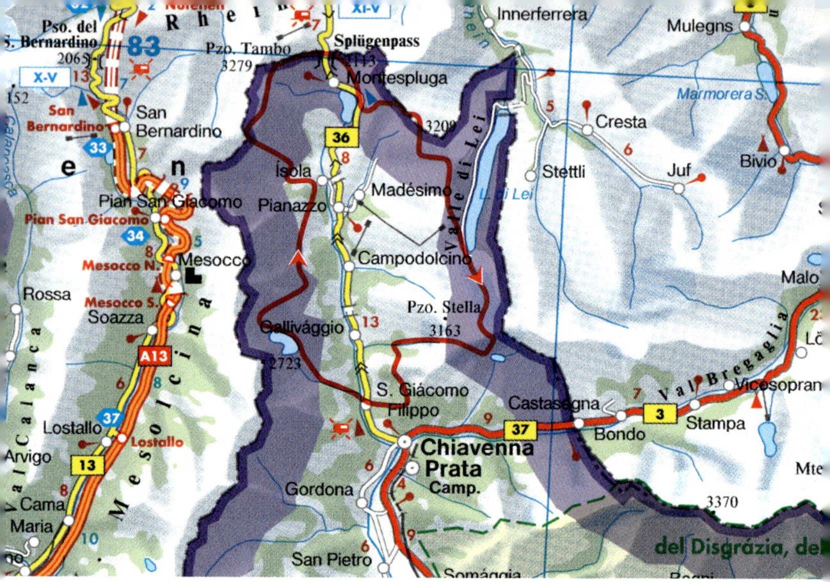

3. Etappe:

Rif. Maria Curti, 1855 m – Alpe Zoccana, 2006 m – Valle Febbraro – Al Böcc, 1931 m – Bocchetta del Ferrè, 2721 m – Biv. Val Loga, 2770 m: 6 Std., 1500 m Anstieg, mäßig schwierig, zieht sich aber ganz schön. Von der Valle Febbraro kann man zum Einkaufen nach Isola absteigen, ca. 30 Min.

4. Etappe:

Bivacco Val Loga, 2770 m – Montespluga, 1908 m – Alpi di Suretta, 1920 m – Bivacco Suretta, 2753 m: 5 Std., 840 m Anstieg, mäßig schwierig.

5. Etappe:

Bivacco Suretta, 2753 m – Passo Suretta, 2580 m – Piz Spadolazzo, 2722 m – Rifugio Bertacchi, 2172 m (bewirtschaftet Mitte Juni bis Ende September): 4 Std., 300 m Anstieg, am Surettapass und am Spadolazzo leichte Kletterei (I–II), viel Blockhüpfen.

6. Etappe:

Rifugio Bertacchi, 2172 m – Passo di Sterla Settentrionale, 2830 m – Lago di Lei, 1931 m – Passo di Angeloga, 2390 m – Rifugio Chiavenna, 2042 m (bewirtschaftet Juni bis Mitte September): 8 Std., 1500 m Anstieg, anspruchsvolles Pensum, teilweise weglos.

7. Etappe:

Rifugio Chiavenna, 2042 m – Passo di Angeloga, 2390 m – Alpe Mottala, 1949 m – Bivacco Chiara e Walter, 2660 m: 5 Std., 1100 m Anstieg, mäßig schwierig.

8. Etappe:
Bivacco Chiara e Walter, 2660 m – Alpe Piangesca, 2097 m – Passo d'Avero, 2332 m – Avero, 1678 m – Alpe di Olcera, 1513 m – Dalo, 1050 m – San Giacomo Filippo, 522 m: 7 Std., 450 m Anstieg, langer Abstieg, wenig schwierig.

Natürlich sind auch Varianten zur Originalroute möglich und es lassen sich zusätzlich Gipfelbesteigungen in das Trekking miteinbeziehen. Vom Rifugio Carlo Emilio kommt man in gut 3 Std. auf den Pizzo Quadro, 3013 m (leichte Kletterei am Grat). Vom Rifugio Chiavenna aus kann man den Pizzo Stella, 3163 m (Tour 43), besteigen.

Begegnet man überall in den Bergen rund um Chiavenna: mit Steinplatten gedeckte Almhütten. Im Bild die Alpe Cornera.

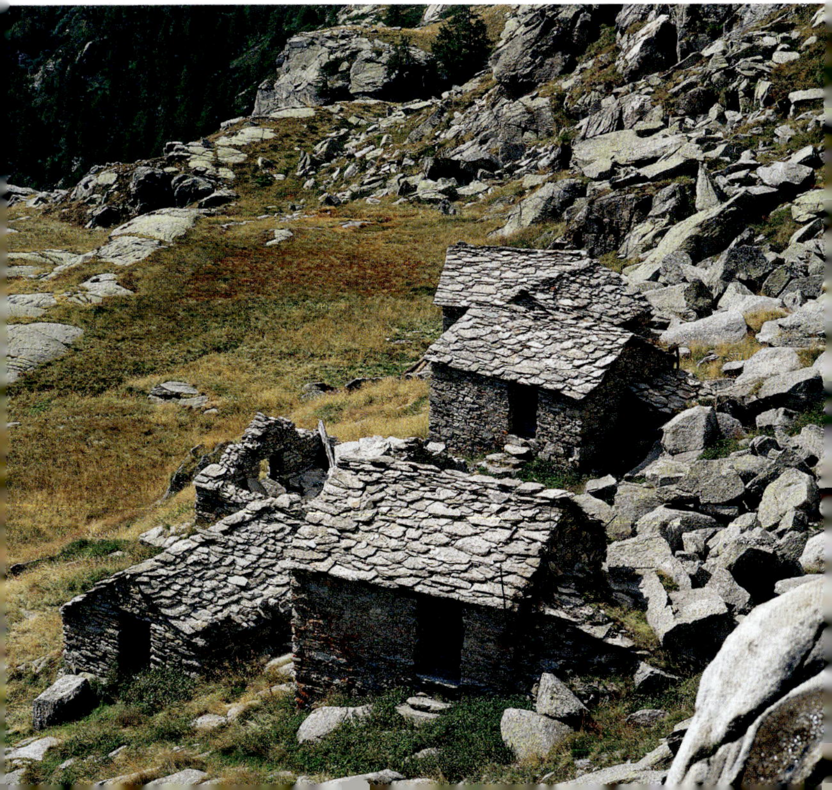

46 Savogno – Dasile, 1032 m

3.15 Std.

Hinausschauen und zurückblicken

Wasser, Kastanien und alte Mauern: So könnte man den Ausflug hinauf zu den Bergdörfern über dem Eingang in die Valle dell'Acqua Fraggia charakterisieren. Es ist auch ein Abstecher in die Vergangenheit, in die sterbende bäuerliche Welt. Geblieben sind kunstvoll angelegte Wege und die Architekturwunder von Savogno und Dasile. Allein schon der Spaziergang durch das verwinkelte Mauerwerk von Savogno ist ein Erlebnis für sich, und den Aufstieg verkürzen die »kalten Wasser« (Acqua Fraggia) aufs Angenehmste. Unmittelbar an der Talmündung stürzen sie über eine rund 150 m hohe Felsmauer herab, weiter talaufwärts bilden sie wiederholt Kaskaden. Genau gegenüber, am nordseitigen Talhang, ging vor 400 Jahren ein gewaltiger Bergsturz ab. Rund 1000 Menschen fanden dabei den Tod, das mittelalterliche Plurs (Piuro) wurde unter etwa sechs Millionen Kubikmeter Fels und Erdreich begraben. Das kleine Museum von Borgonuovo zeigt zahlreiche Exponate, die im Verlauf der 1963 begonnenen Ausgrabungen zutage kamen: Schmuck, Münzen und Lavezgeschirr – für Herstellung von Gefäßen aus dem weichen Serpentingestein war Piuro berühmt – sowie Waffen.

Talort: Chiavenna, 333 m, am Fuß von Maloja- und Splügenpass gelegenes Städtchen. Bahnverbindung mit Lecco, Buslinien ins Bergell und zu den Ortschaften der Valle Spluga.
Ausgangspunkt: Piuro, Ortsteil Borgonuovo, 445 m, 3,5 km von Chiavenna. Busverbindung. Parkplatz am Ende der Via Sarlone am Fuß der Wasserfälle.
Höhenunterschied: 620 m.

Anforderungen: Halbtageswanderung, überwiegend gut markierte Wege, einige Eisenstiegen.
Einkehr: Rifugio Savogno, 932 m, im ehemaligen Schulhaus des Weilers; prima Küche mit Produkten aus der Region, Tel. 0039/366/7101665.
Hinweis: Museo di Piuro (in der Kirche San Abbondio in Borgonuovo) mit Dokumenten zum Bergsturz von 1618.

Der Aufstieg nach Savogno beginnt rechts vom Wasserfall, am Ende der Via Sarlone bei den obersten Häusern von **Borgonuovo (1)**. An der Weggabelung links, dem Hinweis »Sentiero Panoramico« folgend, und steil aufwärts zu einer **Aussichtskanzel (2)**, 510 m, über der großen Kaskade. Noch packender sind die Tiefblicke vom oberen Ausguck, 570 m, der über Treppen und Eisenleitern rasch gewonnen ist. Auf einer Hängebrücke quert man den Bach und hält sich kurz danach rechts; am Wasser entlang, das immer wieder kleinere

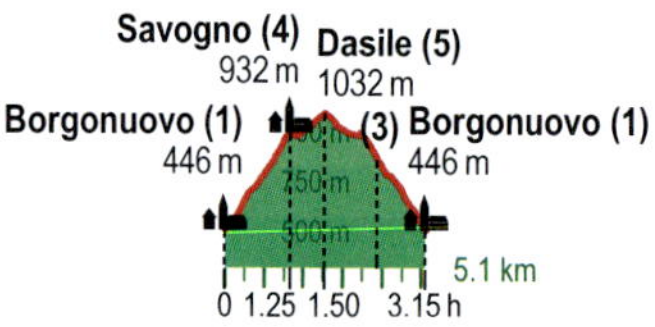

Kaskaden bildet, geht es weiter bergan. An einer zweiten Brücke wechselt der Weg zurück auf die rechte Talseite. Gut eine Viertelstunde höher am Hang **(3)** stößt man auf die alte Mulattiera nach **Savogno**. Mit ihr geht's hinauf zu dem malerischen Weiler **(4), 932 m**, dessen Häuser sich um die Pfarrkirche scharen. Vor bald einem halben Jahrhundert verlassen und dem Verfall preisgegeben, ist mittlerweile wieder Leben ins Dorf zurückgekehrt, auch ohne Zufahrtsstraße. Im ehemaligen Schulhaus kehren heute Wanderer ein, man kann dort auch übernachten. Das alte Sägewerk am Acqua Fraggia wurde vor ein paar Jahren restauriert.

Jenseits des Bachgrabens liegt der Weiler **Dasile (5)**, 1032 m, zu dem sich ein kleiner Abstecher lohnt. Er bietet einen sehr stimmungsvollen Tiefblick auf Chiavenna; am westlichen Horizont stehen die Grenzberge zur Schweiz.

Der Abstieg führt zunächst zurück nach **Savogno (4)**, dann auf der kunstvoll angelegten Mulattiera und ihren 2886 (!) Stufen über die bereits erwähnte **Verzweigung (3)** – dort halb links! – hinunter nach **Borgonuovo (1)**. Mächtige Kastanienbäume säumen den Weg, näher am Talboden dann terrassierte Rebberge.

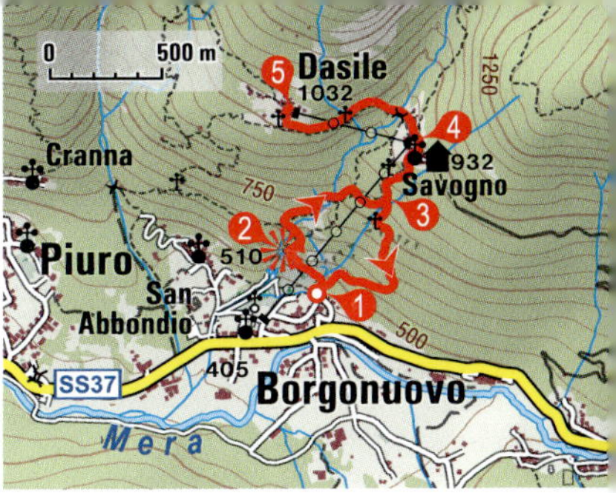

Stiebende Wasser der Cascate dell'Acqua Fraggia.

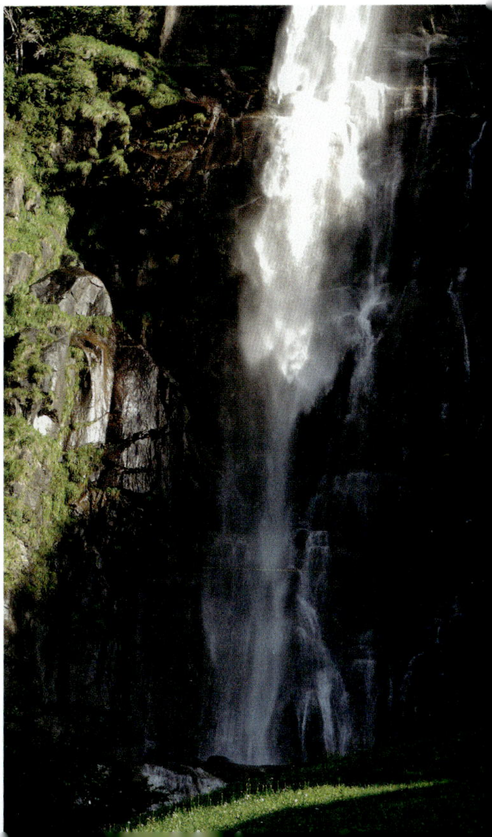

TOP 47 »La Panoramica«

5.00 Std.

Die Bergeller Aussichtspromenade

Fast so etwas wie ein »Bergeller Bilderbuch« ist diese Höhenroute an der orografisch rechten Talflanke, Gletscher und Granitzacken der Bergeller Berge stehen Parade, schmucke Weiler liegen am Weg, man wandert von einer Aussichtskanzel zur nächsten, immer wieder bieten sich Tiefblicke auf den schmalen Talboden mit seinen Haufendörfern, bis sich schließlich alles zu einem einzigen berühmten Bild verdichtet: Soglio vor der Gipfelumrahmung des Bondascatales.

Ausgangspunkt: Casaccia, 1458 m, oberstes Dorf im Bergell, 5 km von Maloja, 17 km von der italienischen Grenze (Castasegna). Gute Busverbindungen mit den Ortschaften des Bergell und dem Oberengadin. Parkmöglichkeiten im Ort.
Endpunkt: Soglio, 1097 m. Rückfahrt nach Casaccia mit dem Postbus. Man kann auch zu Fuß nach Promontogno absteigen, etwa 45 Min. auf markiertem Weg, und dann mit dem Postbus nach Casaccia zurückfahren.
Anforderungen: Leichte Höhenwanderung auf bestens markierten Wegen.
Höhenunterschied: 370 m aufwärts, 730 m abwärts.
Einkehr: Kiosk (Getränke und Imbisse) in Durbegia, 1410 m, Gasthäuser in Soglio.

Das »Bilderbuchdorf« des Bergell: Soglio.

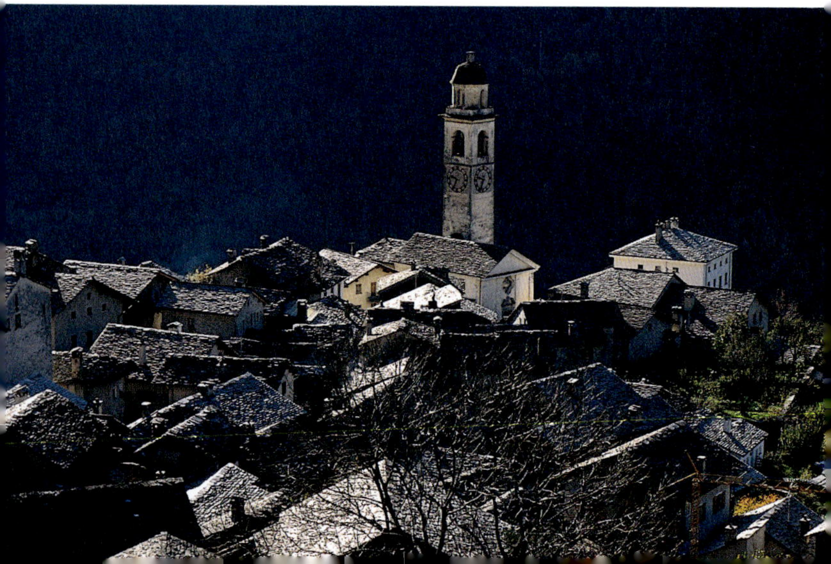

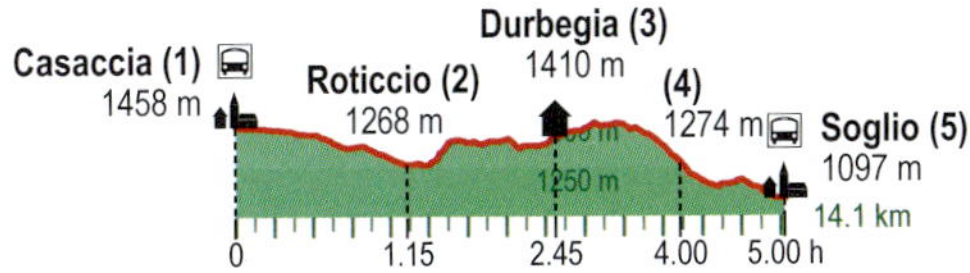

Die »Panoramica« beginnt in **Casaccia (1)**, 1458 m, der obersten Ortschaft im Bergell. Man wandert über den Wiesenplan talauswärts, vor sich das Val d'Albigna mit der Betonsperre des Stausees und einer großen Felskulisse. Vom Speicherbecken Löbbia senkt sich der breite Weg leicht nach Barga, 1368 m, und durch Mischwald weiter nach **Roticcio (2)**, 1268 m, einem hübschen Dörfchen in schöner Hanglage. Tiefblicke auf Vicosoprano, 1067 m, den alten Hauptort des Bergell, bietet der Weiterweg, hinter Roticcio kurz ansteigend. Dann geht es wieder meist eben dahin; Wiesen und Waldpartien wechseln ab bis **Durbegia (3)**, 1410 m. Über dem bewaldeten Höhenrücken von Mungac treten im Süden die Gipfel und Grate des Bondascatales hervor: Badile, 3308 m, und Cengalo, 3370 m. Die »Panoramica« verliert allmählich Höhe, nicht aber an Aussicht.

Man passiert die **Maiensäße von Parlongh (4)**, 1274 m, hoch über Promontogno, quert einen wilden Graben und steigt dann auf dem alten, kunstvoll angelegten Plattenweg ab nach **Soglio (5)**, 1097 m. Und hier, an der »Schwelle des Paradieses«, wie Segantini den Flecken überschwenglich nannte, ist dann eine Brotzeit fällig, mit Bresaola oder Bündner Fleisch, einem Glas Veltliner und Aussicht zur berühmten Badile-Kante. Welcher Bergsteiger kommt da nicht ins Träumen?

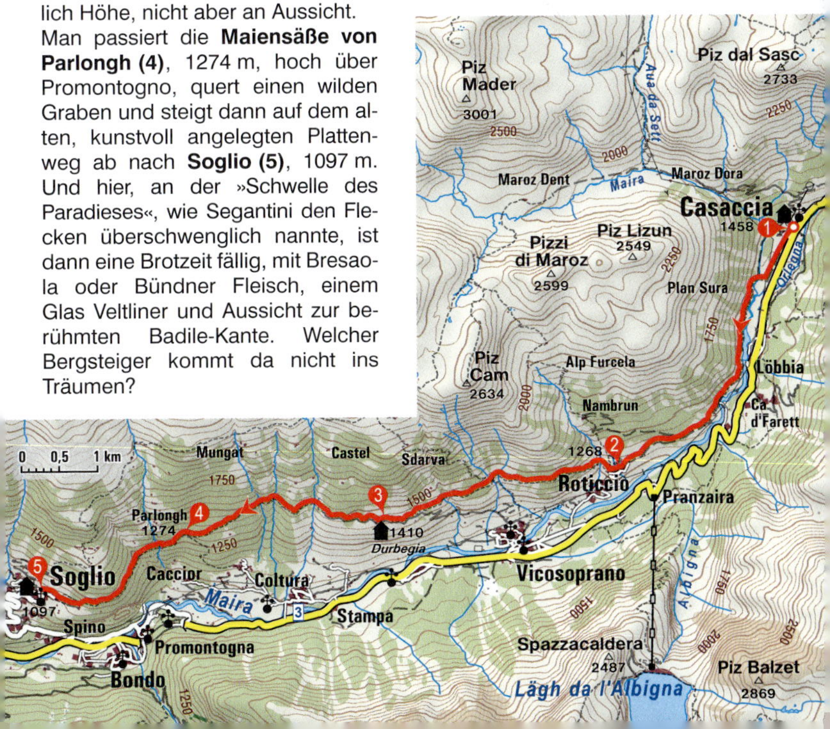

48 Cadrin – Plan Lo

8.00 Std.

Die »Super-Panoramica«

Am sonnigen Südhang des mittleren Bergell gibt es neben der »Panoramica« (siehe Tour 47) einen weiteren Höhenweg, ebenfalls markiert: noch aussichtsreicher, noch schöner. Doch seine »Höhe« will erst einmal gewonnen werden, und da fließen im Sommer beim Aufstieg von Soglio über Plän Vest zu den Schäferhütten von Cadrin, 2127 m, mehr als nur ein paar Schweißtropfen. Hat man die Waldgrenze aber einmal hinter sich gelassen, wird aus dem kräftezehrenden Bergauf bald ein genussvolles Dahinschlendern vor der großen Parade der berühmten Bergeller Klettergipfel.

Ausgangspunkt: Soglio, 1097 m, Bergdorf auf einer sonnigen Aussichtsterrasse, 3 km von der Talstraße. Busverbindung mit Promontogno und den anderen Ortschaften des Bergell. Gebührenpflichtiger Parkplatz vor dem Dorf.
Anforderungen: Große und insgesamt recht lange Rundwanderung auf ordentlich markierten Wegen. Gute Kondition erforderlich.
Höhenunterschied: 1430 m.
Einkehr: Am Beginn und Ende der Tour in Soglio, Kiosk (Getränke, Imbisse) in Durbegia, 1410 m.

Der lange Anstieg beginnt mitten in **Soglio (1)**, 1097 m (Wegweiser), auf dessen Dächer man bald hinabschaut. Das rot-weiß markierte Weglein gewinnt rasch an Höhe, kreuzt ein Sträßchen und zieht im Wald bergan zu den Hütten von **Tombal (2)**, 1537 m. Mit ihrem dunkel verwitterten Holz liefern die Stadel den fotogenen Vordergrund zu dem herrlichen Gipfelpanorama. Das gilt auch für **Plän Vest (3)**, 1821 m: noch so ein Platz zum Verweilen und Träumen. In der Folge nimmt die Steigung ab; der alte Alpweg läuft über einen Steilhang zu den Hütten von **Löbbia (4)**, quert einen Bach und führt

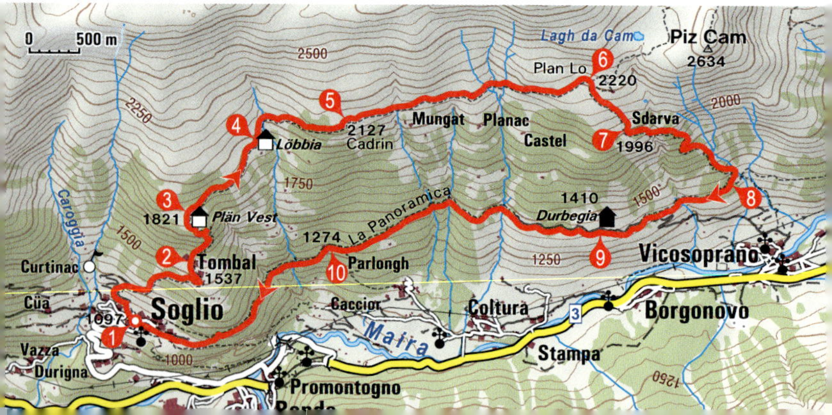

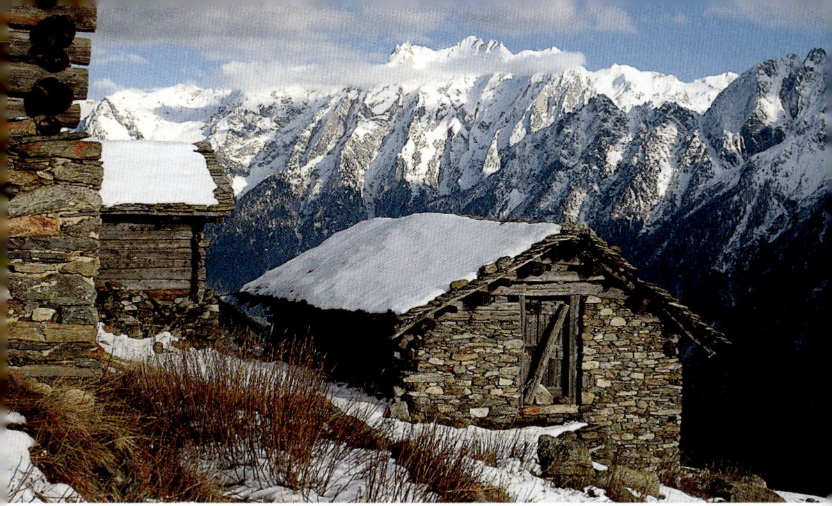

Ein herrlicher Rast- und Schauplatz hoch über Soglio: die Alp Plän Vest.

dann im Wald weiter aufwärts. Durch eine Felsbarriere schlüpft der Steig auf die Wiesenterrasse von **Cadrin (5)**, 2127 m, wo links die (markierte) Route zum Pass da la Duana, 2694 m, und weiter ins einsame Duanatal abzweigt. Großartig der Blick über das Bergell und seine Bergkulisse, bis hinauf zum Piz de la Margna, 3158 m, dem »Wächter« über dem Malojapass; gut einzusehen ist auch der Weiterweg, fast eben die Südhänge des Piz Duan, 3131 m, querend, zuletzt zum **Plan Lo (6)**, 2220 m, leicht steigend. Hier verlässt man die ins Camtal weiterführende Route und steigt über Wiesen ab zu den Hütten von **Sdarva (7)**, 1996 m. Knapp eine Stunde tiefer stößt man auf die **»Panoramica« (8)**. Man folgt ihr, zunächst noch die Höhe haltend, über **Durbegia (9)** talauswärts. Dahinter geht's sanft bergab, vorbei an den Hütten von **Parlongh (10)**, zuletzt auf einem schönen, alten Plattenweg hinein nach **Soglio (1)**, 1097 m.

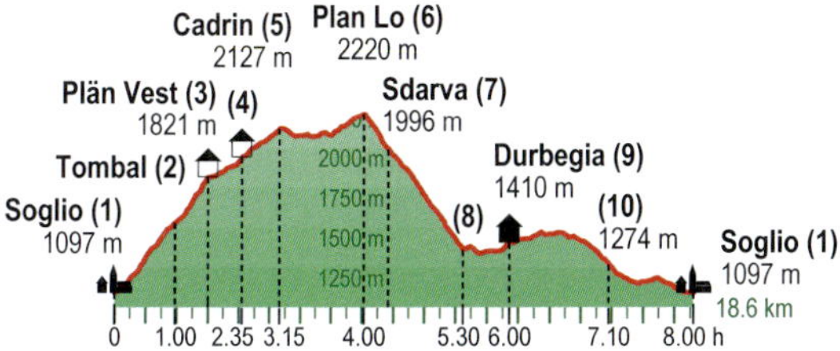

49 Sentiero storico

7.00 Std.

Auf dem »Historischen Wanderweg« durch das Bergell

Talwanderungen haben den Vorteil, dass man dabei Land und Leute kennenlernt, man begegnet Menschen, stößt auf Zeugnisse ihrer Geschichte, wird mit ihrer Gegenwart konfrontiert. Und wenn es sich wie beim »Sentiero storico« um eine Talabwanderung handelt, ist der Genuss ein doppelter: wenig Anstrengung, viel Sehenswertes. Interessantes gibt es am »Historischen Wanderweg« genug: alte Wege, malerische Siedlungen, Kirchen, Burgen und Schlösser, Museen – alles eingebettet in die große Gebirgskulisse.

Ausgangspunkt: Maloja, 1809 m, Ort am gleichnamigen Pass, 1815 m, 17 km ab St. Moritz, 32 km von Chiavenna. Gute Busverbindungen mit den Ortschaften des Bergell und des Oberengadin. Parkmöglichkeiten im Ort und am Pass.

Endpunkt: Castasegna, 697 m. Rückkehr zum Malojapass mit dem Postauto.
Anforderungen: Markierte Wege.
Höhenunterschied: Etwa 1660 m im Abstieg, knapp 540 m im Anstieg.
Einkehr: In allen Dörfern am Weg.

Den Auftakt zum »Sentiero storico« macht der steile Abstieg vom **Malojapass (1)**, 1815 m, nach **Casaccia (2)**, 1458 m. Dabei wandelt man kurz auf römischen Spuren, denn oberhalb der gotischen Kirchenruine von San Gaudenzio führt der Weg an einem erhaltenen Teilstück der Römerstraße vorbei. Fast zwei Jahrtausende jünger ist die mächtige Betonmauer des Albigna-Stausees, 2163 m, die bald darauf ins Blickfeld kommt.
Hinter **Löbbia (3)**, 1436 m, bei der Ca d'Farett, liegt dann mit einem Mal das mittlere Bergell weit offen vor dem Wanderer, bis hinunter zur »Porta« bei Promontogno. **Vicosoprano (4)**, 1067 m, ist der Hauptort der Talschaft, ein stattlicher Flecken mit schönen Bürgerhäusern, von denen einige mit kunstvollen Sgraffiti geschmückt sind. An der Außenmauer des Rathauses (1583)

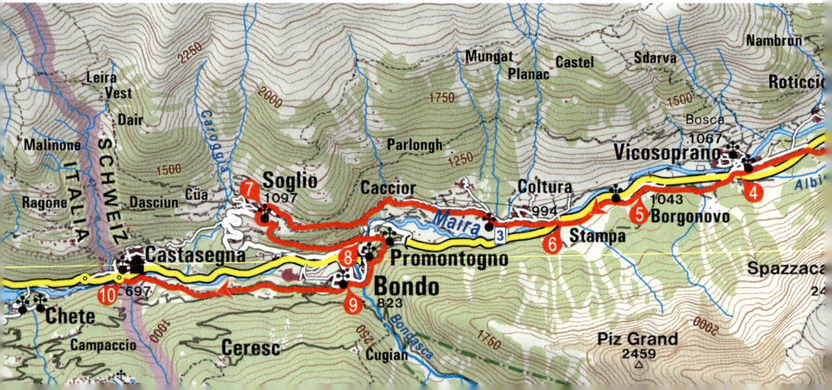

entdeckt man einen Prangerstein samt Halseisen – das Mittelalter lässt grüßen. Nach **Borgonovo (5)**, 1043 m, ist es nur ein Katzensprung; auf dem Friedhof der barocken Kirche San Giorgio befinden sich die Gräber der aus dem Bergell stammenden Künstlerfamilie Giacometti. Vor allem Alberto Giacometti (1901–1966) wurde mit seinen eigenwilligen Plastiken weltberühmt. In **Stampa (6)**, 994 m, lädt das Bergeller Talmuseum in der Ciäsa Granda (1581) zum Besuch (geöff-

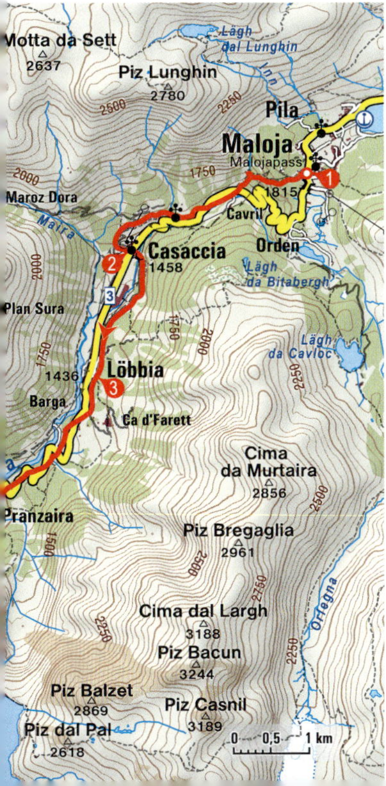

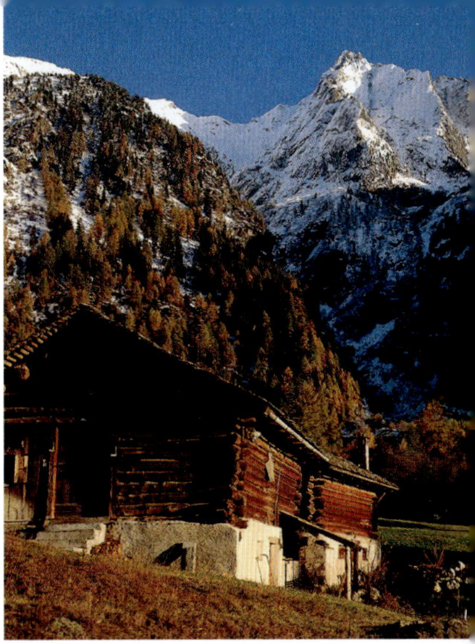

Blick vom Haupttal durch das Val dal Largh auf die Gipfel nördlich des Piz Bacun.

net Anfang Juni bis 20. Oktober täglich außer montags 14–17 Uhr); in Coltura ist der Palazzo Castelmur zu besichtigen, bei dessen Anblick man sich fast ins maurische Spanien versetzt fühlt (sehenswerte Ausstattung; geöffnet Anfang Juni bis 20. Oktober Dienstag bis Sonntag 14–17 Uhr, Mitte Juli bis Ende August 11–17 Uhr). Weiter geht es auf einem alten Plattenweg talauswärts und hinauf nach **Soglio (7)**, 1097 m, das mit seinem malerischen Ortsbild vor der Kulisse der Bergeller Granitzacken jeden Besucher entzückt. Pizzo Badile, 3308 m, und Cengalo, 3370 m, verschwinden beim Abstieg nach **Promontogno (8)**, 830 m, wieder hinter dem bewaldeten Rücken des Mungac.

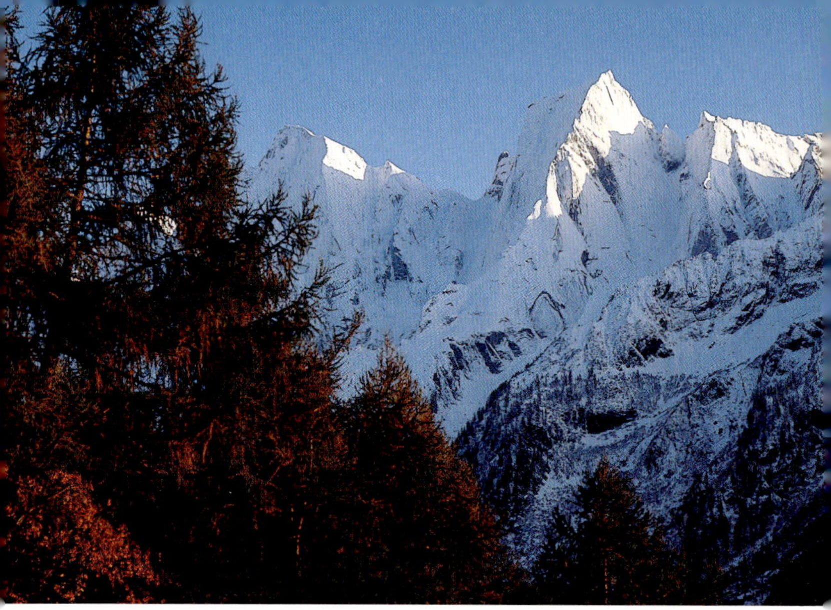

Herbst im Bergell. Bereits im Winterkleid: der Piz Badile mit seiner berühmten Nordkante.

Das verwinkelte Dörfchen, das vom Durchgangsverkehr befreit ist (Tunnel), markiert die historische Grenze zwischen dem oberen und dem unteren Bergell; der Felsriegel der »Porta« war bereits zu Römerzeiten befestigt. So dürfte der Wehrturm von Castelmur, der mit der Kirche Nossa Donna ein fotogenes Ensemble bildet, auf römischen Fundamenten stehen.
Auf dem Weiterweg passiert man **Bondo (9)**, 823 m, das unmittelbar vor der Mündung des Val Bondasca liegt und beim Felssturz am Cengalo (August 2017) schwere Schäden erlitt. Links der Maira wandert man talaus zum Grenzort **Castasegna (10)**, 697 m.

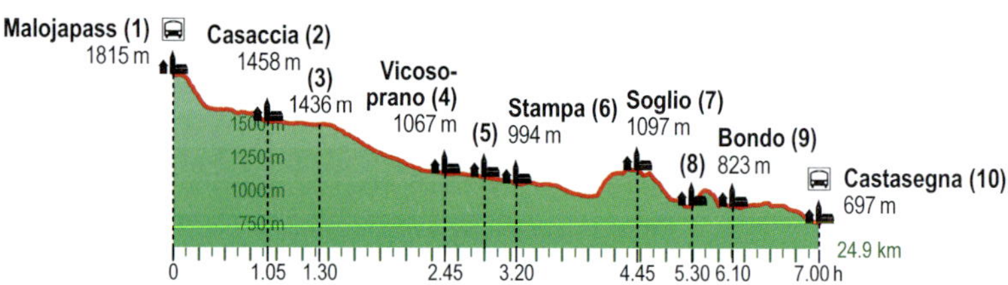

7.00 Std.

Piz Lunghin, 2780 m

50

Auf die Wasserscheide dreier Meere

Eigentlich ist der Piz Lunghin ja ein ziemlicher Schutthaufen, mehr Geröll als Fels und ohne markantes Profil. Dennoch hat er es zu überregionaler Bekanntheit gebracht, zum einen einer morphologischen Besonderheit wegen, vor allem aber durch seine Lage. Die macht eine Besteigung zum Erlebnis, hat man vom Gipfel aus doch zwei der schönsten Alpentäler mit ihrer Hochgebirgskulisse im Blick. Da ist einmal der tiefe Graben des Bergell (Val Bregaglia), überragt vom zackigen Granitprofil seiner Berge, dann die weite Seenplatte des Oberengadin – ein Kontrast, wie man ihn sich größer kaum vorstellen kann. Und nach Norden öffnet sich das Oberhalbstein (Surses). In diese drei Talschaften fließen die Wasser des Lunghin, über den Inn/En zur Donau, von der Maira/Mera in den Po und über die Julia/Güglia in den Rhein: eine dreifache europäische Wasserscheide.

Ausgangspunkt: Maloja, 1809 m, Ort am gleichnamigen Pass, 17 km ab St. Moritz, 32 km von Chiavenna. Gute Busverbindungen ins Bergell und mit den Ortschaften des Oberengadin. Parkplätze in Maloja.
Endpunkt: Casaccia, 1458 m, 5 km von Maloja. Mit dem Bus zurück nach Maloja.
Anforderungen: Wenig schwierige Gipfelwanderung auf gut markierten Wegen.
Höhenunterschied: 970 m aufwärts, 1320 m abwärts.
Einkehr: Keine.
Hinweis: Westlich von Maloja, nahe dem Turm von Schloss Belvedere, gibt es Gletschermühlen: Strudellöcher im Fels, entstanden unter eiszeitlichen Gletschermassen. Im Ort selbst verdient das Atelier von Giovanni Segantini (1858–1901) einen Besuch. Aus dem oberitalienischen Arco stammend, wurde er zum großen Maler der Bündner Berge (Segantini-Museum in St. Moritz).

Eine knappe halbe Stunde nördlich von **Maloja (1)** kommt man auf dem Weg zum Piz Lunghin zunächst am Weiler Pila, 1835 m, vorbei. Bei der Verzweigung am Plan de Zoch hält man sich links und folgt dem Weg, der in Serpentinen zum **Lägh dal Lunghin (2)**, 2484 m, ansteigt. Der Quellsee des Inn (En) liegt in einer Karmulde unter den Felsen des Piz

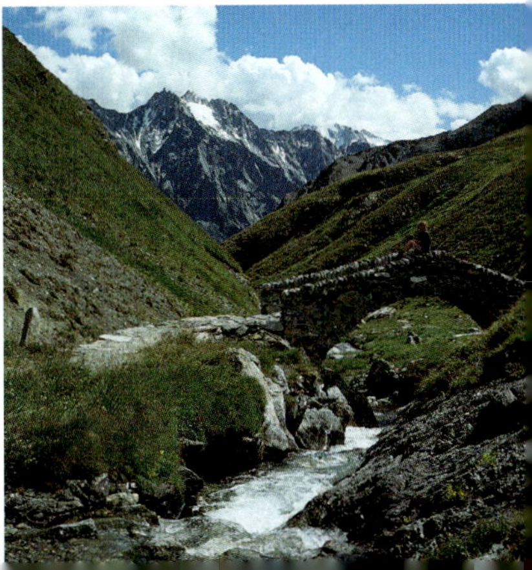

Der Abstieg ins Bergell folgt einem mittelalterlichen, kunstvoll angelegten Saumpfad, der über diese Steinbrücke führt.

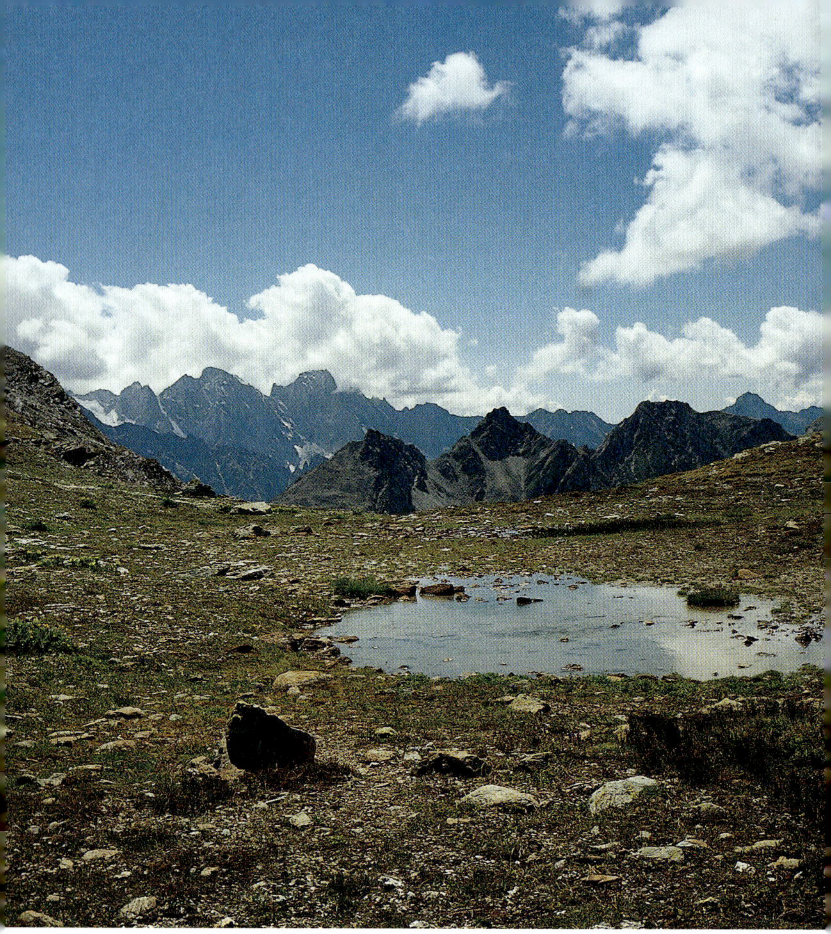

Blick vom Septimerpass auf die Granitgipfel der Bergeller Alpen.

Grevasalvas, 2932 m; die rot-weißen Markierungen leiten weiter bergan zum **Pass Lunghin (3)**, 2645 m, wo sich ein stimmungsvoller Blick auf die Gipfelketten zwischen dem Oberhalbstein und dem Bergell auftut (Piz Platta, 3392 m; Piz Duan, 3181 m). Das ganz große Panorama bietet aber erst der **Piz Lunghin (4)**, 2780 m, noch eine halbe Stunde südöstlich über der Wasserscheide. Beim Abstieg ins Bergell stößt man auf Spuren römischer Ge-

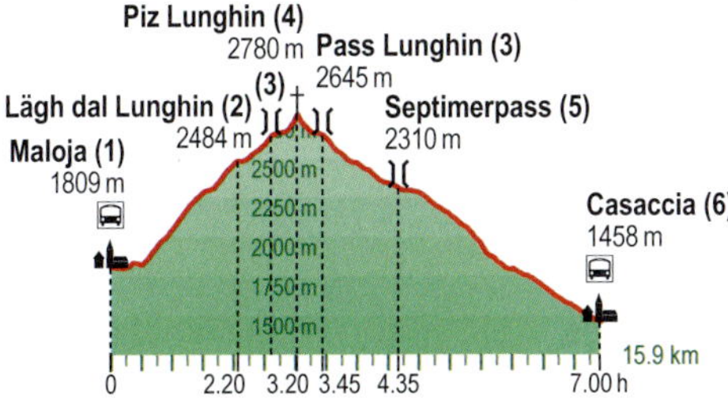

schichte: Über den **Septimerpass** (**5**, Pass da Sett, 2310 m) führte ein antiker Verkehrsweg. Die gepflasterte Straße allerdings, die in Teilen noch existiert, wurde erst im Spätmittelalter (1387) von den Churer Bischöfen angelegt. Mit dem Ausbau der Julierroute verlor der Septimer schließlich jede Bedeutung. Geblieben ist die romantische Kulisse am Weg durch den Engpass der Cranch da Sett hinab in das Val Maroz mit Aussicht auf die Bergeller Granitgipfel über dem Val Forno (Piz Bacun, 3244 m). Am Talausgang trifft man auf ein Alpsträßchen, das in einigen Schleifen hinableitet nach **Casaccia (6)**, 1458 m.

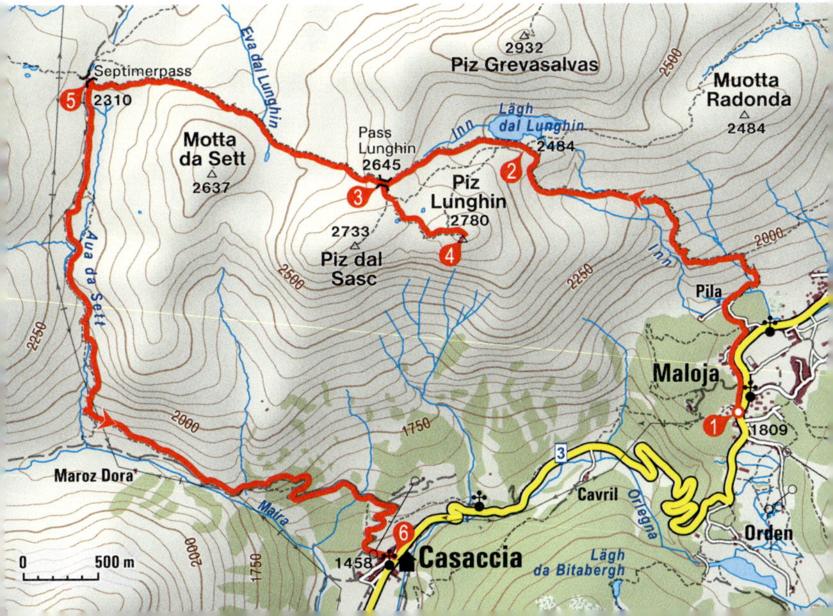

Stichwortverzeichnis

Umschlagbild:
Der Südwestarm des Comer Sees vom Monte Bolettone aus (Tour 10); am Horizont die firnbedeckten Gipfel des Alpenhauptkamms.

Bild im Innentitel:
Das Bergell (rechts Piz Badile).

Frontispizbild:
Als breiter, tiefer Graben zieht die Valchiavenna, flankiert von hohen Bergketten, hinaus zum Comer See.

Alle Fotos von von Eugen und Hildegard Hüsler, ausgenommen die Fotos der Seiten 14, 15, 17 oben (M. Botigelli), 24, 25, 27 (Clickalps), 29, 31, 37, 39, 85, 87, 95, 96, 101 (Sascha Hoch).

Kartografie:
48 Wanderkärtchen im Maßstab 1.20.000, 1:50.000, 1:75.000 und 1:100.000
Geodaten © OpenStreetMap und Mitwirkende.
Kartografisches Design: Freytag & Berndt Prag, www.freytagberndt.cz
Übersichtskärtchen im Maßstab 1:400.000, 1:500.000 und 1:850.000
© Freytag & Berndt, Wien

Die Ausarbeitung aller in diesem Führer beschriebenen Wanderungen erfolgte nach bestem Wissen und Gewissen des Autors. Die Benutzung dieses Führers geschieht auf eigenes Risiko. Soweit gesetzlich zulässig, wird eine Haftung für etwaige Unfälle und Schäden jeder Art aus keinem Rechtsgrund übernommen.

8., aktualisierte Auflage 2023

ISBN 978-3-7633-4651-6

FSC www.fsc.org
MIX
Papier aus verantwortungsvollen Quellen
FSC® C021956

Wir freuen uns über jeden Korrekturhinweis zu diesem Wanderführer!
Bitte per E-Mail an: leserzuschrift@rother.de

ROTHER BERGVERLAG · München
D-82041 Oberhaching · Keltenring 17 · Tel. +49 89 608669-0 · www.rother.de